大学生创新创业教育规划教材

大学生创业指导与实践

蔡 昕 宁 红 主编

李洪华 王培林 罗 洋 副主编

化学工业出版社

·北京·

本书结合当前大学生实际与社会需求状况,详细介绍了创业与创业教育的意义与价值、创业所需的基础知识与技能、创业企业与商业模式的选择、如何获得创业机会并进行项目选择、如何管理创业团队、如何获得企业运行资源并注册企业、如何管理新企业等内容。编者以丰富的案例或知识链接对创业概念以及创业实际操作进行了解析,使大学生在树立创业观念的基础上,能够对创业知识、创业过程有准确的了解。

本书可作为开设创业教育课程的高校教材,也可供各类对创业有兴趣的人员参考使用。

图书在版编目（CIP）数据

大学生创业指导与实践/蔡昕,宁红主编.—北京:化学工业出版社,2016.5（2020.8 重印）
大学生创新创业教育规划教材
ISBN 978-7-122-26837-2

Ⅰ.①大⋯ Ⅱ.①蔡⋯②宁⋯ Ⅲ.①大学生-职业选择-高等学校-教材 Ⅳ.①G647.38

中国版本图书馆 CIP 数据核字（2016）第 076089 号

责任编辑：贾　彬　　　　　　　　　　　装帧设计：张　辉
责任校对：边　涛

出版发行：化学工业出版社（北京市东城区青年湖南街 13 号　邮政编码 100011）
印　　刷：三河市航远印刷有限公司
装　　订：三河市宇新装订厂

787mm×1092mm　1/16　印张 13½　字数 300 千字　2020 年 8 月北京第 1 版第 5 次印刷

购书咨询：010-64518888　　　　　　　　售后服务：010-64518899
网　　址：http://www.cip.com.cn
凡购买本书,如有缺损质量问题,本社销售中心负责调换。

定　价：39.50 元　　　　　　　　　　　　　　　　　　版权所有　违者必究

前言 FOREWORD

  当前创业是一个全球性的课题，创业活动正在世界范围内蓬勃兴起，如何促进创业型经济的发展是各国政府首先要考虑的问题，往往也是各国政府提振经济形势的重要抓手。经济增长理论及其实践表明，创业是经济增长的重要源泉和积极的促进因素。创业活动对经济增长的贡献是有效的、长期的。创业是经济过程本身的主要推动力，经济体系发展的根源在于创业活动，创业活动在创新、新兴产业成长、区域经济发展等方面起着关键作用，对国家或区域生产力提高至关重要。

  但如何才能创业成功，创业需要怎样的知识和能力又成为教育界关注的重点话题。许多成功与失败的案例已经证明，创业者除各自的专业技能外，还需要专门的创业意识、知识与能力，而这些创业意识、知识与能力能够在后天的学习和培养中产生，可以通过创业教育获得。

  创业教育最早起源于美国。1947 年，哈佛大学开设了《新创业管理》课程，至今美国的创业教育已进行了 60 多年。20 世纪 80 年代以来，随着信息技术的迅猛发展，越来越多的年轻人加入到创业的行列，政府对创业教育更加重视，这为创业教育的发展提供了良好的社会环境。到了 2005 年，美国开设创业教育课程的学院有 1600 多个，涉及 2000 多个创业教育课程，美国高校的创业教育体系至此达到相当完善的地步。

  在欧洲，促进大学生创业是各国政府的重要职能之一。英国政府将创业教育纳入从小学、中学、大学的各层次教育中，建立大学生创业委员会，督促学校建立创业教育制度；德国政府则明确提出，高校要成为创业者的摇篮，政府与金融机构合作，为大学生开设创业课程，让学生在学校期间就能够尝试开办企业，熟悉企业的管理运营以及相关的财税知识等。

  在我国，系统的创业教育起步较晚。最早在高校进行创业计划竞赛的学校是清华大学，1997 年由共青团中央、中国科协、全国学联主办，清华大学承办，举办了首届"创业计划大赛"。2005 年 8 月，共青团中央、全国青联与国际劳工组织合作，在中国大学中开展 KAB 创业教育（中国）项目。教育部高等学校创业教育指导委员会成立于

2010年5月13日，教育部在成立大会上给出了指导意见："高等学校要更新教育教学观念，将创新创业教育面向全体大学生，纳入教学主渠道，结合专业教育，贯穿于人才培养全过程。要将加强创新创业教育作为教育教学改革重点内容，深化课程体系、教学内容和教学方法改革。要加强创新创业教育实践教学，积极开展以创新创业教育为主要内容的第二课堂活动。要着力培养、建设一支既有理论知识又有实践经验的专兼职创业教师队伍，探索建立创业导师制，指导高校学生的创业实践。同时，鼓励高校从学校类型、层次、特点和所处区域的实际出发，探索形成多样化的创新创业教育模式。高等学校创业教育指导委员会是在教育部领导下，对高校开展创业教育进行指导、咨询的专家组织。"

2012年教育部出台了《普通本科学校创业教育教学基本要求（试行）》（以下简称《要求》）。《要求》指出，在普通高等学校开展创业教育，是服务国家加快转变经济发展方式、建设创新型国家和人力资源强国的战略举措，是深化高等教育教学改革、提高人才培养质量、促进大学生全面发展的重要途径，是落实以创业带动就业、促进高校毕业生充分就业的重要措施。是贯彻落实《国家中长期教育改革和发展规划纲要（2010～2020年）》以及《教育部关于全面提高高等教育质量的若干意见》（教高〔2012〕4号）精神的具体体现。各高校要按照要求，结合实际，精心组织开展创业教育教学活动，增强创业教育的针对性和实效性。

《要求》对创业教育的教学目标、教学原则、教学内容、教学方法、教学组织等做了明确要求，要求高等学校把创业教育教学纳入学校改革发展规划，纳入学校人才培养体系，制订专门教学计划，提供有力教学保障，并制订了《创业基础》教学大纲（试行）供参考。至此，在中国，大学生创业教育已正式纳入了中国高等教育的教学体系，成为各高校人才培养计划中重要的内容。

2015年5月，国务院办公厅下发了《关于深化高等学校创新创业教育改革的实施意见》，全面部署深化高校创新创业教育改革工作，从更高的层面上为高等学校创新创业教育指明了方向。

事实上，在中国的大学里开展创新创业教育本身就有着重要的现实意义，这源于以下原因。

首先，当前国家急需大量具有创新创业能力的人才。我国正处在建设创新型国家的关键时期，高校是国家创新体系的重要环节，必须承担起培养富有创新精神的新一代大学生的历史责任，积极开展创业型人才培养的研究与实践活动，与社会需求接轨，培养出更多具有创新意识、创新精神、创新能力的栋梁之才，以满足日益增长的创新创业型人才的需要。

其次，化解就业难问题。大学生就业问题是我国高校当前无法回避的难题，教育部多次做出了通过创业促进就业的指示。创业教育能够有效激发学生的创业意识，培育大学生创业的整体氛围。通常情况下，创业不仅能够解决自身就业问题，往往还能创造新的就业岗位。

再次，是大学生全面素质教育的要求。大学教育的使命是培养推动人类社会进步的人才，这种人才应具备引导社会精神风气和带领社会实践的主流作用。创业教育不仅为学生提供创业实践的应用教育，而且也在塑造学生的精神与气质，培养他们的综合素质与能力。

　　创新创业是经济发展的不竭动力，大到世界、国家，小到一个地区都是如此。而大学生是思维最具活力、最具创新能力的群体，但同时，他们也最缺乏实战经历和社会经验。这两者之间的矛盾，一定程度上可以通过在大学期间的创业教育培训与实践活动来得以缓解。同时创业教育将对接经济的发展，告诉大学生如何认清自己、认清市场机会，如何经营管理企业，如何避免风险，如何创造价值等。因此创业教育从提高大学生的创业能力、创业水平的作用来看，具有推动经济发展的现实意义。希望大学生能够通过本书掌握创业的知识与技能，挖掘潜力，实现自我价值。

编者

2015 年 10 月

目录

第一章 大学生创业和高等院校创业教育的背景与意义 … 1
第一节　创业教育的国际背景 … 2
第二节　创业教育的国内背景 … 4
第三节　创业教育的实践意义与价值 … 6

第二章 创业的意义、要素与机会 … 11
第一节　创业的意义 … 11
第二节　创业的要素 … 16
第三节　创业机会 … 25

第三章 大学生创业前的准备 … 37
第一节　大学生创业要提前做好准备 … 37
第二节　认识准备 … 43
第三节　学习的准备 … 54
第四节　大学生创业风险与防范 … 58

第四章 了解企业与商业模式 … 64
第一节　企业 … 64
第二节　商业模式 … 76

第五章 创业项目的选择 … 89
第一节　创业项目的选择方法 … 89
第二节　创业项目的选择因素 … 97

| 第三节 | 一般性创业项目 ··· 100 |
| 第四节 | 创新性创业项目 ··· 104 |

第六章 创业者与创业团队 108

第一节	创业者 ·· 108
第二节	创业团队 ·· 115
第三节	创业团队的组织 ··· 117
第四节	创业团队的组建 ··· 121
第五节	创业团队的管理 ··· 125

第七章 创业资金的来源与管理 133

| 第一节 | 资金来源与筹集资金的方法 ································ 133 |
| 第二节 | 启动创业资金 ··· 139 |

第八章 启动创业 143

第一节	制订创业计划书 ··· 143
第二节	确定公司名称及地址 ······································· 157
第三节	新企业的设立 ··· 162

第九章 新企业的管理 168

第一节	新企业管理特点 ··· 168
第二节	新企业市场营销管理 ······································· 170
第三节	新企业财务管理 ··· 174
第四节	新企业人力资源管理 ······································· 179
第五节	新企业风险识别与防范 ···································· 183

练习 186

附录 国家促进大学生创业政策选编 200

参考文献 208

第一章　大学生创业和高等院校创业教育的背景与意义

当前，世界各国共同面临的问题是青年人的就业问题。据不完全统计，目前全世界年龄处于15～24岁之间的青年人口超过10亿，其中85%的青年生活在发展中国家。我国是青年人口大国，青年就业日益成为我国面临的重要就业问题之一。我国劳动力市场上的求职人员中，70%左右是35岁以下的青年。由于前些年高校的扩招，导致高校毕业生人数迅猛增长，从2001年的114万人增长到2014年的720多万人，就业压力增大成为包括大学毕业生在内的广大青年面临的现实问题。

党和政府高度重视青年就业和创业问题。党的十七大报告明确指出，要"实施扩大就业的发展战略，促进以创业带动就业。完善支持自主创业、自谋职业政策，加强就业观念教育，使更多劳动者成为创业者。"教育部多次发布创业相关文件，鼓励引导大学生要勇于艰苦创业，焕发创业热情和创业活力，在改革开放和社会主义现代化建设中建功立业。

改革开放以来，随着私营企业的快速崛起，尤其是中小企业的快速发展，创业已经成为一种潮流。通过创业成功的企业和个人，为大学生树立了榜样，给了他们极大的鼓舞，许多大学生已经将创业当成了在毕业后就业的重要选择。根据人力资源和社会保障部的统计，仅2012～2014年毕业的大学生，考虑选择参加全国青年创新商业人才培养工程来实现就业的比例在逐年增加。然而，我国大学生创业的成功率仍然很低，许多大学生对创业风险认识不够、接受的创业教育培训不足、创业能力还有待提高。这种日益增长的创业热情与创业能力不足形成矛盾，受到了社会和教育工作者的关注。基于此，国家推出了一系列的创业扶持政策，比如青年创业引领计划公益扶持基金、中小微企业扶持基金等。2002年，教育部召开了普通高等教育学校创业教育试点工作会议，真正揭开了中国高校创业教育的序幕，确定了创业教育试点学校，明确了试点的内容。经过10年的试点工作，在2012年出台了《普通本科学校创业教育教学基本要求（试行）》

（教高厅〔2012〕4号文件），并为创业教育编制了《创业基础》教学大纲，明确了教学目标、教学内容等。2015年5月，国务院办公厅又印发了《关于深化高等学校创新创业教育改革的实施意见》（国办发〔2015〕36号文件），全面部署深化高校创新创业教育改革工作。高校创业教育工作被放到了前所未有的高度。

但是，我们必须清醒地认识到，我国的创业教育与发达国家仍有较大差距，最主要的原因是创业教育还没有形成系统化，我国在培养大学生创业能力的实践环节和创业环境还应逐步完善，创业教育体系亟待形成，可以说，创业教育任重道远。

第一节　创业教育的国际背景

创业教育最早起源于美国。1947年，哈佛大学开设了《新创业管理》课程，至今美国的创业教育已进行了60多年。20世纪80年代以来，随着信息技术的迅猛发展，越来越多的年轻人加入到创业的行列，政府更是对创业教育非常重视，这为创业教育的发展提供了良好的社会环境。到了2005年美国开设创业教育课程的学院有1600多所，涉及2000多门创业教育课程，美国高校的创业教育体系至此达到相当完善的地步。

美国政府对创业教育的重视体现在：专门设立国家创业教育基金，资助高校开展创业教育和实践；高校领导非常重视创业教育，创业教育被放在高校发展的重要位置；很多高校都设立了创业教育中心，帮助和指导大学生进行创业。创业教育已经成为美国各大学，尤其是商学院和工程学院发展最快的学科领域，如著名的惠普、雅虎、思科、硅谷等公司都是由学校师生创办的。美国最早开展创业教育的哈佛大学、斯坦福大学、百森商学院是美国高校创业教育的典型。

美国的百森商学院是一所以创业管理教育和研究著名的商学院，在创业学领域处于领先地位。百森商学院和伦敦商学院每年都会共同举办"全球创业观察"研究，每年组织全球创业研讨会。百森商学院的目标是全力打造学生创业式的思维方式，培养学生的灵活性、创造力、抽象思维能力以及对市场变化的观察、把握商机的能力。百森商学院倡导创业精神，并通过完善的创新教学计划、拓展计划和创新、创业学术研究来达到创业教育的目标。

哈佛大学商学院已经开设了10多门创业管理课程，哈佛商学院是一所为创业管理与创业教育研究发行期刊的院校。哈佛商学院在针对创业管理教育方面建立了完整的资料库，为研究者提供良好的研究条件，并特别注重对学生创业意识、创业技能、创业精神进行培养。

斯坦福大学商学院在创业课程方面偏向于提供许多有关创业财务筹资的课程，非常注重应用导向和学科间的优势互补。斯坦福商学院的创业教育是从创业者的角度来规划创业个案，学生从中学习评估创业机会。斯坦福大学商学院在创业教育方面对创业过程中注重对创业的各阶段、各层面的策略与操作进行研究，重视对创业战略以及创业环境进行研究，把产学合作、产业网络等环境作为创业的研究目标。

日本的创业教育起步稍晚，20世纪80年代，日本高校才为学生开设了创业教育讲座,培养学生的创新创业能力。20世纪90年代以来,日本泡沫经济破灭,日本的传统产业失去优势。一些大学利用高校的人才优势进行创业,高校的科研人才能很快把研究成果转化成产品,由此催生了一批企业与高校创新创业项目进行合作。2000年日本教育改革国民会议上提出创业家精神的概念,强调学校创业教育要着力培养学生的创业精神、思维方式。

日本的创业教育是政府、产业和大学三方相互分工合作进行,这样就可以保证创业教育从不同方面得到支持。2002年日本官产学合作促进会议提出,希望通过技术转让机构、育成中心、产学合作机制等推动大学开展创业活动和创业教育。2004年国立大学法人化改革后,创新创业成为评价大学的指标之一,使大学与企业之间的关系更加密切,创新创业逐渐成为日本大学教育的重点。

日本政府对青年创业教育也非常重视,创业教育被纳入国家发展的重要课题,日本的文部科学省、通商产业省、厚生劳动省等在创新创业中为企业和高校提供相当大的支持。学校利用中介机构将创新创业成果与企业进行对接,使得研究成果在转化为产品过程中进展更为顺利。许多企业也对学校的创业教育提供了积极的支持和帮助。日本高校开设的创新创业教育系列课程越来越多,并设立创业辅导机构、创建创业孵化器,引进有创业经历、经验的企业家担任兼职教师,构建从理念到课程体系、师资建设较为完整的创业教育体系。

美国和日本两国政府对创业教育的重视使高校创新创业教育成果不断成功市场化,推动了本国经济的发展。经过多年的摸索和总结,两国都各自形成了自己独特的创业教育体系,从课程设置、师资队伍建设直至设立创业中心。企业和产业界为创业教育活动开展提供雄厚的资金、技术指导和创业社会环境的支持,这些支持使得美日两国的创业活动形成了成熟的体系,最终构建出了较为完善的社会化的创业教育网络。以美国的麻省理工学院为例,据统计,截至2000年,该校师生已创建了4000多家新公司,安排就业100多万人,创造出了2000多亿美元的产值。

在欧洲,促进大学生创业是各国政府的职能之一。英国政府将创业教育纳入从小学、中学、大学的各层次教育中,建立大学生创业委员会,督促学校建立创业教育制度,他们认为,大学毕业生需要的不仅仅是知识和学术水平,更需要利用创业能力发掘市场机会,解决企业难题,产生创新思维等能力,这样学生才能适应未来变化。与此配套,英国政府出台了多个支持创业的项目计划。德国政府明确提出,高校要成为创业者的摇篮,政府与金融机构合作,为大学生开设创业课程,让学生在学校期间就能够尝试开办企业,熟悉企业的管理运营以及相关的财税知识等。

相对而言,西方发达国家的创业教育较为成熟,政府也有完整的配套体系。据全球创业观察组织(GEM)研究发现,通常情况下,随着GDP水平的提高,早期创业活动指数(TEA)会不断下降,原因是GDP水平超高的经济体能带来更多的就业机会,这似乎反映了这些国家的创业水平较低。但实际上,这些国家的创新企业最终的保有率较高,也就是说,这些创新企业最终能够生存下来的比例高于其他国家,这恰恰反映了这些国家具有较好的创新教育水平,创业者具有较好的创业能力,国家具有较好的创业环境。

第二节 创业教育的国内背景

新中国成立以来,我国最早在高校进行创业计划竞赛的学校是清华大学,1997年由共青团中央、中国科协、全国学联主办,清华大学承办,举办了"创业计划大赛"。1998年12月24日教育部制定,国务院1999年1月13日批转的《面向21世纪教育振兴行动计划》中提出:"要创造条件在高校周围,特别是高校集中的地区建立高新技术产业化基地,并发挥科技开发'孵化器'的作用。加强对教师和学生的创业教育,鼓励他们自主创办高新技术企业。高校兴办高新技术企业,对于带动高新技术产业的发展,形成新的经济增长点,发挥了重要作用,成为培养创新人才的实践基地,也为社会提供了新的就业机会。今后,要组建一批以高校为依托的高科技产业集团。"

"挑战杯"中国大学生创业计划竞赛从1999年开始到2014年已经成功举办十三届大赛。"挑战杯"中国大学生系列科技学术竞赛是由团中央、中国科协、教育部、全国学联共同主办,由国内著名大学承办,分课外学术科技作品竞赛和大学生创业计划竞赛两类,先后在清华大学、上海交通大学、浙江大学、四川大学、厦门大学和山东大学等高校举办。"挑战杯"全国大学生系列科技学术竞赛每两年一届间隔举办,已被公认为中国大学生的"科技奥林匹克盛会"。

中国科学院青年创业大赛(CAS Youth Venture Competition,CAS-YVC,以下简称"大赛")是中国科学院举办的面向全国高校及各科研单位优秀青年的创业比赛。首届中国科学院青年创业大赛于2005年举办,至今已成功举办三届。通过建立全国优秀青年与投资者、企业家和社会学者之间合作的平台,促进青年形成和锻炼创新、创业意识,同时为每一项优秀的创业方案找到资金,促进科技成果转化为应有的经济价值和社会意义。大赛以中国科学院〔包括分布在20多个省(市)的12个分院、113个科研院所、研究机构、事业单位〕为核心,并与中国著名高校包括清华大学、北京大学、人民大学、中国政法大学、中国传媒大学、复旦大学、南开大学等20余所大学展开合作,面向社会开放,接纳上述各方的青年创业团队及青年个人报名参赛。同时主办方将在清华大学、北京大学、中国政法大学等著名高校举办相关品牌活动。

共青团中央、全国青联与国际劳工组织合作,自2005年8月起在中国大学中开展KAB创业教育(中国)项目(简称"KAB项目")。这是共青团中央、全国青联通过国际合作推进中国创业教育发展的一项尝试,旨在吸收、借鉴国际经验的基础上,探索出一条具有中国特色的创业教育之路。通过教授和操练有关企业和创业的基本知识和技能,该项目帮助学生对创业树立全面的认识和体验,切实提高其创业意识和创业能力,培养有创业和创新精神的青年人才。

2009年全国大学生创业大赛是一项全面提升大学生创业意识、提升创业能力的综合性赛事。大赛充分结合多种评价方法来综合考评参赛大学生的综合素质能力。此次大赛以创业计划书为基础,以《经营之道——企业运营电子对抗系统》、《创业之星——大学生创业模拟实验室》、《金蝶K/3 ERP管理软件》为竞赛平台,结合竞赛平台的经营绩效，并由教育部相关领导、高校专家与国内外知名企业高层管理人员评审团点评的方式进行综合评判，从而更好地考查大学生的综合能力与经营水平。

教育部高等学校创业教育指导委员会成立于2010年5月13日，教育部在成立大会上给出了指导意见："高等学校要更新教育教学观念，将创新创业教育面向全体大学生，纳入教学主渠道，结合专业教育，贯穿于人才培养全过程。要将加强创新创业教育作为教育教学改革重点内容，深化课程体系、教学内容和教学方法改革。要加强创新创业教育实践教学，积极开展以创新创业教育为主要内容的第二课堂活动。要着力培养、建设一支既有理论知识又有实践经验的专兼职创业教师队伍，探索建立创业导师制，指导高校学生的创业实践。同时，鼓励高校从学校类型、层次、特点和所处区域的实际出发，探索形成多样化的创新创业教育模式。高等学校创业教育指导委员会是在教育部领导下，对高校开展创业教育进行指导、咨询的专家组织。"

前面提到，2012年教育部出台了《普通本科学校创业教育教学基本要求（试行）》（以下简称《要求》）。《要求》指出，在普通高等学校开展创业教育，是服务国家加快转变经济发展方式、建设创新型国家和人力资源强国的战略举措，是深化高等教育教学改革、提高人才培养质量、促进大学生全面发展的重要途径，是落实以创业带动就业、促进高校毕业生充分就业的重要措施，是贯彻落实《国家中长期教育改革和发展规划纲要（2010～2020年）》以及《教育部关于全面提高高等教育质量的若干意见》（教高〔2012〕4号）精神的具体体现。各地各高校要按照《要求》，结合本地本校实际，精心组织开展创业教育教学活动，增强创业教育的针对性和实效性。

《要求》对创业教育的教学目标、教学原则、教学内容、教学方法、教学组织等做了明确要求。要求学校通过创业教育教学，使学生掌握创业的基础知识和基本理论，熟悉创业的基本流程和基本方法，了解创业的法律法规和相关政策，激发学生的创业意识，提高学生的社会责任感、创新精神和创业能力，促进学生创业就业和全面发展。教育学生正确理解创业与国家社会发展的关系，引导学生正确理解创业与职业生涯发展的关系。培养过程中要结合学校办学定位、人才培养规模和办学特色，适应学生发展，特别是学生创业需求，分类开展创业教育教学，采用创业教育与专业教育紧密结合的多样化教学体系，注重实践教学，丰富实践教学内容，增强创业教育教学的开放性、互动性和实效性。

《要求》还提出，高等学校要把创业教育教学纳入学校改革发展规划，纳入学校人才培养体系，制订专门教学计划，提供有力教学保障。高等学校应创造条件，面向全体学生单独开设"创业基础"必修课，并专门制订了《创业基础》教学大纲（试行）供参考；支持有条件的高等学校根据办学定位、人才培养规格和学科专业特点，开发、开设创业教育类选修课程（含实践课程）。把创业教育有机融入专业教育，加强相关专业课程建设。把创业教育与大学生思想政治教育、就业教育和就业指导服务有机衔接。在教学大纲中还对教学学时与学分做出了明确要求。

至此，在中国，大学生创业教育已正式纳入中国高等教育的教学体系，成为各高校人才培养计划中重要的内容。

前面还提到，2015年5月，国务院办公厅下发了《关于深化高等学校创新创业教育改革的实施意见》（以下简称《意见》），全面部署深化高校创新创业教育改革工作。《意见》从更高的层面上定义了高等学校创新创业的意义，《意见》指出，深化高等学校创新创业教育改革，是国家实施创新驱动发展战略、促进经济提质增效升级的迫切需要，是推进高等教育综合改革、促进高校毕业生更高质量创业就业的重要举措。各地区、各高校要落实立德树人的根本任务，主动适应经济发展新常态，以推进素质教育为主题，以提高人才培养质量为核心，以完善条件和政策保障为支撑，促进高等教育与科技、经济、社会紧密结合，加快培养规模宏大、富有创新精神、勇于投身实践的创新创业人才队伍。《意见》明确了九个方面的重点任务。

一是完善人才培养质量标准。制修订本科专业类教学质量国家标准，高职高专专业教学标准和博士、硕士学位基本要求，明确创新创业教育目标要求。

二是创新人才培养机制。建立需求导向的学科专业结构和创业就业导向的人才培养类型结构调整新机制，建立校校、校企、校地、校所以及国际合作的协同育人新机制，建立跨院系、跨学科、跨专业交叉培养创新创业人才的新机制。

三是健全创新创业教育课程体系。根据创新创业教育目标要求调整专业课程设置，开发、开设创新创业教育必修课或选修课。

四是改革教学方法和考核方式。开展启发式、讨论式、参与式教学，扩大小班化教学覆盖面。改革考试考核内容和方式，注重考查学生分析、解决问题的能力。

五是强化创新创业实践。促进实验教学平台共享。利用各种资源建设大学科技园、大学生创业园、创业孵化基地和小微企业创业基地。建好一批大学生校外创新创业实践基地，举办全国大学生创新创业大赛。

六是改革教学和学籍管理制度。设置合理的创新创业学分，为有意愿、有潜质的学生制订创新创业能力培养计划。实施弹性学制，允许保留学籍休学创新创业。

七是加强教师创新创业教育教学能力建设。明确全体教师创新创业教育责任。聘请各行各业优秀人才，担任专业课、创新创业课授课或指导教师，形成全国万名优秀创新创业导师人才库。

八是改进学生创新创业指导服务。建立健全学生创新创业指导服务专门机构。健全持续化信息服务制度。

九是完善创新创业资金支持和政策保障体系。整合发展财政和社会资金，支持高校学生创新创业活动。落实各项扶持政策和服务措施，重点支持大学生到新兴产业创业。鼓励社会组织、公益团体、企事业单位和个人设立大学生创业风险基金。

《意见》还强调，各地区、各高校要制订深化本地本校创新创业教育改革的实施方案，强化督导，加强宣传，抓好改革措施落地。可以说，在我们高校创业教育工作被放到了前所未有的高度。

第三节　创业教育的实践意义与价值

从有人类开始，就有了创业活动，在人类文明、科技进步的过程中，始终有创业活动的影子。社会生产力的提高往往伴随着各种创业活动,许多新的科技发明也多是源于创新创业。但真正引起人们重视,还是从 19 世纪大量新企业和中小企业主导的创业型经济兴起开始的,对创业活动的系统研究也随之发展起来,近几十年,这些研究有力推动了创业实践活动,创业理论得以发展和成熟。许多成功与失败的案例,让人们认识到,创业者除各自的专业技能外,还需要专门的创业意识、知识与能力。经验证明这些创业意识、知识与能力能够在后天的学习和培养中产生,可以通过创业教育获得。

案例 1-1

小田是某高校机械设计制造及其自动化专业大三学生。他学习成绩很好,自己觉得还有一定的空闲时间,想通过创业实践来锻炼一下自己,于是利用家里的资金,在学校附近盘下了一家销售自行车并进行维修服务的店面,店面租金 2300 元。店内的部分库存都是原经营者留下的,并且雇佣了原服务人员。小田认为自己毕竟还在上学,精力投入不足,因此想通过提高员工收入及其他待遇等措施促进销售、提高服务质量,起初起到了较好的效果,经营收入有了较大的提高,基本保持了原有的赢利水平。但过了几个月,销售收入与维修收入却明显开始下滑,而开支却越来越大,出现了较大的亏损,小田只好又将店面转给了其他人,最终亏损了近 1 万元。小田在事后分析,发现他在这个小企业的管理上缺乏经验,虽然制订了激励措施,但没有相应的考核管理制度,没有做好团队管理,而且缺乏对财务知识的了解,对税务等支出估计不足,导致了这次在校期间的创业失败。

案例 1-2

小丁是某高校会计学专业毕业生,在上大学期间,小丁有着非常丰富的勤工俭学经验和工作实践经验,曾代理过手机卡的销售,推广过某家都市报纸,帮助某职业院校做过招生工作,利用假期在麦当劳兼过职,自己在学校开过租碟、租书的小店等。他学的是会计学专业,有专业的财务知识功底,同时也有一定的管理经验。在毕业后,他与人合伙经营了一家连锁的快速食品店,起初经营很好,很快从一家店面,扩大到了四家店面,收入也明显增加,产品有了一定口碑,回头客不少。但此时,合伙人之间的利益与管理权之间的矛盾显现出来,一些店面的经营出现混乱,因为管理者之间意见不统一,原料进货渠道不统一,对服务人员的要求不一致,很快这个看起来要火起来的品牌就垮掉了。

从小丁的经历我们可以看出,他是一个很喜欢进行工作实践、创业实践的人。他不缺少相关的从业经验和工作经历,但他缺少真正经营企业的管理经验,并且在创业之初的企业结构设计上定位不准、企业的管理责任不清晰、对合伙人的风险控制不足。

两个案例都反映出,大学生参与创业活动很积极,但创业能力还比较薄弱,创业行为还有一定的盲目性。因此,当前大学生创业教育还有待进一步提高,高校全方位开展创业教育势在必行。

一、国家急需大量具有创新创业能力人才的要求

当前我国正处在建设创新型国家的关键时期,2006 年的全国科学技术大会把创新

提高到国家重大战略的高度上，提高到是努力实现民族与国家伟大复兴的历史责任的高度上。会议指出，我们要深刻认识世界新科技带来的机遇与挑战，要克服我国在资源、人口、技术等方面的困境，要创造性地解决国家跨越式发展与民族复兴问题，必须培养大量富有创新精神的人才，推动国家在社会主义建设事业的各条战线上全面实现创新。会议明确提出要把高校纳入到国家创新体系中来，大学在这一历史责任和机遇面前须勇于担当，把为国家培养富有创新精神的新一代大学生作为高校人才培养的新责任，积极开展创业型人才培养的研究与实践活动，主动与社会需求接轨，建立创新型人才培养体系，培养出更多具有创新意识、创新精神、创新能力的栋梁之才，以满足日益增长的创新创业型人才的需要。

近年来，各地的创新创业项目发展迅猛。上海张江、武汉东湖、杭州、成都、大连……越来越多的城市将创新创业写入自身蓝图，中国各地在经济新常态下的创新加速赛已拉开大幕。例如，国务院多次在常务会议上研究落实创新驱动发展战略，在2015年1月底2月初，国务院确定将支持发展"众创空间"，为创新创业搭建新平台。鼓励创新创业的"创业中国"在全国22个创新资源充沛的高新区陆续展开。新华网在2015年报道了"中国科技部与北京中关村日前启动了'创业中国行动'，计划通过'中国硅谷'中关村的创新资源和模式带动中国22个高新技术产业开发区探索新的创业孵化服务，加速形成以创新创业为动力的新经济引擎。产业互联网或将成为新的突破口。"创新创业给中关村带来新发展，即不断创造新需求、新就业和新价值，催生新产业和新的增长点，成为中国转型升级的重要引擎。如联想、百度、小米都是具有时代传奇性的创业代表。中关村计划拥有以领军企业创业者、高校院所科技人员及学生、连续创业者、90后创业者、海归创业者为代表的高端创业人群，到2020年，科技创业者将超过20万人。这些项目将吸引无数的创新人才加盟。

"互联网+"更在当下催生无数新的产业、行业机会，这些机会需要大量具有先进理念的创新创业型人才来实现。大学思维活跃的氛围，无数期盼成功的年轻人，正是产生新的创业机会的沃土。而创新教育培养具有开创性的个人，是通过相关的课程体系整体提高学生的素质和创业能力，使其具有首创精神、冒险精神、创业能力、独立工作能力以及技术、社交和管理技能等。

全球创业观察组织（GEM）在2012年发布的《全球创业观察2011报告》曾涉及关于中国创业活动的数据。从数据可以看出，一是中国早期创业活动处于非常高的活跃度。在GEM的54个成员国中，中国的早期创业活动指数（TEA）排名第一，比上一年的第十五位有大幅提升，表明中国处于"全民创业"的火热状态。同时中国人整体创业意愿也在各成员国中排名靠前，这与日益开放的经济环境和包容失败的创业氛围密切相关。二是通过各国初创企业与既成企业的比较来看，中国的初创企业活跃度全球最高，但既成企业相对偏低。这反映了创业环境还需要改善，同时创业者的创业能力也需要提高。三是中国初创企业在提供创新产品方面排名很低。这反映了中国初创企业创新度不足，而且在一定程度上说明创业者在选择项目的能力还需要提高。四是在GEM的54个成员国中，中国创业型员工活跃度（EEA）较低，这与早期创业活动指数（TEA）形成鲜明对比。这反映了中国整体创新员工数量少，是整体创业教育不够的表现。这个报告可以看出，在中国，创业的意愿非常强烈，但成活率不高，创新创业型人才缺少是非常重要的因素。

二、提升就业能力，促进社会进步发展的要求

我国当前高校的就业教育体系更多的是针对现有的就业岗位来制定的，有限的岗位无法真正解决大学生就业难的问题，就业教育不仅是写好简历，提高面试技巧等职业入门训练，更重要的是要掌握满足职业需要的能力，尤其是为企业创造价值的能力，创新能力就是非常关键的能力之一，这正是创业教育的核心。近些年，国家和教育部从各种层面对各高校提出的创业教育的要求，非常明确提出了通过创业促进就业的指示，要求各高校要创造良好的创业教育环境，提供创业实践场所，制定有利于大学生创业的制度，要求大学生要从市场上寻找就业机会。创业教育能够有效激发大学生的创业意识，培育大学生创业的整体氛围，通过校内的创业实践活动积累经验，提升大学生的创业能力。一个创业能力强的大学生如果能够通过创业教育训练，在大学期间从事一定的创业活动，在毕业后或工作一段时间后，真正实现自主创业，将不仅会获得物质上的收获，还会从精神上对大学生创业形成激励。通常情况下，创业不仅能够解决自身就业问题，往往还能创造新的就业岗位。

创新创业是经济发展的不竭动力，大到世界层面、国家层面，小到地区层面都是如此。而青年大学生是思维最具活力、最具创新能力的群体，但同时，他们却也最缺乏实战经历和社会经验。这两者之间的矛盾，一定程度上可以通过在大学期间的创业教育培训与实践活动来得以缓解。同时创业教育必须对接经济的发展，告诉大学生如何认清自己、认清市场机会，如何经营管理企业，如何避免风险，如何创造价值等。因此创业教育从提高大学生的创业能力、创业水平的作用来看，具有推动经济发展的现实意义。

三、大学生素质教育，全面人才培养的要求

大学教育的使命是培养推动人类社会进步的人才，这种人才应具备引导社会精神风气和带领社会实践的主流作用。大学生应该是对社会实践有用的人，能够在社会生活中生存下来，创造价值，推动社会发展进步。这样的大学生首先要具备社会适应与生存能力。那么现阶段，具有什么能力的人能够在社会上实现自我发展呢？从早年以文凭作为能力标准，到后来以综合素质为能力标准，到近几年以胜任工作为能力标准，直到现在以创造价值为能力标准。这一过程说明，个人的知识、素质、能力，最终都要落实到为社会或企业创造价值上来。

开展创新教育，就是要培养学生全方位的能力，培养他们独立思考、不畏艰难的勇气。不是所有的人都适合创业或有机会创业，开设创业教育课程也不只是为了培养多少个创业成功的学生，否则创业教育只是一门应用型的课程。创业教育一方面为学生提供创业实践的应用教育，另一方面也在塑造学生一种精神与气质，提升他们的综合素质与能力，培养适合社会需要的有创新精神和创造力的人才。因此，创业教育不仅仅要教授

创业需要把握的原则，掌握创业的一些具体操作方法，更是调动学生所有的相关知识、技能、心理、意志去解决一个创业课题，让学生在这一过程中得到自我完善。对那些具有创业意愿、创业潜质、创业条件的人来说，创业教育是一个入门训练，他们将学习创业技能、培养创业素质。而对那些在其他岗位上就业的大学生来说，应常有创新之心，时刻准备在平凡的岗位上创造佳绩；应充分发挥聪明才智，谋求生存和自我价值的实现。

第二章　创业的意义、要素与机会

在市场竞争日益激烈的当今社会，自主创业作为一种新的就业渠道，正在成为许多大学生实现自我人生价值的重要选择之一。

第一节　创业的意义

假如你是初次创业，SSRN❶的一篇文章《创业的技巧和运气》（Skill vs. Luck in Entrepreneurship）会告诉你，朋友，你跌倒的可能性很高：

但是，第一次创业不论成功与否，都比你想象的有价值得多——因为你将获得宝贵的经验。

它会让你知道成功需要多少工作量。

它会教会你如何寻找创业伙伴。

它会让你明白一个想法的灵活性究竟有多大。

它会告诉你，保持激情很重要。

它会告诉你，你对钱其实一无所知。

——Chris Campell，Wufoo 创始人

创业是创业者对自己拥有的资源或通过努力能够拥有的资源进行优化整合，从而创造出更大经济或社会价值的过程。创业是一种劳动方式，是一种需要创业者对企业的设计、组织运营、技术运用、人员管理等的思考、推理和判断的行为。从一个企业的生命周期来看，创业是一个新企业的培育、诞生和成长的过程。创业往往是依托高技术创新成果或新的思维、理念实现对创业资源的重新配置，形成一种新的利润创造方式。

当前创业是一个全球性的课题，创业活动正在世界范围内蓬勃兴起，如何促进创业

---

❶ SSRN：社会科学研究网（英文）。

经济的发展是各国政府首先要考虑的问题,同时也是各国政府提振经济形势的重要抓手。经济增长理论及其实践表明,创业是经济增长的重要源泉和积极促进因素。创业活动对经济增长的贡献是有效的、长期的,有时也是潜在的。创业是经济过程本身的主要推动力,经济体系发展的根源在于创业活动,创业活动在企业创新、新兴产业成长、区域经济发展等方面起着关键作用,对国家或区域生产率增长至关重要。

一、创业是推动持续创新、促进新兴产业产生与发展的重要动力

在全球新技术、新产业大发展的今天,包括美国在内的许多国家自主创业率增加,正处于创新创业的爆发时期。十几年前的一个报告显示,在美国境内每年新创业的企业有70多万家,创业不仅造就了硅谷、旧金山、北卡等有国际竞争力的新兴产业中心,也促进了美国经济的持续增长和接二连三的技术创新浪潮。

创业企业在新兴产业中具有创新优势,新兴知识与技术密集行业的出现,促进了创业经济的产业结构进化,甚至变革着这个时代。曾有人这样评价:发展创业型经济是打赢21世纪这场全球经济战的关键。近几十年,美国经济增长的三分之一是由信息产业提供的,而其中创业资本创建了其中90%以上的企业。20世纪90年代,美国的创业企业销售收入年均增长近40%,而作为全球500强的大公司年均增长不足4%。英国政府曾提出要将英国建成最适宜创业的国家,他们曾做过的一个调查结果显示:创业资本所投资的创业企业对经济做出的贡献突出,就业率增长、销售增长、利润增长等各项指标都远远超过该国传统的百强企业。

创业企业由于能把最新科技进展或先进理念与市场需求准确对接起来,因此开拓出了许多新的市场蓝海,催生了许多新兴产业。事实上,以高科技资本和新兴产业为主导的创业经济的发展,已经成为许多国家建立国家竞争优势的重要战略。

创业企业因其经营灵活性而比大企业更具市场适应能力,是具有前瞻性技术成果的积极转化者。创业企业往往能够迅速抓住市场信息进行市场拓展或者产品拓展,进而促进产业发展。与大企业相比,小型创业企业反而容易快速发展,一方面,与传统企业一样,创业活动增加了传统生产要素(资本、劳动力、无形资产等)的投入;另一方面由于新的生产要素——知识与信息的加入,创业企业的资源种类比传统企业有了更大的突破,比如思维方式、先进技术利用、社会资本、创新能力、商业模式等,很明显会在创新性上占有优势。同时,由于船小好掉头,与大企业相比,创业企业对不稳定环境的适应性、产品的多样化、组织的灵活性等方面更有优势。由于创业企业比大企业更侧重于资源的整合和重组、技术的开发与创新、组织的革新和行动的迅速,因而也更具竞争力。

二、创业活动是各国之间缩小差距、促进经济增长的发动机

以信息技术、生物医药、新材料、先进制造技术、航空航天技术为代表的高新技术已经成为当今经济增长的技术基础,而科技创业企业活动的重心放在生产前端的研发、

技术项目转移和知识要素的重新配置方面,因此相应产业领域的科技创业企业活动日益成为各国科技战略和国际竞争战略的主战场。

发达国家由于高科技产业化程度高和技术成果积累多,与发展中国家已经形成了"发展势差"和"技术势差"。这种"势差"在经济科技全球化浪潮的推动下,往往也存在着"后发优势"。如果发展中国家既没有科技研发能力,又不能快速将外生的科技成果引入本国生产体系,并转化为现实生产力和经济价值,必然增加发展的不均衡性,加大这种差距。因此包括中国、印度在内的许多新兴发展中国家,必须充分利用经济全球化带来的机遇,通过积极培育和扶持新兴的创业企业,强化"后发优势",从而成长为与国际大企业抗衡的新兴力量,才能介入全球价值链高端环节。

20世纪90年代之后,一些新兴发展中国家在第三次创业浪潮中表现出色,随着一批具有高速发展潜力、成长前景好的创业企业脱颖而出,这些国家逐步壮大新兴产业,促进了经济高速增长,缩小了与发达国家之间的经济差距。

在一定的区域范围内,创业活动往往是区域经济增长的发动机。创业的成功不仅活跃了区域经济的创业氛围,而且通过创意的先进性、不可模仿性和个性等特点,优化了区域内的资源配置,使区域经济资源在更合理、更高效的模式下运行,从而大大促进了区域经济发展的速度。全球技术创新中心——硅谷,是世界创新和创业最活跃的地区之一。2007年硅谷地区,人均实际收入比美国平均水平高57%,人均实际收入增长(12%)快于美国的总体水平(10%)。

改革开放以来,基于对中国基本国情的认识,借鉴发达国家的经验,为了加快经济建设的步伐,更好地实施对外开放战略,改变经济落后的面貌,中国政府先后设立了深圳、珠海、厦门、汕头和海南五大经济特区,作为对外开放和向发达国家学习的"窗口"。由于这些经济特区创业活动活跃,有力促进了地方经济的发展。事实上这些区域经济的高速发展,不仅使本区域受益,也带动了国家的人才流动,成为了国家经济高速发展的引擎,其所承担的历史使命远远超出了自身的发展。

三、创业是缓解就业压力、扩大就业岗位的重要途径

对于在校大学生来说,创业不仅是推动创新、促进新兴行业发展和推动地方经济发展等似乎较为遥远的事情,其更具有现实的意义——那就是缓解就业压力、扩大就业岗位。

我国的高等教育已经完成了从"精英教育"向"大众教育"的转型,高校毕业生就业形势严峻,就业问题是各高校的重要任务之一。教育部对高校毕业生的就业问题非常关注,因为这是牵扯到国家与社会安定大局的事,牵涉到每个学生家庭的民生。教育部曾多次下发文件,引导各学校加强毕业生的就业工作,并提出开展创业教育是解决大学生就业难、就业矛盾突出的重要手段。在美国,创业型就业是其就业政策实施的重要方式。20世纪80年代,美国通过政策引导,鼓励创业,抓住了信息经济时代赋予的创业良机,使美国在近几十年来一直引导着世界信息产业的发展。美国的硅谷和波士顿的"128公路"涌现了大量的中小型创业企业,1980~1999年间,创造了3000多万个工作岗位,其中新创业的15%的公司创造了94%的就业机会。

案例 2-1

重庆的王海是学艺术设计的,很有艺术天分,他从大学二年级开始就给一些设计公司兼职打工。有时接下项目,他会和几个同学共同进行创意设计,共同完成。在接这些项目的合作过程中,他们萌生了创业的想法,后来几个人一商量,决定合伙成立一家创意设计公司,专门给其他企业搞设计,这样既可以将学校学到的东西得以实践,提高自己的设计水平,又能毕业后从事设计工作积累经验。

成立的公司由 5 个股东组成,平均持股。起初,业务开展非常不顺利,因为没有项目,需要自己到广告设计公司、家具公司、装修公司去进行攻关,而他们一没有经验,二没有名气,所以经常吃闭门羹,但他们咬牙坚持了下来。后来他们改变了策略,先不考虑挣钱,只求能够打开局面,与公司谈项目时采取不收费用或少收费用的方式,接了一些设计工作,逐渐积累了一些设计产品和设计经验。有了一些成功的产品后,他们就有了与客户谈判的基础,之后情况慢慢好转。一年左右时间,公司基本就稳定了下来,由于他们的思路活跃、设计新颖,而且价格相对较低,接的设计项目逐渐多起来,他们又在学校招收同学作为兼职员工,扩大了出活量。到毕业时,公司已经形成了较为稳定的业务范围,与几个装修和家具公司签约成了合作伙伴,有了一定的经营规模,并实现了赢利。

毕业后,1 人进入机关工作,其他 4 人继续留在原公司工作。截至 2014 年,公司已经有正式员工 14 名,兼职人员几十人,成了一家在家具和装修行业有一定影响的设计公司。目前公司的几个负责人正商量将积累的资本投入到实体店里去,投资方向是儿童活动空间,将公司积累的设计理念和经验得以物化,并将产生一个新的创业公司。

上面的例子可以看出,王海通过创业不仅没有让自己遇到就业难题,还给其他同学创造了更多的就业岗位,同时还为学弟学妹们提供了创业实习的平台。

知识链接 2-1 中美两国大学生创业比较

创业计划,又名"商业计划",是高科技或先进理念与风险投资结合的产物,是在一个模拟的场景中进行的。创业者就某一具有市场前景的产品、服务或技术向风险投资公司游说取得风险投资的投资可行性报告书。创业计划大赛要求参赛者组成优势互补的跨专业小组(小组成员一般要求有管理、财务、经济、法律、网络、技术等角色),提出一份具有市场前景的产品或服务,并围绕这一产品或服务开展调研论证,完成一份包括企业概述、业务内容、业务展望、风险因素、投资回报、退出策略、组织管理、财务预测等方面的创业计划书。具体项目不作太多限制,可以涉及农业生产、加工制造、医药食品、电子通信、日常生活、教育文化等传统经济,也可以涉及网络、金融服务、旅游娱乐等新型经济等。创业计划书要求内容翔实、论证有力。

创业大赛在美国高校中由来已久,自 1983 年美国德州大学奥斯汀分校举办首届商业计划竞赛以来,美国已有包括麻省理工学院、斯坦福大学等世界一流大学在内的 20 多所大学每年举办这一竞赛。Yahoo、Excite、Netscape 等公司就是在斯坦福校园的创业氛围中诞生的。麻省理工学院的"五万美金商业计划竞赛"已有 10 余年的历史,影响非常之大。从 1990 年到现在每年都有五六家新的企业诞生,并且有相当数量的"计划"被附近的高新技术企业以上百万美元的价格买走。这些由"创业计划"直接孵化出的企业中，有的在短短几年内就成长为年营业额数十亿美元的大公司。一批批的创业者在比赛中得到锻炼和成长。风险投资家们纷纷进入大学校园，寻找未来的技术领袖。从某种意义上说，高校的商业计划竞赛已经成为知识经济时代美国经济的直接驱动力量之一。

中国的创业大赛较晚，1998年，清华大学举办了中国最早的创业计划竞赛。1999年、2000年、2002年，共青团中央、中国科协和全国学联主办，清华大学、上海交通大学、浙江大学分别承办了第一、第二、第三届"挑战杯"中国大学生创业计划竞赛。竞赛的成功举办在全国高校中掀起了创新、创业的热潮，产生了良好的社会影响。"易得方舟""视美乐""讯飞""中华行知网""澳视"等一批学生创业公司从众多的参赛作品中脱颖而出，进入实际运行阶段。

目前，创业计划竞赛已与课程学术科技作品竞赛一道，成为"挑战杯"旗帜下的重要赛事，并形成了两赛隔年举办的格局。作为学生科技活动的新载体，创业计划竞赛在培养复合型、创造型人才，促进高校产学研一体化，推动国内风险投资体系建立方面发挥着积极的作用。

从中美两国大学生创业计划大赛的比较中可以看出一些共同点。

一是两国政府与媒体导向都支持鼓励大学生参与社会实践、自主创业，创业受到支持的大环境是相同的。中美两国的大学都非常支持并乐于承办创业计划大赛。中国的一些高校专门为学生开辟了创业园，美国则是通过有关部门营造一种鼓励创业的气氛与环境，让公司在设立之初就能得到市场的检验。

二是项目中更易获得风险投资的往往是一些高新技术成果或专利技术，如网络相关产品或服务等，这是源于学生往往资金缺乏，只能通过这些无形资产进行投资。

中美两国的大学生创业计划大赛的不同点却更加突出。

一是大赛的起步时间不同。美国从1983年开始，中国从1998年开始，中间相差了15年，这使得中国学生差距明显。如今美国表现最优秀的50家高新技术公司有近一半源于麻省理工学院的创业计划大赛。从某种意义上讲，高校的创业计划大赛已成为美国经济的直接驱动力之一，而在中国无论创业计划大赛的频次还是对经济产生的推动力都没有达到这个水平。

二是创业者的资本来源不同。美国是世界上创业投资最发达的国家，有成熟的资本市场，风险投资资金充足，信息服务行业发达，各种咨询服务机构齐全，因而美国大学生的创业计划多数都具有可行性，市场前景好，容易得到风险投资，公司发展速度较快。而我国的资本市场相对落后，创业投资处于起步阶段，二级市场尚在酝酿之中，融资相当困难。大学生们由于缺乏资金或积累资本的时间，许多优秀的创业计划难以付诸实践。

三是创业者的创业素质与创业意识不同。这主要是由于高等教育模式不同造成的。美国的教育是服务型的、开放的，一般都实行"学分制"，学生只要修够学分即可拿到文凭，在校时间可不受限制，学生可自由发挥的空间较大。这种机制使美国学生具有较强的独立意识和竞争意识，拥有较好的创新能力。美国学生经常打工或参与外界活动，有很好的工作与社会经验。而我国的教育是管理型的、封闭的，接触社会的机会不多，在这种教育环境下，学生知识创新意识不足，普遍缺乏一种创新精神和冒险精神。加上我国学生太过于注重学习的过程与形式，而忽略了学习的目的，因而创业意识不强。

四是创业的层次和领域不同。美国大学生提出的创业计划中的项目往往涉及高智力的高科技领域，而中国只有部分大学生涉及互联网、软件开发等，相当一部分提出的是从事家教、办书店等创业活动，因而很难出现像敢于向微软的视窗操作系统挑战的芬兰大学生 Linux 那样的创业者。

第二节　创业的要素

创业过程是由创业者（创业团队）抓住商业机会利用各种创业资源建立创业运行体系，并创造价值的过程。因此创业包含四个方面的要素：创业者、商业机会、创业资源、创业运行体系。

一、创业者

创业者是创业活动的发起人和推动者，在创业过程中处于领导地位和核心地位，创业者，可以指一个人，也可以指一个团队，早期创业意向的发起通常是一个人（创业者），但在创业过程中，往往需要团队的支持，而最终创业团队成员在创业活动中承担不同的角色分担不同的责任。创业者及其团队需要在创业项目选择（商业机会的选择）、创业资源的整合与配置、公司的组织管理、产品生产管理、市场开发等方面承担关键责任。

创业者与创业团队的创业意识和素质能力，甚至性格、意志品质等因素都将决定一个创业活动的成败。在市场上发现好的想法，如果没有创业意识，将无法形成一个有计划的商业机会；一个好的商业机会，创业者没有强大的推动能力，将不会创造价值；创业者如果没有战略眼光、没有抵抗挫折与风险的能力，也不会将创业企业做大做强，甚至企业根本无法存活。因此很多时候，创业者及其团队，比其他创业要素显得更加重要。美国的风险投资家乔治·多里特（George Doriet）曾说过："我更喜欢拥有二流创意的一流创业者和团队，而不是拥有一流创意的二流团队。"实践证明，一个优秀的创业者（创业团队）在创业过程中，由于具有敏锐的市场嗅觉、良好的学习习惯、坚韧的品质及风险预测与控制能力，往往能够及时抓住更好的创意，创造适应市场的产品或服务，促进企业发展；同时克服面临的各种困难，化解遇到的风险，并带领企业渡过难关。当今，许多风险投资企业在考察投资项目时，首先会考察创业者和创业团队，然后才是项目本身，因为他们认为，有好的带头人，才会引导企业走向正确的方向。

> **知识链接 2-2　创业者——李嘉诚**
>
> 在许多大学生的心目中，李嘉诚是一个极具传奇色彩的人物，他是亚洲首富，在香港和世界华人界有着巨大的影响力。但我们从李嘉诚的经历中，可以看到的却是一个创

业者从无到有的奋斗历程。

　　李嘉诚祖籍福建莆田，1928年7月，出生于广东潮州潮安县的一个教师之家，1937年7月，日本侵华战争爆发，1938年，日军轰炸潮州，1939年刚刚就读初中的李嘉诚随家人辗转到达香港，寄居在舅父庄静庵的家中。1941年圣诞节前夕，太平洋战争爆发，香港英军向日军投降，港币贬值，物价飞涨，李家的生活更加困难，父亲因劳累染上重病。1943年冬天，父亲李云经病逝，为了养活母亲和三个弟妹，年仅14岁的李嘉诚被迫辍学到社会上谋生。应该说，李嘉诚有一个非常多变而又贫困的童年经历，这些经历造就了他在此后创业过程中敢于承担压力、坚韧不屈并能够适应多变环境的性格特点。

　　李嘉诚先是在舅父的中南钟表公司当泡茶、扫地的小学徒，学会了辨人识人、与人沟通的能力。后来又调入高升街的一家钟表店当店员，学会了可以谋生的钟表装配、修理技术。李嘉诚并没有就此止步，他不愿意长期寄人篱下，1947年，他到一家五金厂做推销员，推销镀锌铁桶，开始真正自谋生路。由于销售业绩突出，年仅20岁的李嘉诚便升任塑胶厂的总经理。这些过程显示出了李嘉诚出色的学习能力、业务能力和勤奋程度。

　　1950年，独立、倔强的李嘉诚再次离开了已经取得成绩的塑胶厂，开始自己创业，显示了其创业素质，当年，李嘉诚22岁，差不多正是当今大学生毕业的年龄。李嘉诚用平时省吃俭用的7000美元积蓄在远离市区的地方创办了长江塑胶厂。"长江"取意"长江不择细流，故能浩荡万里"，显示了其不凡的抱负和格局。创业之初，李嘉诚既是企业老板又是员工，既当技术员，又当操作工，还得承担推销员、财务人员的工作。每天一早，就外出推销，当客户企业一上班，李嘉诚已经赶到了，为省钱，通常不坐出租车，距离远就乘公交车，距离近就步行。中午时，回到工厂，李嘉诚开始检查工人的工作情况，与工人一起进餐，一起工作。其中的工作强度与辛苦可见一斑。早期塑胶厂还出现过质量事故，他在表妹庄月明的鼓励帮助下渡过了难关。

　　1955年，长江塑胶厂迎来转机，产销渐入佳境。1957年，李嘉诚在看一期英文版的《塑胶》杂志时看到，意大利一家公司利用塑胶原料制造塑胶花，正在欧美市场热销，嗅觉敏锐的他立刻意识到这是一个商业机会，塑胶花在香港也会流行。当年，他便前往意大利考察学习，掌握了制作塑胶花的技术，返回香港后，立刻组织在香港尚属市场空白的塑胶花的生产，并进行大力宣传推广，制订出走物美价廉的销售路线，很快在香港打开局面，并远销至东南亚市场。李嘉诚通过塑胶花的市场掀起了消费的新潮流，长江塑胶厂由一个小厂一举成为在香港知名的塑胶企业，1957年年底，他将长江塑胶厂改名为长江工业有限公司，并将公司总部搬到北角，分设两处厂房，一处生产塑胶玩具，一处生产塑胶花，并将塑胶花作为重点产品。当时，由于欧美市场对塑胶花的需求也越来越大，订单成倍增长，世界塑胶花市场兴旺局面一直持续到1964年，在7年的时间里，李嘉诚获得了数千万港币的利润，长江工业有限公司成为世界上最大的塑胶花生产基地，成为真正的"塑胶花大王"。

　　在塑胶花市场处于最繁荣的时期，李嘉诚却已经开始考虑潜在的风险了，他认为，塑胶花不可能一直这么兴旺，需要找到其他的产业替代品。他将目光转向了当时不算景气的塑胶玩具上,并努力拓展市场,很快就打开了国际局面,一两年后,当时的"塑胶花大王"成为了国际玩具界的新宠。

李嘉诚利用其敏锐的市场信息捕捉能力和风险控制能力,成功进行了两次产品转型,迅速将"长江"做成了世界知名的国际企业品牌。成功的创业之后,一次又一次的并购与扩张,进军房地产,收购银行,进军石油行业,竞购英国电网业务……不断滚动其财富,创造了一个又一个商业传奇。

我们分析李嘉诚多次成功的创业及再创业过程可以发现,创业者本身需要具有一些基本的素质。一名大学生想要成为一个成功的创业者,应具备以下几个基本特点。

1. 有创业意识与创业意愿

创意可以灵光一现,但创业却是需要有准备的。创业的前提是你想创业,有独立意识,有敢于承担责任的勇气。受就业形势和经济形势的影响,当前大学生创业的意愿是比较强烈的,全国高校学生信息咨询与就业指导中心的一份调查数据显示,大学毕业生中有强烈创业意愿的占到25.9%,有过创业意愿的占到53.0%。

2. 富有创业精神

创业精神是指创业者在创业过程中开创事业的思想、观念、个性、意志等多方面的综合特征,主要体现在勇于创新、敢担风险、自信独立、百折不挠等,包括创新精神、冒险精神、吃苦耐劳等品格。具有创业精神的人,才能敢于向传统挑战,产生创业行动,可以说创业精神是创业的力量源泉,是创业成功的保证,是促进创业企业发展的推动力。在我国,想创业的大学生很多,但真正进行创业的不足5%,在这些创业者中真正成功的概率也不高。究其原因,很多大学生并不缺少创业知识和创业能力,最为缺乏的恰恰是创业精神。因此一个计划创业的大学生应该分析自己是不是具有这种创业精神,如果不具备,要针对性地进行心理、意志的训练,并积极参与创业实践,在实战中提高。

3. 有基本的创业素质与能力

创业对人的要求有很多,一个创业的人必须具备如下基本素质,在创业过程中才会避过一定风险,成功创业。这些基本素质包括:强烈的求知欲及学习能力、优秀的市场判断能力与良好的市场嗅觉、擅长社交与沟通、突出的企业管理与团队管理能力、较好的应变能力、较强的心理抗压能力等。同时还应掌握创业所需要的专业知识与技能,比如想抓住当前互联网相关的创业热潮,就需要对当前互联网与产业结合的知识有较好的了解,对移动互联网产生的新的商业思维模式进行研究,否则即便有好的创意,最终也会以失败告终。对计划自主创业的大学生来说,以上的这些素质与能力是可以通过锻炼或学习得以加强的,而且这些素质与能力即便不是为创业,对今后的就业、工作和生活也大有帮助。

二、商业机会

创业者的创业活动往往是从发现和识别商业机会开始的。商业机会往往能够成为创业机会，是创业者进行创业的"饵"，是一个创业者决定是否创业的最核心的考虑因素。一个人只有发现了商业机会后，才可能进一步考虑能否配置到必要的资源。由于市场环境的变化、经济转型、新政策实施、信息不对称、市场空白、新技术发展、消费文化的新时尚等都会产生商业机会，以上因素的影响会使市场上在一定的时间内出现缺口，它意味着顾客有着得到更好产品、更佳服务、更少投入等方面的利益需要，综合起来，可以将商业机会分成三种类型。

1. 问题型机会

问题型机会是指由于在现实生活或生产中未被解决的问题所产生的机会。有些问题是一直存在的，有些问题是在产业发展或社会发展过程中新出现的。比如新型医疗设备能解决一些原有医学难题；新型环保产业需要解决工业化过程产生的环境问题；能源产业需要面对当前的能源危机；有机农业或食品产业是为了满足日益增长的健康饮食的需要等。

2. 趋势型机会

趋势型机会是指从变化的趋势中看到的未来发展方向，对将来进行预测、判断。比如李嘉诚看到的塑胶玩具产业，就是预测到今后塑胶玩具可能有大发展；信息技术的突破使互联网产业进一步成熟，促成了电子商务的腾飞；中国老龄化社会可能带来的养老服务、保健康复等产业的兴起；中国第三产业的日渐发达使服务创业越来越受到创业者青睐等。

> **知识链接 2-3　老龄化带来的商业机会**
>
> 2012 年，我国大陆总人口达到 135404 万人，其中 15~64 岁劳动年龄人口为 100403 万人，占全部人口的 74.1%，比 2011 年下降 0.3%。65 岁及以上的老年人口数量为 12714 万人，占当年全部人口的 9.4%，比 2011 年上升 0.3%。20 世纪 80 年代以来，我国劳动年龄人口不断增多，15~64 岁劳动年龄人口从 1982 年的 62517 万人增加到 2012 年的 100403 万人，年均增加 1262.9 万人，劳动年龄人口占比从 1982 年的 61.5% 增加到 2012 年的 74.1%，年均增加 0.42%。与此同时，我国老年人口数量也在稳步增长，65 岁及以上人口数量从 1982 年的 4991 万人增加到 2012 年的 12714 万人，年均增加 257.4 万人，老年人口占比从 4.9% 增加到 9.4%，年均增加 0.15%。中国已经进入老年型国家行列。目前，中国 60 岁以上老年人口已达 1.43 亿，占总人口的 11%，2020 年将占 17.2%，2050 年将占 31%，老龄人口将超过 4 亿。
>
> 考虑到今后可能推进和延迟退休政策，用另一个数据来说明中国的老龄化。2000 年中国 80 岁以上的高龄老人有 1343 万，占总人口的 1.07%。预计到 2020 年，中国 80 岁以上的高龄老人将达到 3067 万，占总人口的 2.15%。这是一个怎样庞大的问题？将会产生多少相关的商业需求？人口老龄化将催生养老体系的成长发展。
>
> 老人生活自理能力不强或完全不能自理，有病有灾，需要帮助；人们健康长寿的希望；老人的休闲娱乐等都会带来很多商机。中国传统的"孝"文化将是养老产业兴起的

催化剂。

养老产业可以有如下商业机会：老年人用品最畅销的是保健用品，如保健器械、急救药箱、助听器、拐杖、助行架等；休闲健身用品，如垂钓用品、气排球、门球等；还有在市场上不易买到的老年人服饰等；服务板块的养老院、康复中心、老年爱好活动中心、家政护理、休闲养生等。

3. 组合型机会

组合型机会就是将现有的两项以上的技术、产品、服务等成熟条件组合起来，创造出新的价值或实现新的用途所产生的机会。组合型机会是年轻人创意来源最重要的途径之一，因为创业所需要的核心条件都具备，只是许多人没有想到，这恰能够发挥年轻人尤其是大学生的长处，他们思想上没有障碍，可以天马行空，反而能够创意无限。近两年移动互联网的成熟，使"互联网＋"成为最活跃的商业机会，我们可以从很多途径听到成功的例子，这些案例让人觉得异想天开，但他们确实取得了成功，而且创造的利润也超出人们的想象。

三、创业资源

创业资源，是指在创业活动中各种有形、无形的投入，是企业创立和运营的必要条件。有形资源包括人力、物力、财力等，无形资源包括专利、技术、创意、社会关系、管理能力、地域特点、国家政策等，概括起来可以分为创业资本（包括财和物）、创业人才、创业技术、创业环境四种形式。这些资源共同作用形成产品或服务，决定创业赢利的水平以及企业资本的积累能力，进而左右创业企业的成长与发展空间。

一般而言，创业企业最好能够同时拥有这四种创业资源，如果资源本身定位准确并且相互之间配合良好，创业企业就能够很快实现稳定发展、实现创业跨越。但实际操作表明，只有极少数创业企业能够同时拥有完整的创业资源，绝大多数企业甚至只拥有其中的一种或几种。创业者必须认识到，在创业初期这些资源显得尤其重要，因为企业稳定之后，有些资源反而容易获取。

1. 识别与分析资源

创业者要根据自己的创业需求，进行资源分析与识别，最终确定哪些资源为企业成立、成长、发展所必需，并根据企业不同的发展阶段分别进行定义筛选。创业者可将可掌握的资源进行分类：人力资源（个人业务技能）、财务资源（可控资本）、物质资源（可控物资）、技术资源（掌握的生产技术、专利）、社会资源（社会关系与创业环境），并将其逐一进行分析比较，了解哪些可以直接应用，哪些还需要继续补充，同时确定资源使用的时间、数量、强度、使用顺序等，这些都要围绕创业活动的战略目标与战术选择来定。

一般情况下，资源层级越高，给创业企业带来的竞争优势就越大，但层级越高的资源，得到的难度越大、代价越大，伴随的市场风险级别也越高。

所以，创业者对创业资源的可靠性、必要性要进行评估，有时不是越多越好。

第二章 创业的意义、要素与机会

 案例 2-2　创业资源的误区

宋琦，毕业于西安一所大学计算机科学与技术专业，毕业两年后，与长期研究烟火预警系统的李云河合作开发了新的预警系统。新的预警系统采用了新型烟火感应器，并用无线网络控制，不需要打孔穿墙，因此设备与安装成本大幅降低，比通用的传统预警系统降低 50% 左右；采用的智能控制识别技术，更接近人眼的识别，使预警的准确度大大提高；由于设备之间安装相互独立，施工周期大大缩短，施工时还不影响其他施工进度；而且维护时只需要更换失去功能的独立设备，更换简单，维护的成本也大大降低。这个项目在鉴定会上得到了专家的高度评价。

两人拿着鉴定证书到南方一些企业进行调研，受到了许多企业的欢迎，尤其在国家对企业生产安全越来重视的大形势下，他们对这个项目信心满满，计划进行自主创业，建立自己的企业，创建自己的品牌。在这个过程中，李云河建议，应引入更多的资源进来，这样一方面可以筹集到更多的资金，使企业能够更快开始进入生产销售环节，另一方面可以在今后的推广过程中得到更多的社会关系，有利于产品迅速扩大市场，宋琦也认为这是个好想法。于是两人积极邀请有实力的朋友和企业的老板加入到这个创业活动中，这些人了解了这个项目后也觉得是个很好的商业机会，迅速组成了 12 个合伙人参与的筹备组，初步确定的资金意向就有 1400 多万。到这个时候，宋琦和李云河还觉得这是一个好的开始，吸引了比较多的资金与人力资源，预示着企业成功在望。

然而之后的事情却急转直下，由于参与的人太多，虽然资金不少，但各执己见，根本无法形成统一的意见，有人认为应该先从一个区域开始，有人认为应该全面铺开；有人认为应该先打广告，有人认为应该先踏踏实实做产品，然后进行推广；有人认为在南方设厂，离客户近，有人认为应该在北方，成本低……结果争论了近一年的时间，一份完整的创业计划书都没有形成，反而让宋琦和李云河感觉精疲力竭。

很显然，两人获取的创业资源目标不一致，没能形成良好的资源配置，反而差点毁掉了一个非常好的商业机会。

现在两人决定，不再自己找合伙人，而是直接找风险投资公司引资，注册公司，宁可一定程度上丧失话语权，让出一定的利润空间，也要将项目推向市场。

2. 获取资源

在确定企业所需要的资源后，就要利用各种途径获得所需资源为创业企业服务。在计划创业时，创业者（或创业团队）往往已经拥有一定的基本资源，如技能、专利技术、创意、创业者自己拥有的社会资源、创业环境资源等，这些资源是形成创业想法的基础，是先天具备的。

对创业所需要的其他必备资源，要通过购买、合作、并购等方式获得。购买是指直接购买，如企业场所、生产设备、生产资料等，一些隐性的资源，如知识、技能等需要附着在显性资源上购买。合作是指通过与其他机构合作，将这些机构的资源引入到自己的创业活动中，合作的前提是双方的资源能够互补并能形成共同的利益。并购是指通过资产或股权收购的方式将外部资源转化为自己的创业资源。

资源的获取贯穿于整个创业过程。创业之初，资源通常是不完整的，创业者需要通过完美的创业计划书或利润预期、品牌预期等来获取资源拥有者的信任。创业者需要在创业过程中不断地利用现有资源和通过生产、服务过程产生的品牌、利润、形象等资源，吸引更多的资源，以扩大企业规模，成就更大的发展。有时需要通过一种资源来撬动另外一种资源的加入，这种资源的互相利用需要创业者有良好的运作能力，需要借力的技巧。下面是在网络上盛传的一个虚构的案例。

案例 2-3　如何娶到盖茨的女儿

有一个成功的商人汤姆，有一天告诉他的儿子："我已经选好了一个女孩子，我要你娶她。"儿子回答说："我自己要娶的新娘我自己会决定。"汤姆说道："但我说的这女孩可是比尔·盖茨的女儿喔！"儿子欢呼起来："哇！那这样的话……"

在一个聚会中，汤姆跟比尔·盖茨说："我来帮你女儿介绍个好丈夫。"比尔说："我女儿还没想嫁人呢！"汤姆又说道："但我说的这年轻人可是世界银行的副总裁喔！"比尔大吃一惊："哇！那这样的话……"

接着，汤姆去找世界银行的总裁，汤姆叫道："我想介绍一位年轻人来当贵行的副总裁。"总裁说："我们已经有几十位副总裁，够多了！"汤姆说："但我说的这年轻人可是比尔·盖茨的女婿喔！"总裁叫道："哇！那这样的话……"

最后，汤姆的儿子娶了比尔·盖茨的女儿，又当上世界银行的副总裁。

当今社会，并不缺少资源，而是需要发现和把握资源与机遇的眼光和胆识，掌握撬动资源的能力，尤其是在当今的中国，可以说机遇无处不在，只是看你如何把握。

3. 整合、协调与利用资源

获得资源后，要对资源进行整合、协调，并进行合理利用，使它们之间互相匹配、相互补充，以创造独特的竞争力，最终将资源的作用最大化，为企业和客户创造价值。

创业资源在未整合前，是零散的，没有经过系统化的分类，直接使用，有时不能产生最好的效益，有时反而会起到互相牵制的负面作用（如前面的案例 2-2），因此创业者必须利用自己的智慧，运用科学的方法将各种类型的资源进行集成和再分配，实施资源重构、有机整合，使之在创业体系里有效、合理、系统。比如在创业团队中，人员需要配置，需要有管理者、技术人员、财务人员和营销人员等，要求有不同的教育背景、不同的性格特点等，配合得好，就能够各自发挥优势。

需要注意，在资源的整合过程中，各项资源之间不能简单地进行累加和绑定，而是要分析各资源之间的特点和相互关系，进行有机融合。有些资源不能直接进行匹配，而是需要进行一定的改进和转化，比如一名刚毕业学财务的大学生往往不能直接作为财务管理人员进入人力资源的体系，而需要先进行培训和实习，因为一个真正运行的企业在财务上不能有差错，否则可能有严重后果。创业者必须将包括个人资源在内的各项资源转化为创业体系的能力，把分散的资源转化为创业体系的资源，形成合力，才能形成竞争优势。

在资源协调完成后，创业者要进一步开发潜在的资源，进行资源的二次利用，形成新的资源，并进行强化，强调其独特性。一个创业企业开始运行后，尤其是利用组合型商业机会进行创业的企业，由于门槛并不高，创意容易被模仿，容易引来更多的竞争者。因此创业者在计划创业时，一定要考虑如何将现有资源形成新的资源，如产品附加的优质服务和品牌的打造等。

需要说明的是，以上创业资源开发的三个阶段不是互相独立的，而是互相交叉的，在资源的识别与获取阶段，就涉及资源的整合与协调，这样才能吸引更多的资源到企业中来（如前面的案例2-3）。在资源的协调与利用阶段，也要根据资源本身特点和企业具体运行情况进行资源的剥离或重新获取（如前面的案例2-2）。

四、创业运行体系

创业运行体系是协调创业组织及创业环境的集合。创业活动在创业组织中进行，如创业团队、创业企业，没有这个组织，创业活动没有了载体，创业的资源就无法融合，创业者的创意与发现的商业机会也没有施展的空间。创业组织是显性呈现的，往往是企业本身，后面的章节还要专门讲述。

更广义的创业运行体系，是指以创业者为核心的创业环境，包括创业者的关系网络及创业环境，下面重点说明创业环境。

1. 国家政策环境

国家对创业是否支持，将极大地影响全民的创业氛围。中国目前正竭力打造创新型国家、创业型社会、创新型人才的大环境，并不断推出针对大学毕业生创业的各种优惠政策，从融资、开业、税收、创业培训、创业指导等多方面鼓励和支持大学毕业生自主创业。2010年，国家财政拿出专项资金扶持大学毕业生创业就业，教育部也把"创业教育"纳入了《2010~2020国家中长期教育改革和发展纲要》中。

2014年5月，国务院办公厅印发《关于做好2014年全国普通高等学校毕业生就业创业工作的通知》（以下简称《通知》），部署进一步做好高校毕业生就业创业工作。《通知》提出，2014~2017年，在全国范围内启动实施"大学生创业引领计划"，帮助和扶持更多高校毕业生自主创业，逐步提高高校毕业生创业比例。自2014年起发布高校毕业生就业质量年度报告。《通知》还规定，对在电子商务网络平台开办"网店"的高校毕业生，给予小额担保贷款和贴息政策。对小型微型企业新招用毕业年度高校毕业生，签订1年以上劳动合同并按时足额缴纳社会保险费的，给予1年的社会保险补贴。科技型小型微型企业招收毕业年度高校毕业生达到一定比例的，可申请最高不超过200万元的小额担保贷款，并享受财政贴息。

时隔一年，2015年5月，国务院又出台《关于深化高等学校创新创业教育改革的实施意见》，明确提出九大主要任务和措施，推出了更有利于大学生创业的政策。《意见》要求，政府、社会、学校要三者合力，帮助大学生实现创业梦想，让大学生成为大众创业的重要力量，让大学生成为万众创新的中流砥柱。

可以说，在中国鼓励大学生创业的氛围已经形成。从具体操作上来看，政府还需要"扶上马，送一程"，将大学生创业拿出"保温箱"，放到社会上实干，在现有的社会环境下逐步锻炼其市场适应能力和抗风险能力。可以设想：鼓励成立学生创业公司，而公司实际经营不一定全部由学生操作，一方面，发挥了大学生的长处，另一方面，给他们一段适应社会、增长企业经营水平的机会。

2. 地方创业环境

创业活动最终会落在一定区域内完成，这个区域是否有良好的创业环境，将极大影响创业者的创业热情。改革开放之初，沿海一带的利好政策，引领了全国的创业热潮，带动了当地经济甚至全国经济的快速发展，成为了全国经济发展的龙头，也引发当时规模性的人才流动。之后逐渐形成的京津唐经济圈、长三角经济圈和珠三角经济圈，成为创业者的乐园。

当前，各地方或区域政府也充分认识到创业环境对吸引人才、引领创业活动和促进经济发展的意义，纷纷制定或完善政策，强化就业创业服务，改善就业创业环境。十八大之后，从国家层面提出的两个符合欧亚大陆经济整合的大战略："丝绸之路经济带战略"和"21世纪海上丝绸之路经济带战略"，简称"一带一路"，给沿途区域带来了政策环境、资源的利好，吸引了许多基金公司、风险投资公司的目光，必将引发新一轮的创业热潮。

继"西部大开发""东北振兴""中部崛起""东部新跨越"之后，中国陆续出台了一系列区域发展规划，并相继上升为国家战略。这些规划都带有促进经济发展的政策和投资跟随政策，是形成区域创业环境的重要机遇，地方政府往往借此推出配套的政策和项目，吸引更多的投资和人才，形成区域特色鲜艳的创业环境。有些地区，为了争取配套的政策或项目，纷纷向政府提出要求，甚至形成不同层面的资源与项目竞争的格局，显示了各地方对这些资源与项目的重视。其目的就是为了形成更好的经济发展环境，争取投资和人才，这在很大程度了为创业提供了更好的机会。

对于大学生创业，政府的帮扶作用不可小视。一些地方政府已经充分认识到这一点。比如，上海市就规定，应届大学毕业生创业可享受免费风险评估、免费政策培训、无偿贷款担保以及部分税费减免等优惠政策；上海市工商部门还具体规定，凡高校毕业生从事个体经营的，自批准经营日起，1年内免交登记注册费、个体户管理费、集贸市场管理费、经济合同鉴证费、经济合同示范文本工本费等。应该说，这些政策的出台，对于大学生创业起到了一定的促进作用，但政府帮扶的持续性需要关注。

2015年4月13日，四川省人民政府审议通过《关于全面推进大众创业、万众创新的意见》（川府发〔2015〕27号），提出了要加大对大学生创新创业的补贴力度。对在校大学生和毕业5年内的高校毕业生，在工商部门注册或民政部门登记，以及其他依法设立、免于注册或登记的创业实体（如开办网店、农业职业经理人等），给予1万元创业补贴。在高校或地方各类创业园区（孵化基地）内孵化的创业项目，每个项目给予1万元补贴。同一领创主体有多个创业项目的，最高补贴可达到10万元。

为了促进大学生就业与创业，成都市在所辖区县都建立了青年（大学生）创业园，帮助刚毕业的创业者自主创业。各省市地区，也大都成立了创业基金，为青年创业者提供场所和设施。各地方根据区域特点，成立了近千家技术与服务孵化中心，有力吸纳了大学毕业生参与到创业队伍中来，也为他们创业孵化提供了物质条件。

3. 学校创业教育环境

目前，许多高校开设了创业教育课程，部分高校也成立了孵化中心，为大学毕业生创业实践提供了支持。其目的是引导高校毕业生转变就业观念，提高创业意识，促进高校毕业生就业创业。

大学生自主创业的关键还是在于大学生自己。学校的创业教育要让学生树立就业形式多样化的观念，绝不能在"一棵树上吊死"。已有的很多成功案例一再表明，大学生自我创业不仅解决了自己的就业问题，而且还给别人提供了就业机会和就业岗位，可谓一举多得。对当代大学生来说，自我创业是一条光明之路、希望之路。

高校在大学生自我创业中所起的作用和所能提供的服务是多方面的，包括创业指导、资金落实、客户联络、社会沟通等，对大学生进行全方位的创业技能培训，最终使大学生具有一定的创业能力。

4．风险投资环境

风险投资是一种权益资本，对于创业者来说，风险投资是一种昂贵的资金来源，有时却是必须的。风险投资家既是投资者又是经营者。风险投资家在向风险企业投资后，要参加企业的经营管理。也就是说，风险投资家为风险企业提供的不仅仅是资金，更重要的是专业特长和管理经验。风险投资家大多具有丰富的创业经验，有很好的创意，能够在公司治理结构、公司战略、法律与财务方面的提供好的咨询建议，以减少创业风险，实际快速成长。

大学生在创业过程中，他们掌握的是技术或创意，而资金和经验都缺乏，这恰恰是风险投资家们的专长。从创业实践案例分析表明，大学生创业起初规模都不大，往往从一个小的产品或服务开始，虽是奇思妙想，却潜力无穷。如果只是常规经营，可能很长时间都做不大，不能形成规模优势和规模利润，更谈不上产生品牌影响。但此时，如果有风险投资介入，局面却会大不同，风险投资家的眼光和经验会让这些小创意在更高的层面运行，迅速提高企业的知名度，扩大经营规模。因此，风险投资环境对大学生创业非常重要。

随着创业市场的建立和国内外风险投资力度的加大，尤其是十八大以来，国家的经济刺激政策一波接着一波，其中风险投资也非常活跃，现在经常听到的一句话是："钱不是问题，看看你有什么好想法。"可以说现在创业的资金环境比任何时期都要好。一部分富于冒险精神的大学生和风险投资家已经先行一步。他们有的已经尝到了成功的喜悦，有的还在困难之中摸索。但先行的成功和大学生对于自身价值的追求给予了后来者极大的鼓舞和动力，我们有理由去相信大学生创业和风险投资会继续创造新的奇迹。

第三节　创业机会

创业机会包含三层含义：一是指在有好的创意或发现好的商业机会后开始从事商业活动的恰当时间；二是指能够在市场上公平、平等地参与市场竞争的资格，这在一定程度上是一种创业条件；三是指通过具体的操作，创造一定的价值，获得一定利润或达成某种成果的可能性。其中第一条是指时间节点；第二条是从事商业活动的资格；第三条是指是否有一种商业机会,能否获得想要达到的利益,这是创业的势能或者叫驱动力。

在当前的创业环境里,创业机会的第二层含义本身不是问题,因为国内外各个层面上,都没有对创业做太多的限制,创业的资格问题基本不存在,因此我们谈的创业机会更多是指时机和商业前景问题。

一、创业机会的基本概念

前面在创业的要素中谈到商业机会,创业就是通过识别商业机会,并将其转化为创业机会进而实施创业活动,获得价值和体验。下面用一个比喻来说明商业机会与创业机会。据记载,有一座古老的城堡里放满珍宝,但很长时间一直没有发现门。随着时间的推移,科技探测水平不断提高,人们发现了这座城堡有一扇门,但是大家不知道何时打开才能安全进入,也不知道自己是否有进入的资格,更不知道如果费了精力进去后,能不能真正获得珍宝。这个比喻中,那扇大门就是商业机会,而开门的时机、自身的资质和进门后获益的可能性就是创业机会的三层含义,共同组成了创业机会的概念。

1. 创业机会的定义

常见的几种定义如下。

创业机会是指能够通过为客户创造或增加价值的产品或服务自身获益的机会。它具有吸引力强、有持久性和适时性的特点。

创业机会是指能够通过引入新产品、新服务、新的资源和新的管理方法获得高于成本价出售的机会。

创业机会是指有建立新的目标与手段关系的机会,它能为经济活动引入新产品、新服务、新模式、新秩序等。

综合起来,可将创业机会定义为:基于未明确市场需求或未充分使用的资源或能力,对于产品、服务、资源和管理方法有重大革新或提高效率的机会。或者更清晰地表述为:创业机会是通过把资源创造性地结合起来,迎合市场需求(利益、愿望或兴趣)并获取价值的可能性。

商业机会无处不在,但能够把握住的却不多,成功的创业者往往对商业机会加以利用,营造出对新产品、新服务、新商业模式有利的市场环境,形成创业机会。

2. 创业机会的分类

创业机会具有创造超额利润、形成品牌的潜力,可以说是更深层次的商业机会,因此可以将创业机会按商业机会分类,分为问题型机会、趋势型机会和组合型机会,前面已经做过叙述。下面我们从创业机会的第三层含义,迎合市场需求并获得价值的可能性的几个角度来说明创业机会的分类,也就是说从市场机会的角度来进行描述。

① 从市场机会开发的角度分类,可分为现有市场机会与潜在市场机会。市场中那些明显满足的市场需求称为现有市场机会,那些隐性的、没有被现有市场满足的需求称为潜在市场机会。现有的市场机会,容易被发现,竞争者多。潜在的市场需求往往是一片蓝海,是创业者的天堂。比如在化妆品行业,大多是针对女性的,而且分门别类,形成各种针对性极强的产品,而一些男性也同样有一定化妆需要,却没有得到重视,这就

是潜在的市场机会。再比如儿童座椅的开发，就是发现了儿童需要专用座椅的潜在市场机会。

② 从行业角度分类，可分为行业市场机会与边缘市场机会。行业市场机会是指某一行业内的市场机会，而在不同行业之间通过交叉或组合出现的市场机会称为边缘市场机会。一般情况下，行业从业人员或具有行业专业知识的人员，关注点在行业内部，容易在行业内部发现市场机会，寻找和识别的难度较小，但竞争激烈，难以获得较好的利润与发展空间，这样的市场机会，创业成功的难度较大。而在行业与行业之间出现的市场机会往往是更好的创业机会，因为这种市场机会能够带来更新更好的消费体验并获得客户认可。这种市场机会虽然需要创业者有极好的创业意识与丰富的想象力，但创业成功的概率较大。由于年轻人思维活跃，这种创业机会往往是年轻人的最爱。比如现在火热的"互联网＋"商业模式的创业，就是抓住边缘市场机会进行创业的代表。

③ 从机会的时间分类，可分为当前市场机会与未来市场机会。在目前环境中变化或衍生出来的市场机会称为当前市场机会，而通过预测可能在未来出现的市场机会称为未来市场机会。抓住未来市场机会就是抓住了大势，未来市场机会来自于对科技创新、生活方式改变、政策导向变化等。比如随着智能手机的拍照功能加强与社交平台的兴旺，有人预测会出现一群拍照族，于是抓住这个机会，发明了自拍神器，并进行推广，目前已形成了小的产业。再比如国家陆续推动的区域发展规划，有人能够从这些规划中推测到这些区域在未来将有什么新的需求，从而提前布局，形成创业机会。

④ 从机会实现的范围分类，可分为全面市场机会与局部市场机会。全面市场机会是指相对而言在大范围市场出现的未满足的需求，而局部市场机会是指在一个局部或细分市场出现的未满足的市场需求，有时局部市场机会与潜在市场机会重叠。全面市场与局部市场是一个相对的概念，创业者可以通过两者之间的转换来发现创业机会。如有的创业活动在北京某所高校获得成功，那么也许这个创业行为可以扩展到全国其他地区的高校。再比如在一个区域内，既需要大型的超市，也需要小规模的便利店，从而形成互补的格局。

3. 创业机会的特征

许多创业者都认为自己有很好的想法和创意，对创业充满信心。有很好的创意固然重要，但是并不是每个大胆的想法和新异的创意都能转化为创业机会。许多创业者都因为仅仅凭想法去创业而失败了，他们的失败不是因为他们不努力，而是没有找到真正好的机会。通常情况下，创意形成后，需要通过一系列的评估、筛选才有可能发展为真正的创业机会。那么如何判断哪些机会是一个好的创业机会呢？杰夫里·A·帝蒙斯教授给出了好的创业机会的四个特征。

① 它的产品或服务很能吸引顾客。
② 它能在现有的市场环境中行得通。
③ 它必须在机会之窗存在的期间被实施（注：机会之窗是指创业想法推广到市场上去所花的时间，若竞争者已经有了同样的思想，并把产品已推向市场，那么机会之窗也就关闭了。）

④ 必须有必要的资源（人、财、物、信息、时间）和技能。

案例2-4　没有孵化的创业机会

姚成彬，在河南一所大学就读计算机科学与技术专业。1995年，他大学三年级，但已经协助老师管理学校计算中心机房两年多了，每天给学生开机关机、刷卡收费、控制学生打游戏等工作。他是一个爱钻研的人，在机房时间长了，就开始琢磨能不能自己写一套机房管理软件对这上百台电脑进行控制，控制开关机时间和打开的程序等。

平常，学生拿的上机票是有时间限制的，而且只能在电脑上完成与课程相关的内容。有时学校组织统一的计算机模拟考试，进行上机测试时也需要严格控制时间。他通过对Windows操作系统的研究，写出了一套简单的机房电脑底层监控软件，通过一台主机进行控制，可以让学生在固定的时间做允许的操作，而并不影响电脑的运行。他自己觉得很得意，就在机房进行试用，果然取得了很好的效果，一是减轻了自己的工作量，二是也减少了麻烦，因为以前不让学生打游戏或看视频总是需要费一番口舌。

其他学校一些老师听说这个软件后，纷纷索取，最后有十几所高校的机房用这个软件进行管理。他看用得不错，就继续进行了这个小软件的改进工作，后来这个软件已经能够在异地同时控制10所不同城市的机房。这个软件现在看起来不算先进，但在当时是很有突破性的，受到了使用学校的欢迎。

那时有朋友告诉他可以将这款软件进行包装，作为一个网络控制商业软件进行销售，他认为很有道理，也做了一些准备，并对软件进行进一步升级。然而当时没有现在这么好的创业环境，他自己没有经验和充足的资金，信息渠道也不通畅，最后他的这个创意始终没有转化成创业机会。几年后，类似的网络控制软件流行起来，并因此成就了几家软件公司。

后来，姚成彬虽然成了一名软件开发方面的专家，主要专注于企业生产的控制，目前是多家软件公司兼职顾问，但回想起来，他仍然认为自己有一个很大的遗憾，就是错过了一个非常好的创意。

分析起来，我们可以看出，他的这个创意已经摸到了创业机会的大门，但在当时的条件下，创业的市场环境还不成熟，自己没有抓住那几年的时机，也缺乏相应的创业资源，所以这个很好的创意并没有形成创业良机。

二、创业机会的信息来源与搜集

创业者应有很好的信息搜集和机会捕捉能力，创业机会的信息搜集有一定的方法。

1. 创业机会的信息来源

创业机会的信息来源包括行业信息与市场信息。

(1) 行业信息

一个行业的许多方面都决定着能否形成创业机会，我们将行业信息归结为四个方面：知识条件、需求条件、行业生命周期和行业结构。

① 知识条件，是指支持这个行业产品与服务所需的知识体系，包括基本知识、知

识的复杂程度、新知识产生的速度与规模、创新水平、行业实体的规模等，通常行业所需要的知识复杂程度越高、新知识产生的速度越快、创新需求越强烈、行业实体规模越小，越容易形成创业机会。比如一些高科技行业，行业里新知识产生的速度越快，说明这个行业可能会有更大发展，自然机会就多。

② 需求条件，是指在行业中客户对产品或服务的需求特点。需求是增加还是减少，是稳定还是变化，是同质还是异质，可以看出需求增加、变化、追求异质是行业中的创业机会。

③ 行业生命周期，是指行业处于生命周期的哪个时期。行业会经历产生、成熟和衰亡的过程，与之对应的创业机会就不同。比如胶卷行业兴衰过程，在上百年的发展时期，其创业机会都在于改善其胶卷质量、降低胶卷生产成本、改良销售环境等，而近20年数码技术的快速发展，则要求创业者要么放弃胶卷，转投其他行业，要么在胶卷行业中寻找特定使用对象的需求。再比如传统的图书行业，长期以来，其创业机会在于内容创意、印刷创新、销售模式创新等，但随着网络出版的崛起，将来图书何去何从，是否与胶卷会有类似的境地，可能都是行业内的创业者应该研究的。

④ 行业结构，是指各行业之间结构方面存在的差异。包括资本密集度、广告密集度、行业企业的分散程度、行业企业的平均规模等。资本密集度是指在一个行业中，生产过程对资本而不是劳动力的依赖程度，对一个创业者，自身的资本实力决定他更合适在哪种资本密集度的行业里投入，相对来说，资本密集度低的行业对新创企业更有利，但这并不绝对。广告密集度高的行业说明企业的知名度要通过不断广告投入来实现，对一个新创企业显然是不利的。行业中企业分散度越高，说明行业中大企业占有的市场份额越少，小企业的生存机会就会越大，因为大企业没有足够的实力借助市场力量将小企业从行业中驱逐出去，这对创业者有利。行业企业的平均规模也有类似的结论，行业企业的平均规模越小，新企业进入越容易，而且创业一旦失败，损失也不会太大。

(2) 市场信息

市场信息主要用来分析潜在的用户对创业者可能提供的产品或服务有怎样的反应和预期，以寻找谁是真正的潜在用户。从创业过程本身来说，市场信息搜集是形成创业计划的基础，充分的市场信息搜集也为规避创业风险创造了条件。从吸引创业资源来说，市场信息的表述以及根据市场信息提出的创业计划是创业资源提供者（如风险投资公司）重点审阅的内容之一。

市场信息是指在一定的时间和条件下，与产品或服务有关的信息、情报、数据、政策法规、人力资源、文化需求等的总称。创业者处在一个信息多样，需求不定的环境中，创业者应立足于自己所处地区的政治经济环境，根据人口状况、收入水平、消费习惯、文化特点以及自己的特长来寻找市场信息。

具体来说，市场信息包括以下几方面内容。

① 政治政策状况。包括国家或地方有关政策、政府机构情况、影响经济的重大政治活动等。特别是关于行业发展、财政政策、宏观控制体系等对于创业者起到决定性作用的信息。比如有些地方制定的一些鼓励或限制某些行业发展的法规，会直接影响创业者是否进入这些行业。

②经济发展水平。经济发展水平的高低，影响着人们的消费需求，而消费需求恰恰决定创业者选择哪些创业方向。经济发达地区与不发达地区往往有着不同的消费取向，比如在不发达地区经济实惠的工业生产产品会受到欢迎，而在发达地区手工制品反而受到青睐。

③技术发展趋势。技术发展会带来消费需求结构的变化，自然也会带来供给结构的变化。创业者不仅在创业之初，甚至创业之后都需要及时关注行业技术变化。比如前面提到的胶卷行业受到新技术的挑战产生的变化。再比如印刷排版技术的几次技术革命所带来的变化等。

④人口状况。创业区域的人口数量、性别比例、年龄构成、职业分布、收入结构以及家庭人均人口、婚姻状况等。比如在一些城市的高新区，往往外来的、年轻的、高学历的、收入较高的人群多，而一些老城区，刚好相反，这种人口布局可能会影响创业企业的布局。

⑤文化特色。不同地区可能拥有不同的文化背景与风土人情，这决定了消费需求中产品与服务的特点，从而影响创业者的决策。因此创业区域的民族分布、文化背景、风俗习惯、生活方式、流行风格、宗教信仰等都需要了解。

⑥顾客需求。前面谈到的政治、经济、技术、文化、人口等对顾客的需求都有不同程度的影响，但创业者仍然需要对顾客的直接消费习惯、偏好、消费原因等信息进行充分挖掘，并确定自己的市场目标。有时顾客需求是可以通过推广和教化来引导和创造的，这与前面几种情况产生的消费需要有所不同。

⑦产品或服务的特点。产品或服务是创业者和消费者之间的连接点，是直接决定创业成败的因素。创业者需要充分了解产品或服务本身的信息、竞争信息、原材料供应信息等，包括产品是否先进、技术是否成熟、有无通畅的供销渠道、产品的竞争优势、竞争产品的技术与销售优势、原料获取的难易、原料质量等。

2. 创业机会的信息搜集

不论是行业信息还是市场信息，都是客观存在的，但数量繁多、情况复杂、搜集不易，建议用思维导图进行管理。

通常这些信息可以进行直接搜集，采用直接观察潜在客户行为、与潜在客户直接交流沟通、对潜在客户通过电话调查、创业团队集体讨论或进行网络问卷调查等方式；也可以进行间接搜集，也就是说获得的是二手资料，比如政府或机构的普查信息、行业发布的信息、广播电视等媒体信息、报刊杂志等包含的信息、商业中介提供的信息、网络搜索的信息等。

三、创业机会的识别

创业过程始于对创业机会的把握。围绕创业机会，有些基本的问题是所有想创业的人都关心的，如为什么是他而不是别人看到了机会？他是怎样发现这个创业机会的？创业机会的出现是有规律的，发现创业机会是一个创业者能力的体现。

善于发现创业机会的人，往往是一个喜欢学习的人、喜欢分析的人、有良好社会关系的人、有创新思维的人,所以说创业机会青睐于特定创业者。研究表明,具有以下特点的人容易发现创业机会。

① 先前经验。在特定产业中的先前经验有助于创业者识别机会。有调查发现,70%左右的创业机会,其实是在复制或修改以前的想法或创意,而不是全新创业机会的发现。

② 专业知识。拥有在某个领域更多专业知识的人,会比其他人对该领域内的机会更具警觉性与敏感性。例如:一位学习计算机的大学毕业生就比一位学中文的毕业生在计算机产业内的机会和需求更为警觉与敏感。

③ 社会关系网络。个人社会关系网络的深度和广度影响着机会识别,这已是不争的事实。通常情况下,建立了大量社会与专家关系网络的人,会比那些拥有少量关系网络的人容易得到更多机会。

④ 创造性。从某种程度上讲,机会识别实际上是一个创造过程,是不断反复地进行创造性思维的过程。在许多产品、服务和业务的形成过程中,甚至在许多有趣的商业传奇故事中,我们都能看到有关创造性思维的影子。

当然,创业机会的识别也有一定的方法,可以通过后天学习获得。

1. 从变化的市场环境中发现创业机会

重要的市场环境变化包括经济形势变化、社会趋势变化、技术进步、政策变化与制度变革、行业发展等。这种变化往往能刺激商机创意的产生,在分析这些产业和商业创意时,需要注意区分流行与趋势,创业活动往往不是追逐流行,而是追逐趋势。

(1) 经济形势变化

了解经济趋势变化有助于创业者辨别哪些是商业创意实施条件充分的领域,哪些领域是需要回避的。经济形势被看好时,人们更愿意购买非必需消费品来提高整体生活质量,比如近几年中国奢侈品需求的剧增,源于改革开放后,中国经济的持续快速发展。

在中国经济形势变化中,一带一路的战略部署、陆续出台的一系列区域发展规划,必将对关联区域的经济起着巨大的推动作用,产生无数的创业机会,创业者可根据自身资源特点进行匹配识别。

(2) 社会趋势变化

社会趋势变化对人们的生活方式和所需要的产品服务类型有较大影响,了解这种变化有助于创业者形成创意,发现创业机会。当温饱问题得以解决之后,产品或服务带来的就不仅仅是基本使用价值,而有了一定的满足社会流行趋势的属性。比如快餐业的繁荣不是因为人们喜欢快餐的味道,而是因为人们没有时间做饭。

在当今社会,需要把握的主要趋势有:人类生活多元化的趋势(细分市场机会增多);社会生活高品质化的趋势(奢侈品等高价格产品有了市场机会);生活追求便利化的趋势(服务业兴起,超市、餐饮、物流等行业兴旺);人类活动范围扩大的趋势(旅游活动增多);人们对食品安全的要求提高的趋势(有机食品行业的兴起);高科技产品快速应用的趋势(无数的高科技公司受到追捧);环境保护意识提高的趋势(新能源的崛起)。

(3) 技术进步

技术进步为创业活动提供了持续不断的机会。技术本身并不是识别商业机会的关键，关键在于如何找到技术利用和人们需求之间的联系。比如电子白板技术虽然很先进，但如果没有与院校的教学需要与商业活动的展示需求结合起来，那么它只是一项技术，不能形成市场机会。

互联网技术从1994年起就已经开始商业化，之后大的技术变革并不多，然而伴随着互联网衍生的创业机会无穷无尽，信息服务、搜索、社交、电子商务、大数据服务、"互联网＋"等，创造了数不清的商业成功案例。

案例2-5 马云的阿里巴巴

马云在1994年年底，首次听说互联网。1995年年初，他去美国，首次接触到互联网。当时对电脑还一窍不通的马云，在朋友的帮助和介绍下开始了解互联网。当时网上没有任何关于中国的资料，出于好奇的马云请人做了一个自己翻译社的网页，没想到，3个小时就收到了4封邮件。敏感的马云意识到：互联网必将改变世界！随即，不安分的他萌生了一个想法：要做一个网站，把国内的企业资料收集起来放到网上向全世界发布。

此时，互联网对于绝大部分中国人还是非常陌生的东西，即使在全球范围内，互联网也刚刚开始发展。在这样的情形下，远在尚未开通拨号上网业务的杭州，马云就已经梦想着要用互联网来开公司、下海、盈利。这个想法立即遭到了亲朋好友的强烈反对。马云说："我请了24个朋友来我家商量。我整整讲了两个小时，他们听得稀里糊涂，我也讲得糊里糊涂。最后说到底怎么样？其中23个人说算了吧，只有一个人说你可以试试看，不行赶紧逃回来。我想了一个晚上，第二天早上决定还是干，哪怕24个人全反对我也要干。"时隔多年，回忆起当年力排众议的情形，马云依然为自己的选择而叫好。

1997年，在国家外经贸部的邀请下，马云带着自己的创业班子挥师北上，建立了外经贸部官方网站、网上中国商品交易市场、网上中国技术出口交易会、中国招商、网上广交会、中国外经贸等一系列国家级站点。1999年年初，视野开阔了的马云返回杭州，进行二次创业，他决定介入电子商务领域。

采用什么模式？当时全球互联网所做的电子商务，基本上是为全球顶尖的15%的大企业服务。但马云生长在私营中小企业发达的浙江，从最底层的市场摸爬滚打过来，深知中小企业的困境。他毅然做出决断——"弃鲸鱼而抓虾米"，放弃那15%的大企业，只做85%的中小企业的生意。就这样，1999年9月，马云的阿里巴巴网站横空出世，立志成为为中小企业敲开财富之门的引路人。

当时国内正是互联网热潮涌动的时刻，但无论是投资商还是公众，注意力始终放在门户网站上。马云在这个时候建立电子商务网站，在国内是一个逆势而为的举动，在整个互联网界开创了一种崭新的模式，被国际媒体称为继雅虎、亚马逊、易贝之后的第四种互联网模式。阿里巴巴所采用的独特B2B模式，即便今天在美国，也难觅一个成功范例。而今天，马云及阿里巴巴已家喻户晓。

(4) 政策变化与制度变革

了解国家有关创业方面的政策、法规，是创业者创业的基础，这可以保证创业者始终在法律法规约束和保护下开展创业活动。此外，创业者还可以得到国家对创业企业诸多的优惠政策和利益保护政策的支持。这些政策包括：应对全球化的经济政策、配合创建创新国家的政策、鼓励创新创业的政策等。

同时创业者还应了解为配合经济和社会趋势变化而制定的新的管理政策，比如关于食品安全、环境保护、企业生产安全等的法律法规，从中寻找商机。

（5）行业发展

创业必然会涉及某一行业或与某一行业相关，把握行业的发展进程，能够更好地把握创业机会。行业发展分为三个阶段，早期、中期和后期，在行业发展的不同阶段，要抓住不同的机会。在早期，积极参与到行业中来，参与就是机会；在中期，行业发展较为成熟，如果能够通过提高质量或降低成本获得更好的利润空间，那么提高质量或降低成本就成为机会；在后期，行业需要升级转型，老的行业企业需要利用原有的资源结合新的创意创造新的市场需求，这其中也蕴含了极大的创业机会。

尽管以上论述将这些市场环境变化分别进行了阐述，但在实际操作中，各环境因素之间会相互影响，要综合考虑。

2．从问题中发现创业机会

从尚未解决的问题中往往能够发现机会。在日常工作、生活、娱乐中，遇到不方便或者有些问题看起来无法解决时，这些不便或问题就是发现新机会的起点。比如手机，年轻人用着很方便，但老年人却觉得按键小、屏幕字体小、声音低等，这些问题催生了老年手机的诞生，老年手机不仅解决了上述问题，还提供了手电筒、放大镜、收音机等功能。

（1）研究存在的问题或不足，发现创业机会

日常生活中，人们在进行消费和接受服务时，往往有很多不如意，这些不尽如人意的地方，正是创业者多关注的地方，如果能够找到解决困扰的办法，就会发现创业良机。比如在小学、幼儿园附近经常看到，有一些小公司在招揽家长帮助接送照料小孩，他们抓住的就是这些双职工家庭照料不便的问题而产生的创意。比如汽车儿童座椅、手机自拍神器等都是这种创业机会的典范。

（2）细分市场，发现不足

通过再次细分市场，找客户的"不同需求"，往往能够从原有成熟的产业中找到存在的不足，形成创业机会。比如前面提到的老年手机这个产品，就是属于对原有市场细分找到的机会。

（3）创造需求

通过利用新技术、提供新服务，满足人们还没有提出的需求。这种机会需要进行一定的推广，引导消费。

案例2-6 营销课堂故事

两家鞋业制造公司分别派出了一个业务员去开拓市场，一个叫杰克逊，一个叫板井。在同一天，他们两个人来到了南太平洋的一个岛国，到达当日，他们就发现当地人全都赤足，不穿鞋！从国王到贫民、从僧侣到贵妇，竟然无人穿鞋子。

当晚，杰克逊向国内公司总部老板拍了一封电报："上帝呀，这里的人从不穿鞋子，有谁还会买鞋子？我明天就回去。"

板井也向国内公司总部拍了一封电报："太好了！这里的人都不穿鞋。我决定把家搬来，在此长期驻扎下去！"

两年后，这里的人都穿上了鞋子……

板井的行为就是创造需求的创业行为。

3．从市场缝隙中发现机会

创业机会存在于为顾客创造价值的产品或服务中，而顾客的需求是有差异的。创业者要善于找出顾客的特殊需要，盯住顾客的个性需要并研究其需要特征，就能发现创业机会。时下，创业者多热衷于开发高科技的项目，但创业机会不只属于高科技，在保健、饮食、物流、电子商务等算不上高科技的领域也有机会。有些创业者在创业机会的寻找中总是按行业中最出色的看齐，试图通过模仿快速跟进，结果产品或服务没有差异，与成熟企业竞争客户和资源，反而将企业置于危局。所以创业者要克服从众心理，积极寻找市场空白点或市场缝隙。比如当大家都在追求大而全时，一个特色小店、一个时尚饰品屋反而能够显得独具特色。

4．网络技术应用带来的机会

网络技术应用带来的机会，本来是从技术进步发现机会的一种，但由于其在当今特殊的地位与价值，这里专门进行说明。

当代网络技术、数字技术、移动互联网技术的发展极大改变了人们的生存与生活方式，并带来了无限商机。1994 年，当杰夫·贝佐斯（Jeff Bezos）第一次看到互联网的用户在一个月内增长了 2300% 时，他知道一定发生了一些不寻常的事情。于是，贝佐斯决定加入其中，他毅然放弃了股票市场研究员和基金管理员这样的高薪职业，去追求他的创意——在线零售业，建立了著名的亚马逊购物网站。近些年，微博、微信都创造了用户几何级增长的奇迹，从中也诞生了无数的创业机会，"互联网＋"创新平台形成的商业模式正在无限放大其商业价值。

四、创业机会的评估

成功的创业行为肯定来自于好的创业机会，创业团队与投资者均对创业前景寄予厚望，创业者更是对创业机会在未来所能带来的丰厚利润充满信心。然而事实证明，几乎 90% 以上的创业机会最后都没有转化为成功的企业，新创企业获得高度成功的概率甚至不到 1%。

成败之间，除了运气的因素之外，应该在发现创业机会的时候，就已经注定未来可能失败的命运。创业本身是一种在实践中学习的高风险行为，失败也可能是下一次创业成功的基础。不过这些先天发育不良、进入市场时机不对或者具有致命缺陷的创业机会，如果创业者能以客观的方式进行评估，那么许多失败的结局就不至于一再发生，创业成功的比例也会提高。

传统的创业机会评估从市场和效益两个方面入手，下面从这两个方面具体说明以供创业者参考。

1. 市场评估准则

(1) 市场定位

一个好的创业机会，必然具有特定市场定位，专注于满足顾客需求，同时能为顾客带来增值的效果。因此评估创业机会的时候，可由市场定位是否明确、顾客需求分析是否清晰、顾客接触通道是否流畅、产品是否持续衍生等来判断创业机会可能创造的市场价值。创业带给顾客的价值越高，创业成功的机会也会越大。

(2) 市场结构

对创业机会的市场结构要进行各项分析，包括进入障碍、供货商、顾客、经销商的谈判力量、替代性竞争产品的威胁以及市场内部竞争的激烈程度。由市场结构分析可以得知新企业未来在市场中的地位以及可能遭遇竞争对手反击的程度。

(3) 市场规模

市场规模大小与成长速度，也是影响新企业成败的重要因素。一般而言，市场规模大者，进入障碍相对较低，市场竞争激烈程度也会有所下降。如果进入的是一个十分成熟的市场，那么纵然市场规模很大，由于已经不再成长，利润空间不足，新企业的投入就不值得了。反之，一个正在成长中的市场，通常是一个充满商机的市场，只要进入时机正确，必然会有获利的空间。

(4) 增长率

一个有吸引力的市场是规模大而又不断成长的，一个30％～35％年增长率的市场必将为新进入者创造新的发展机会。对于任何一个行业，高增长率都会成为较好的创业机会的标准之一。

(5) 市场占有率

从创业机会预期可取得的市场占有率目标，可以显示出新企业未来的市场竞争力。一般而言，在成为市场的领导者，最少需要拥有20％以上的市场占有率。但如果低于5％的市场占有率，则这个新企业的市场竞争力就不高。尤其处在具有赢者通吃特点的高科技产业，新企业必须拥有成为市场前几名的能力，才具有投资价值。

(6) 产品的成本结构

产品的成本结构，可以反映新企业的前景是否美好，一家能够成为低成本供应者的企业是具有吸引力的。同时也可以从企业生产或提供服务的过程中变动成本与固定成本的比例，来判断企业创造附加价值的能力。

2. 效益评估准则

(1) 合理的税后净利

一般而言，具有吸引力的创业机会，至少能够创造15％以上的税后净利。如果创业预期的税后净利是在5％以下，那么这就不是一个好的投资机会。

(2) 达到损益平衡所需的时间

合理的损益平衡时间应该能在两年以内达到，但如果三年还达不到，恐怕就不是一个值得投入的创业机会。不过有的创业机会确实需要经过比较长的耕耘时间，通过这些前期投入，抬高创业门槛，保证后期的持续获利。在这种情况下，可以将前期投入视为一种投资，才能容忍较长的损益平衡时间。对于中国当前的经济状况，损益平衡时间要比上述的提法更短才合理。

(3) 投资回报率

考虑到创业可能面临的各项风险，合理的投资回报率应该在25%以上。一般而言，15%以下的投资回报率，是不值得考虑的创业机会。

(4) 资本需求

资金需求量较低的创业机会，投资者一般会比较欢迎。事实上，许多个案显示，资本额过高其实并不利于创业成功，有时还会带来稀释投资回报率的负面效果。通常，知识越密集的创业机会，对资金的需求量越低，投资回报反而会越高。因此在创业开始的时候，不要募集太多资金，最好通过盈余积累的方式来创造资金。

(5) 毛利率

毛利率高的创业机会，相对风险较低，也比较容易取得损益平衡。反之，毛利率低的创业机会，风险则较高，遇到决策失误或市场产生较大变化时，企业很容易遭受损失。一般而言，理想的毛利率是40%～50%，这为企业犯错或从错误中学习提供了缓冲。当毛利率低于20%的时候，这个创业机会就不值得考虑。

(6) 策略性价值

能否创造新企业在市场上的策略性价值，也是一项重要的评价指标。一般而言，策略性价值与产业网络规模、利益机制、竞争程度密切相关，而创业机会对于产业价值链所能创造的附加值效果，也与它所采取的经营策略与经营模式密切相关。

(7) 资本市场活力

当新企业处于一个具有高度活力的资本市场时，它的获利回收机会相对也比较高。一般而言，新创企业活跃的资本市场比较容易创造增值效果，因此资本市场活力也是一项可以被用来评价创业机会的外部环境指标。

(8) 退出机制与策略

所有投资的目的都在于回收，因此退出机制与策略就成为一项评估创业机会的重要指标。企业的价值一般也要由具有客观鉴价能力的交易市场来决定，而这种交易机制的完善程度也会影响新企业退出机制的弹性。由于退出的难度普遍要高于进入，所以一个具有吸引力的创业机会，应该要为所有投资者考虑退出机制以及退出的策略规划。

不论是市场评估标准还是效益评估标准，对创业机会的评估都是相对的。比如在宏观经济形势极好的时候，新企业带来15%以上的税后净利也许并不算高，而在整体经济不好的时候，也许能够产生5%的税后净利已经是一个很好的商业机会了。

第三章 大学生创业前的准备

"凡事豫则立,不豫则废。"

——《礼记·中庸》

第一节 大学生创业要提前做好准备

自主创业是许多大学生的梦想,但在创业之前,要做好充分的准备,包括心理准备、知识技能准备、物质资源准备等诸多方面。要做充分的市场调研,确定目标定位、对象群体、行业前景、竞争态势等;要选好合作伙伴;要清楚创业所需要的基本条件,并确认自己是否具备;要结合自身情况,制订完善的创业计划、做好宣传营销与发展规划等。

一、心理准备,认清自己

大学生有热情、有理想,这是好事。但行动前,一定要了解自己,理性分析。你是否真正做好了充分的创业准备?是否有足够的决心和耐力?其实,创业者强大的内在动力,并不是任何人都具有的,创业是一个异常艰苦的过程,需要付出更多的努力和汗水,强大的信念更是创业者必不可少的精神支撑。因此在决定是否创业之前,我们必须要了解自己是否真的适合创业,切不可仅凭一时兴起盲目地加入到创业的潮流中。

创业不是形式,而是心态,你要把打工当作学习。如果把创业定义成自己去注册一家公司,这实际上更多是为了创业而创业,只是一种形式。创业应该是更广义的,就是希望能创造出与众不同的东西,如果怀着这样一种心态,即便毕业后去打工也是在创业。只有通过实践学到的能力,是别人剥夺不走的,是真正属于自己的财富。大学生在刚毕业什么资源都不具备的情况下,一定要学习如何创业,不要把这个过程看成是打工。下面是一个大家耳熟能详的关于心态与命运的案例。

案例3-1　砌墙工人的命运

某学者正在做一项关于"心态与命运"的调研。这天，他来到了一个建筑工地，分别问了几位建筑工人同一个问题。

"你在干什么？"他问一位正在砌墙的工人。

"难道你看不见吗？我在砌墙。"那位工人白了他一眼，没好气地回答道。显然，对方是在嫌他耽误了自己的工作。

学者笑笑，又走到另一位砌墙工人的身边问道："你在干什么？"

那人满脸诧异地看了他一眼，然后用手比划着已经初具规模的大楼道："我们在盖一座高楼啊！"

这两个人的回答学者并不满意，但当他转身欲走时，一阵歌声吸引了他。在忙得焦头烂额的建筑工地上，居然还有人忙里偷闲唱歌！学者满腹狐疑地寻着歌声找了过去，唱歌的原来是一位目光炯炯的年轻人。只见他麻利地砌着砖，同时哼着已经不再流行的老歌。

"你在干什么？"大师又问了他同一个问题。

"我们正在建设一座新城市。"这个人声调明快地答道。

十年之后，学者对当年他曾问过话的三个人进行跟踪调研，他发现一件非常令他震撼的事情：10年前的那三个人，第一个还在工地上砌墙，第二个成了图纸设计师，而第三个已经成了一家著名房地产公司的董事长。

这本来是一个说明工作态度的故事，但我们从中能够看到更多的含义。

其一：创业不是一蹴而就，要从走到跑，应该学会创业目标的分解、一个目标一个目标的实现，在每个目标阶段都尽力而为。

其二：一个人的思想有多远，就能走多远；一个人的格局有多大，发展空间就有多大。用美好的心情去感受你的创业过程，才能真正干成大事业。创业过程必然会碰到各种意想不到的困难和风险，如果都像第一个人，愁苦面对，或早或晚都会被击倒，那么再好的创意也不会成功。而如果我们能够像第三个人一样享受创业的过程，视艰难为磨炼，那么，有什么样的困难不可以克服呢？

创业过程本身就是一个考验心理素质的过程，大学生应培养积极稳定的创业心理，在创业之路上激发心理潜能、乐于面对竞争、敢于面对逆境、勇于面对风险。

二、学习创业知识

对于将要进行创业的大学生来说，除了创业资源与社会经验需要积累外，很重要是的基本知识的积累。

1. 在学校学习

如今，大多数的学校都开设了创业指导课，教授创业管理、创业心理等内容，帮助大学生打好创业知识的基础。大学图书馆也提供创业指导方面的书籍，大学生可通过阅读增加对创业市场的认识。此外，大学社团活动也为大学生锻炼综合能力提供了大量的实践机会。通过这种途径获得创业知识，无疑是最经济、最方便的。

2. 积极参加商业活动

商业活动无处不在，大学生平时可多与有创业经验的亲朋好友交流，借助各种资源结识行业伙伴，自己营造一个小的商业氛围，建立广泛合作，提升自己的行业能力；也可以加入行业协会，借此了解行业信息；甚至还可通过 E-mail 和电话拜访自己崇拜的商界人士或向一些专业机构咨询。这些"过来人"的经验之谈往往比看书本的收获更多。通过这种途径获得的创业技巧与经验，将使大学生在创业过程中受益无穷。

3. 从媒体中学习

目前无论是传统媒体，还是网络媒体，每天提供大量的创业知识和信息。一般来说，经济类、人才类媒体是首要选择，比较出名的有《创业家》《21世纪经济报道》《第一财经》以及"中华创业网""中国创业论坛"等专业网站。此外，各地创业中心、大学生科技园、留学生创业园等机构的网站也有丰富的创业知识。通过这种途径获得的创业知识，往往针对性较强。

4. 从创业实践中学习

创业实践往往是检验创业知识的最好方式之一。大学生创业大赛、创业计划书大赛等各类创业实践活动，是大学生学习创业知识、积累创业经验的最好途径。

此外，大学生还可通过创业见习、职业见习、兼职打工、求职体验、市场调查等活动来接触社会、了解市场。通过不断的成功与失败提高自己，磨炼自己的心志，提高自己的综合素质。

三、确定你要创办的企业类型

创业需要弄清下面两个问题：一是你想做什么？二是你能做什么？要有清晰的目标定位。

你想做的最好是你喜欢的，这样你才会有源源不断的动力推动你前进。大部分人不成功不是因为选错行业而是因为中途放弃。如果你每天都硬着头皮去做自己不喜欢的事，结果自然不会太好。

你能做的是从你的个人天赋、能力、经验和资金来考虑的。不着边际的或超出你个人能力的事最好别做，因为初创企业往往比较脆弱，经不起太大的风险。虽说跌倒了可以爬起来，但更多的人是跌倒就再也爬不起来了。

此外，无论何时都不要忘记结合市场需求及相应的消费群体，否则创业活动只能是盲人瞎马，像无头苍蝇一样乱撞。在做出决定前，我们应列出一些关键点，即哪些是我们极力要追求的，哪些是我们最好回避的，这些关键点个性化很强，可以根据自己的情况而定。下面是某个创业者在选择创业行业时制订原则的一个例子。

① 生产的必须是喜欢的产品，能够不断保持激情；产品及所在行业有广阔的前景，产品是不断增值的。

② 所选行业及产品要有个性，只与一部分人群做生意即可；可以复制并可以做大。
③ 能发挥自己的天赋和特长。
④ 现款交易。
⑤ 与政府部门打交道少。
⑥ 接触饭局少，不需要喝酒，不需要进歌舞厅、KTV、洗浴中心。
⑦ 穿休闲装的时间更多。
⑧ 是朝阳产业，成长性高，能长期发展。
⑨ 受人尊敬，有行业成就感。
⑩ 有一定区域垄断性，我的地盘我做主，能避免低层次的竞争。
⑪ 苦点累点没关系，但投资不能太大，要能滚动发展。

选择行业的原则有时可以很苛刻。我们知道，创业是一个高风险活动，一定要先设定好要求。考虑自身需求，进行周密思考、精心筹划，这样成功的概率才会比较高，创业过程才不会太难受。

以下的企业类型可供大学生进行选择。

1. 小型贸易企业

小型贸易企业主要从事商品的买卖，进行商品交易，一般分为零售和批发，从中赚取差价。

2. 服务业

服务业主要为顾客提供各种服务或劳务。服务业的范围涵盖面很广，包括：商业服务如计算机软硬件的开发、房地产中介等；通信服务如快递服务、电讯服务等；销售服务如各种代理机构的服务、各类营销服务等；教育服务如家教服务、各类培训服务等；还有各种旅游服务如导游服务、导购服务等。

3. 种植业和养殖业

种植业包括各类粮食作物、经济作物和园艺作物的种植，其中园艺种植包括蔬菜种植、果树种植等。养殖业包括家畜养殖如猪、牛、羊、兔等的养殖，家禽养殖包括鸡、鸭的养殖等，水产养殖包括各种水产品养殖，还有特种养殖等。

4. 小型加工业

小型加工业，一般规模不大投资少，有转型灵活等特征，如小型食品加工、服装加工等。食品加工需要好的配方和技术；服装加工一般不用自己做产品设计，只需要接加工订单，按照订单要求进行加工，交付成品即可。经营小型加工厂主要考虑产品特色、市场接受度、业务来源、资金周转、质量把控、运输等环节，其中稳定的订单数量是企业生存和发展的关键。

5. 创意服务类

创意服务是以创意想象和创意执行为主要内容的职业，在工作时间等具体问题上弹性较大，比较适合刚刚走出校门的大学毕业生，包括自由撰稿、翻译、电脑制作、服装造型设计等。

6. 专业咨询类

专业咨询是以提供专业意见,并以口才、沟通能力取胜的行业,在各家企业兼职或成立工作室的可行性也极高,包括旅游资讯服务、心理咨询、专业讲师、美体美容咨询顾问等。

7. 高科技领域

高科技领域是大学生真正显示其实力的领域,如软件开发、网页制作、网络服务、手机游戏开发等。

8. 连锁加盟领域

加盟连锁企业,上手快,采用原企业的商业模式。快餐业、家政服务、校园小型超市、数码速印站等。

9. 互联网商务领域

前面多次提到,互联网商务领域是最活跃的领域,能将大学生创新无极限的价值体现出来,如在"互联网+"这个创业平台上衍生出来的各种行业。

以上企业类型之间有交叉重叠。

四、获取必要的创业资源

创业者需要拥有各种有效的资源,你所用的资源有哪些是可以支持你创业的,需要创业者在创业之前就要很清楚。比如,你的创业资金、创业地点、材料、设备、人员等。除了这些基础内容,创业者还要清楚另外一些有关联的信息,诸如创业选址处的道路、水电、通信等基础设施是否完善,当地政府有哪些政策向创业者倾斜,有哪些机构设立了专门窗口为创业者提供咨询与服务等。

创业资源主要包括有形资源和无形资源两大类,有形资源包括货币等财务资源,土地、厂房、设备硬件资源等;无形资源包括合适的专业人才、专业技术技能人才等人力资源管理制度,知识产权和行业经验资源,人脉关系等社会资源,还有金融、信用资源,如贷款的信用额度等。创业资源是企业在创业过程中需要的特定的资源,这些资源也是一种资产,是企业创立和运营的必要条件。

资源不足会使创业项目获得成功的概率下降,但考虑到大学生的实际情况,也未必要求具备100%的资源。只要创业之初,创业者具备其中一些重要条件,拥有创业必须的、进入一个行业起码的资源,就可以开始启动创业了。前面的章节已经谈到过,缺乏的一些资源是可以通过市场化的手段——购买、合作、并购方式来获取和弥补的。当企业得到稳定发展,并能够获得足够的客户资源时,其他的资源欠缺也容易得到改善。

创业成功人士认为,在创业之初,资本是关键,如果每天因资金缺口而四处求助很可能会因为筹措资金不力而最终不得已放弃创业。巧妇难为无米之炊,有近一半的大学生认为资金是创业的"拦路虎",因此筹措资金是在创业前要进行的重要工作。在获取资金前，首先得明白自己需要多少资金，如何获得资金，资金的来源渠道如何；其次必须具备一定的商业概念，是选择债权作为资金来源还是选择股权作为资金来源；还有你选择什么东西给你的投资人做保障，这些基本问题将决定创业的前期是否成功。大学生要开拓思路，多渠道融资，除了银行贷款、自筹资金、民间借贷等传统途径外，还可充分利用风险投资、创业基金等融资渠道。具体的资金筹集办法将在创业资金的来源与管理的章节里专门进行叙述。

有人可能会问，创业项目在选择时就是根据创业资源的条件来确定的，创业资源不完备为什么我们还要选择创业并选择这个项目？这是因为在掌握的创业资源中，有些资源特别突出，具有明显的优势。对于大学生创业来说，专业知识、专业技术、大学人才多样性是其明显的优势资源。

💡 案例 3-2　因为专业，所以优秀

王学集出生于浙江温州，毕业于浙江理工大学信息与计算科学专业。他选择这个专业有一定的戏剧性。王学集喜欢玩游戏，又非常喜欢倒腾硬件上的东西，当时高考成绩不太理想，心想着带"计算"两个字的专业好歹应该和计算机硬件沾边，所以就报了信息与计算科学专业。后来才知道是应用数学的一个别名，心里还是有点失望。但冷静下来之后，想想还是要做些自己喜欢的事情，所以自学 C 语言、JAVA 技术。边学边玩游戏，搞 BBS、留言本……大二时他自己写了一个留言本的程序，并在网络上让人试用，大二下半年就得到了广泛使用，叫"流星留言本"。

2003 年，大学同学林耀纳加入进来一起完善 phpwind 的前身版本 ofstar，那正是 phpwind 真正的技术创新点。2004 年年底 phpwind 就正式发布了，当时他们才大三。大学毕业时，王学集参加了研究生考试，因英语差三分没有考上，当时有家国内小有名气的公司要他去上班，但是他放弃了。而后他与两个同学一起注册了自己的公司，开始创业。公司亦命名为 phpwind，中文名"杭州德天信息技术有限公司"，专门提供大型社区建站的解决方案。目前，phpwind 已成为国内领先的社区软件与方案供应商，PW6.3.2 版本的推出更在社区软件领域树立起一个极高的技术壁垒，phpwind8.0 系列版本则推动了社区门户化。phpwind 官方 LOGO 有八个字，"因为专业，所以优秀"。

phpwind 于 2008 年 5 月被阿里巴巴以约 5000 万人民币的价格收购，现在隶属于阿里云计算有限公司，为阿里云计划提供了强有力的支持。

案例来源：商界招商网（http://www.sj998.com）。

从这个案例可以看出，大学生具备的专业技术资源优势将其他资源的不利弱化了。

五、评估市场

通过对创办企业类型的充分了解，知道自己拥有哪些创业的资源优势，你就能对自己的创业有一个明确的定位，接下来要做的就是评估市场。首先要了解市场，然后针对你要进入的市场制订营销方案，最后是实施阶段，通过实施后的信息搜集和市场信息反馈，做好及时的调整。

了解市场是了解未来你提供的产品或者服务的客户购买力以及同类产品或服务的市

场竞争力。了解你的竞争对手，然后才能制订适合的营销方案。

要想了解市场情况，或者说对市场具有敏锐的辨识能力，最好的办法就是做好市场研究工作。通过市场调查获得来自市场最真实的信息资料，对这些资料进行分析，就能准确了解市场的需要，然后采取措施生产或提供出市场需要的产品和服务。如果因为创业之初，创业者没有精力和能力对市场进行有效的调研，也可以通过订阅行业内的期刊杂志、参加行业协会，争取更多了解该行业信息的机会。同时向同行学习也非常重要，细心观察行业内其他企业的营销模式和手段是一个必不可少的环节。

通过了解到的情况，对市场进行评估，就可以预测出企业能否赚钱、赚多少钱、何时赚钱、如何赚钱以及所需条件等。

对市场的了解是没有止境的，创业之初需要了解市场、评估市场，创业后更是需要长期坚持不懈地密切关注市场，了解市场一丝一毫的变化情况，分析总结市场的发展和变化，以便做出各种应对和调整，使得企业长久立于不败之地。

六、打造团队

大多情况下，大学生创业都不是单打独斗，而是需要团队的支持。凡事都自己做有两个缺点：一是效率低；二是有些事情自己不擅长，能力不够，做不好。专业的事情应该让专业的人来做。在有了创意后，就应该建立一个团队，创业者应从自己亲力亲为转变为发挥团队中每一个人的作用，合理分工，打造一个高效稳定的团队。具体内容将在创业者与创业团队的章节里专门进行介绍。

七、制订计划

在创业前期制订一份完整的、可执行的创业计划书应该是每个大学生创业者的必做功课，也是保证创业行动得以稳步推进的保证。具体内容将在启动创业的章节里专门进行介绍。

第二节　认识准备

大学生能否创业与其个人本身的各方面素质是相辅相成的，意志品质、商业意识以及性格、爱好和特长等都影响着大学生在创业过程中的各种决策。

评估自己是否适合创业，除了内心有强大的动力，还需要问自己很多是否适合创业的关键性问题，诸如你是安于现状的人吗？你对安于现状还是改变现状是否有较多的思考？你脑海里有层出不穷的"好点子"吗？你是否曾经将自己的点子付诸实践并取得较好的收益？这些收益不一定是经济效益，也可以是老师与同学的好评、朋友的赞誉等。你是否对政治、经济动态变化很感兴趣？你喜欢做营销工作吧？你愿意独立完成工作还是同别人合作一起完成工作？在与人合作遇到不同的观点时你的态度和处理方式是什么？对这些问题的回答，可以作为你了解自己是否适合创业的判断依据。

在创业之前,首先要对自己的个人特点以及外部环境有全面的了解。

一、认识内部环境(自己)

俗语说:"做老板,睡地板。"意思是说,做老板要有睡地板的精神,要有"吃得苦中苦"的精神,才能创业成功。你是不是一块做老板的料?通过下面的测试,就能知道答案。

(1) 摆地摊

摆个地摊,卖菜、修理自行车什么的。这个测试既不需要多少本钱,又能从中学到东西。苦心经营一段时间,不但可以让你体验到钱多么难赚,还有助于培养创业的决心和恒心。如果你无法坚持,最好不要谈创业。

(2) 做推销

摆完摊,你要去做推销员。做推销员可不简单,需要跑很多路不说,还要时刻看别人的脸色。你必须让脸皮变得厚一点儿,练就过硬的"嘴上功夫",否则推销工作不会有什么起色。这个测试能让你判断自己有没有推销的才能,要知道,创业离不开推销自己、推销产品的本领。

(3) 买东西

摊摆了,推销员也做了,你经历了这么多,也赚了一点钱,接下来要做的事情就是花钱。没错,是花钱,把你辛苦赚来的钱花出去,还要花在"刀刃上"——买的东西要物美价廉。至于买什么东西,你自己看着办。这个测试可以考验你的眼光,同时考验你对市场的洞察力。

(4) 卖东西

这一步是这一系列测试的"期末考试",你不仅要把买到的东西全卖出去,一件不剩,还要从中赚钱。这个测试也能考验你的耐心。

经过上面的系列测试,如果你成绩合格,表明你基本上具备做老板的基本特点,可以在适当的时候考虑创业。如果成绩不合格,那就要继续修炼。当然,无论成绩是否合格,你都会从这些测试中有所收获——对创业过程中可能遇到的艰难险阻有了切实的体验,会让你脚踏实地地规划生活,未来将不再是空想。

关于如何认识真正的自我,这里补充了三道测试题,希望能对大学生判断自己的创业意愿和创业能力起到一定的帮助。

小测试 3-1　你适合创业吗?

并不是所有的人都适合创业。创业需要激情,但光有激情是不够的,理性必不可少。完成以下试题,也许会有一些启示。

1. 有一天,你接到了三个邀请,但恰好都是周末同一天的下午。

　A. 中国的首富在某报告厅讲他成功的辉煌经历,听了让人热血沸腾。

　B. 一个知名老板讲述几起几落的失败故事,不讲辉煌专讲失败的经历。

　C. 十多年未见的一群同学聚会,不能错过。

这道题,是测试一个人是否有理性的头脑。众多的创业者都属于"激情"创业。创业需要有激情,但光有激情是不够的。

选择结果分析:

A. 有创业的强烈激情,但缺乏理性,要创业的话失败可能性大。

B. 有创业想法,也不乏理性,适合创业。

C. 正在奋斗阶段,要不断提升自己。去参加同学聚会,不分轻重,不太适合创业。

2. 你凭借自己的智慧并付出了很多心血,为公司谈成了一笔又一笔生意。但很多同事对你很是嫉妒,背后经常说你的坏话,并造谣说你拿了回扣等。

A. 一有机会你就跟人解释。

B. 有些沮丧。

C. 一笑了之。

D. 枪打出头鸟,以后少卖力,跟大家一样。

这道题,是测试一个人做事是否有恒心和定力的。

选择结果分析:

选择A、B、D,都不适合创业;选择C的性格是创业型人才应有的性格。有些事,不是靠解释就能澄清的,唯有让时间去作证。自己认为正确的路,就要坚定地走下去,冷嘲热讽不能动摇你,挫折失败让你更坚强。

 小测试 3-2　你具备企业家素质吗?

你想创建自己的企业,不再为他人打工,成为一名企业家吗?请回答以下25道题目。如果你确实具备企业家素质的话,对每道题目你都应该能够轻易给出答案。

1. 失望时,你能够处理问题,并回到积极的状态中吗?

2. 你喜欢引人注目,推销自己和你的公司吗?

3. 你比较擅长组织工作吗?

4. 你知道如何控制自己的生活,做到自律吗?

5. 你愿意承担风险吗?

6. 你的想象力丰富吗?知道如何表达自己的想法吗?

7. 你能够把不利的事情转化为机会吗?

8. 你有勇气、有耐心吗?

9. 当你开始创业时,你的家人能够理解你的不自由状态吗?

10. 你知道如何为自己的信念而战吗?

11. 你喜欢和人打交道吗?

12. 你有过管理经验吗?

13. 你害怕日常工作吗?

14. 你对自己有信心吗?

15. 当你真正相信某人某事时,你能够不在乎别人的判断吗?

16. 你具有影响他人的能力吗?

17. 别人认为你是一个充满活力、积极向上的人吗?

18. 你喜欢绝大多数时间单独工作吗？
19. 你喜欢在电话中和陌生人交谈吗？
20. 每天早晨你都是怀着积极的态度醒来吗？
21. 你的财务情况稳定吗？（在创业前，你应该有足够支撑你过一年的储蓄。）
22. 你做完案头准备工作，研究了与所要创建公司相关的一切资料了吗？
23. 你知道如何自嘲吗？
24. 你能轻易控制自己的脾气吗？
25. 你很容易就会感到厌倦吗？

如果以上问题对你来说都只是小菜一碟，那么你就是一名天生的企业家！

 小测试 3-3 创业者的素质要求

A 栏和 B 栏里对特定的话题分别进行了描述，看一看其中哪一个更符合你的情况。要根据你个人的起初情况进行判断，如果 A 栏描述的情况符合你，就在 A 栏左边的空格里填写 2。如果 B 栏里描述的情况符合你，就在 B 栏右边的空格里填写 2。

1. 创业的动机

	A		B	
	我有工作或能够找到工作。		我没有工作，暂时也找不到工作。	
	每一个我干过的工作我都喜欢，并能从中学习知识、锻炼能力。		我工作就是为了挣钱。想到工作就感觉累，我对工作兴趣不大。	
	我想让我做的事情成为我的终身事业。		我想创业，是因为找不到工作。	
	我想创办企业，为我将来提供更好的生活，同时也能实现自己的价值。		我想创办企业是因为我想让人看得起我，能够出人头地，成功的人好像都有自己的产业。	
	我相信，只要我想做，就会成功，因为我会很努力。		没有贵人相助，成功会很难，历史上创大业的人，都有人指点或帮助。	
	总计		总计	

2. 创业的主动性

	A		B	
	我不怕问题，因为我认为问题是工作生活的一部分。出现问题并解决问题才是创业过程中的常态。		我认为最难的事情就是处理问题。我很不愿意去面对问题。	
	我认为困难是对我的挑战，当我遇到困难时，我会尽全力去克服。特别享受困难化解的快感。		我会尽量避开困难，最好一辈子都别让我遇见，或者尽快在我眼前消失。	
	如果事情肯定会发生，我希望尽早发生尽早处理。		凡事我喜欢顺其自然并等待机遇降临。	
	我总喜欢做一些与众不同的事情。		我只想做我擅长的事情。	
	我认为所有的建议都可能有帮助，我愿意搜集尽可能多的建议，看看这些建议是否有价值。		人都有很多想法，但是你不可能做所有的事情。我只想按自己的想法做事。	
	总计		总计	

3. 创业的责任感

	A		B	
	我不怕在有压力的状态下工作。我更喜欢挑战。		一有压力我就状态不好。我喜欢平静和轻松。	
	只要我喜欢,每天工作多长时间都没关系,不介意利用业余时间工作。		我认为工作以外的时间很重要,一个人不应该超负荷工作。	
	如果需要做出决定,我不会犹豫,会立刻拍板,并愿意承担由此带来的一切责任。		我害怕做决定,因为决定就意味着需要承担责任。	
	如果必要的话,我可以把社交活动、休闲娱乐和业余爱好放在一边,全心投入所要做的事情。		我认为社交活动、业余爱好以及娱乐休闲是必要的,不能因为工作就可以耽误。	
	我愿意花百分之一百二十的努力程度工作。		我只想做分内的事情。	
	总计		总计	

4. 毅力与处理危机的能力

	A		B	
	一旦决定创业,面对再大的困难,我也不会轻言放弃。		如果存在很多困难,我不想花太多的代价去解决,还不如换个工作。	
	我不会为挫折和失败过度难过,会很快再次出发。		挫折和失败会对我造成很大影响,容易陷在挫折和失败带来的苦恼中。	
	我相信自己是一个有扭转局势能力的人。		一个人能够独立做的事情只有那么多,命运和运气起很大作用,我不会太强迫自己。	
	如果有人批评我的做法,我不会在意,我会尽自己最大努力改变他们的看法。		如果有人对我说不,我会很沮丧,会考虑放弃这件事。	
	遇到危机时,我不会慌张,因为慌张没有用,解决危机才是关键。		遇到危机时,我会感到慌乱和紧张。	
	总计		总计	

5. 创业的风险意识

	A		B	
	我认为做事就可能犯错,但如果真的什么事情都不做,才是最大的错误。		我不是一个喜欢冒风险、喜欢赌博的人,即便是可能有很大的回报率也会如此。	
	创业过程是一个机遇与风险共存的事业。		凡事我都希望以最稳妥的方式进行。	
	在做出一个有风险的决定前,我首先会权衡利弊。		我愿意为自己喜欢的想法去冒险。	
	如果该做的都做了,即使投资全部亏掉,我也能接受。		我不能允许投资全部亏损的情况发生。	
	我清楚即便看起来我有绝对的控制权,也不是所有的事情都能够完全控制。		对我控制不了的事情,我不会去做。	
	总计		总计	

6. 创业决策能力

	A		B	
	我敢于做决策,通常不会犹豫,不会感觉为难。		我认为做决策是最难的事情。	
	我不怕对艰难的事情做决定,认为该担当就得担当。		在做出艰难的决定前,我会多方请教,征求意见。	
	做出决定后,我知道下一步会做什么,并会立刻实施。		做出决定后,我还会思前想后,不知道为什么。	
	在做决定前,我会考虑各种可能性。		我经常凭感觉和直觉做决定。	
	我不怕失败,因为我认为失败也是一种经验的积累。		我总会对可能的失败患得患失。	
	总计		总计	

7. 满足客户需求的能力

	A		B	
	我希望提供的产品或服务能够满足顾客的需要。		我希望提供的产品或服务自己首先得喜欢。	
	如果我的顾客提出要以更小的代价获得我们的产品或服务,我会想办法满足他们的需求。		如果我的顾客想要更便宜的产品或服务,他们就得找其他企业。	
	如果客户提出赊购的要求,我要评估这样做的风险,通过设置其他条件为他们提供赊购服务。		我不会提供赊销,因为太冒险,许多企业就是这样垮掉的。	
	如果企业迁址能够扩大销售,我会积极推进迁址。		我不希望企业地点变来变去。	
	我会要求企业随时关注市场变化,调整自己产品、服务及运营模式。		我希望客户适应我们的产品与服务。	
	总计		总计	

8. 沟通谈判能力

	A		B	
	我享受谈判过程,说服别人对我来说是件轻松愉快的事情。		我不愿意与人争辩,按照别人设计好的方案去做最省事。	
	我很擅长沟通。		我与有些人的沟通有障碍。	
	我擅长倾听,并能抓住对方的关键思路。		我对别人的观点建议没有太多兴趣,不想让他们扰乱我的思路。	
	在谈判过程中,我能很容易找机会表达自己的观点。		在谈判过程中,我愿意做一个观察者,静观事态进展。	
	我认为,谈判过程是一个寻找双赢结果的讨论,大家应该互相理解。		我认为,谈判就是实现我的利益最大化,否则不就用谈了。	
	总计		总计	

9. 处理家庭与工作关系的能力

	A	B	
	我可以从企业拿出钱来供我和家人使用,但必须在不影响企业正常运营的情况下。	我认为企业与家庭是一体的。企业的钱就是家里的钱,我想怎么用就怎么用。	
	如果我的朋友或家人有经济困难,我会拿个人的钱来帮助他们,而不会从企业拿钱。	如果我的朋友或家人有经济困难,我将帮助他们,即便这样可能会损害我的企业。	
	我不会把大量的时间花在家庭上而忽略企业的经营。	我是一个顾家的人,不能为企业耽误家庭生活。	
	从企业的角度来讲,我的家人和朋友也是顾客,他们将与其他顾客一样需要花钱才能购买我的产品、服务。	因为是我的家人和朋友,他们在购买企业提供的产品与服务时可以特别对待。	
	如果其他人不能赊账,那么我的家人或朋友也不能。	我会常常允许我的家人和朋友赊账。	
	总计	总计	

上面的测试能够评估你在企业经营方面的强项和弱项,完成测试后,分别将 A 栏和 B 栏里得分相加,然后把这些分数填入下面的表格中。

如果你在 A 栏里的分数是 6~10 分,说明你在这方面的能力或素质是你的强项。在"强"下面画"√"。

如果你在 A 栏里的分数是 0~4 分,说明你在这方面的能力或素质较弱。在"较弱"下面画"√"。

如果你在 B 栏里的分数是 0~4 分,说明你在这方面的能力或素质较强。在"较强"下面画"×"。

如果你在 B 栏里的分数是 6~10 分,说明你在这方面的能力或素质是你的弱项。在"弱"下面画"×"。

A 栏得分高,说明你在组织和经营企业方面取得成功的可能性大。

个人素质、能力	A	6~10 分强	0~4 分较弱	B	0~4 分较强	6~10 分弱
创业的动机						
创业的主动性						
创业的责任感						
毅力与处理危机的能力						
创业的风险意识						
创业决策能力						
满足客户需求的能力						
沟通谈判能力						
处理家庭与工作关系的能力						
总分合计						

如果你在 A 栏里的总分合计达到 50 分或更高,说明你具有一个好创业者所应具备的各项个人素质。

如果你在 B 栏里的总分合计达到 50 分或更高,说明你的创业愿望低,创业成功的概率小。

问卷 3-1 关于创业的一般性问卷

以下是一份关于创业的一般性问卷,让学生参与此类问卷的调查,可了解学生的基本信息,了解学生对创业的认识、对创业的准备、对创业的条件与障碍的认识、对创业前景的预期,在此基础上可对学生进行创业能力与机会的评估。问卷可根据具体情况进行增减或重新设计,以达到更好的调研目的。

1. 基本信息(必填)

姓　名		民　族		性　别		出生年月	
学校名称							
专业名称						所在年级	
兴趣爱好							
E-mail						手　机	
通讯地址							

2. 对创业的认识

(1)你对创业定义的理解?(可多选)(　　)

A. 是快速致富的最佳途径　　　　B. 只要开创一份事业都可以叫创业
C. 开办一家公司(企业)　　　　D. 必须经营具有创新价值的企业才能叫创业
E. 因为就业难,迫不得已　　　　F. 能使个人更快成长成熟
G. 可以掌握自己的命运,挑战自我,实现自我价值

(2)你对创业有无兴趣?(　　)

A. 有兴趣　　　B. 比较有兴趣　　　C. 没兴趣　　　D. 具有抵触情绪

(3)你的创业意识是从什么时间开始的?(　　)

A. 中学　　　B. 刚进入大学　　　C. 大二、大三　　　D. 临近毕业

(4)你认为目前学校对大学生关于创业认识及创业技能的教育够不够?(　　)

A. 已经很好了　　　B. 还可以　　　C. 远远不够　　　D. 等于没有

(5)你认为创业应该具备的能力与素质要求有哪些?(可多选)(　　)

A. 富有竞争精神　　　　　　　B. 优秀的理论与专业知识　　C. 乐观向上的性格
D. 出色的交流与沟通能力　　　E. 敏锐的市场洞察力　　　　F. 有团队合作精神
G. 能够设身处地思考问题的能力　H. 较好的管理及领导才能
I. 诚实守信的品质　　　　　　J. 能够吃苦耐劳

(6)你认为创业应该具备的外在条件有哪些?(可多选)(　　)

A. 充足的资金　　　　B. 国家政策给予支持　　C. 可以找到有共同志向的合伙人

D. 具有良好的社会背景　　E. 市场处于上行态势

F. 生活在大城市　　　　　G. 有好的项目支持

(7) 你认为创业需要有多少可支配资金（单位：元）？（　　）

A. 50万　　　　B. 10万　　　　C. 2万～5万　　　　D. 1万以下

(8) 你认为当前大学生创业的外部环境怎样？（　　）

A. 很好　　　　B. 一般　　　　C. 不好　　　　D. 没有想过

(9) 你认为大学生创业与其他人相比，优势有哪些？（可多选）（　　）

A. 是最活跃的群体，容易接受新鲜事物，发现更好的创业机会

B. 年轻，可以承担失败的时间成本

C. 往往具有较高的素质，拥有较好的专业技能

D. 学习能力强，没有"经历包袱"，敢想敢干

(10) 你对创业是否有完整的准备和计划？（　　）

A. 做过充分调研与分析，有完善的创业计划

B. 进行过分析，有简单的创业计划

C. 只是有简单的想法

D. 没有怎么想过，只是觉得创业挺好

3. 创业准备与创业选择

(1) 为创业你做了哪些准备？（　　）

A. 阅读创业相关的图书期刊等资料　　B. 向创业成功的学长们求教

C. 了解国家鼓励创业的相关政策　　　D. 到创业园区企业实习学习

E. 参加学校组织的各种创业培训　　　F. 参加各种机构组织的创业大赛

(2) 如果建立一个企业，你想选择哪种形式？（　　）

A. 个体工商户　　B. 个人独资企业　　C. 合伙企业　　D. 有限责任公司

(3) 你将选择哪个领域作为自己创业的发展方向？（　　）

A. 与自己的专业密切相关的领域　　　B. 移动互联网等新兴产业或相关交叉领域

C. 与自己的兴趣爱好必须一致　　　　D. 需要资金少，能够迅速启动的领域

E. 经营风险低，不会大起大落的领域

(4) 你希望创业的地点在哪里？（　　）

A. 自己的家乡　　B. 东部等经济发达地区　　C. 西部地区　　D. 中部地区

(5) 什么时间节点是你认为最理想的创业时机？（　　）

A. 毕业几年后，有了足够的社会阅历和创业资本

B. 毕业后一两年内，趁着还有激情

C. 一毕业就进行创业，不耽误时间

D. 在大学期间，让自己提前得到锻炼

(6) 你愿意与哪种特点的人一起创业？（　　）

A. 有共同价值观的同龄人　　B. 专业技能好的人

C. 有创业经验的人　　　　　D. 有资源有资金的人

4. 创业中面临的困难、心态与期望

（1）你认为创业过程中将会面临哪些困难？（可多选）（　　）

　　A. 没有经营企业的经验，易产生关键疏漏

　　B. 属于不稳定工作，不能得到亲朋好友的理解支持

　　C. 资金不足致使发展空间受限，资金链难以保障

　　D. 一个新的创业企业不易招聘到优秀人才

　　E. 项目选择上风险大，失败概率高

（2）面对创业过程中可能遇到的挫折，你将怎样面对？（　　）

　　A. 直接放弃，寻找稳定工作　　　B. 屡败屡战，勇往直前

　　C. 消极应对，自生自灭　　　　　D. 惊慌失措，伤心欲绝

（3）你是否在意别人对你创业成败的评价？（　　）

　　A. 没有想过　　　　　　　　　　B. 有时会在意

　　C. 比较在意　　　　　　　　　　D. 非常在意，面子很重要

（4）当你与创业过程的合伙人有重大分歧，甚至要分道扬镳时，你如何对待？（　　）

　　A. 好合好散，从此不相往来　　　B. 生意归生意，朋友还是朋友

　　C. 非常气愤，诉诸法律程序　　　D. 做充分沟通，尽量挽回

　　E. 直接放弃创业，心灰意冷

（5）如何创业失败，你最无法容忍的是什么？（　　）

　　A. 浪费了大量金钱　　　　　　　B. 太丢脸了

　　C. 能力没有得到提升　　　　　　D. 浪费了大量时间

　　E. 错过了在其他方面发展的机会　F. 合作伙伴的决裂

（6）你对自己创业的前景如何预期？（　　）

　　A. 肯定能够成功　　　　　　　　B. 机会五五开

　　C. 机会不大，但愿意赌一次　　　D. 对前景没有预期，走一步看一步

（7）你认为在创业过程中你的个人能力有哪些优势？（　　）

　　A. 具有较好的领导能力，有胆有识，能够带领团队克服困难，开疆裂土

　　B. 擅长发现市场中的机会，使企业能够快速发展

　　C. 自己是个讲诚信的人，值得依赖，能够重视企业的长期发展

　　D. 自己有良好的专业技能，能够控制企业的产品质量

二、认识外部环境

关于认识外部环境的不同层次和方法，这里结合实际，强调两点：一是对外部创业大环境的认识；二是对信息的广泛搜集和准确把握。

下面引用最新的麦克思研究数据对创业大环境进行部分描述，这些都是与创业者密切相关的因素。

1. 创业资金来源

图 3-1 为大学毕业生自主创业的资金来源分布。

第三章 大学生创业前的准备

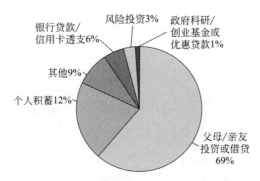

图 3-1 大学毕业生自主创业的资金来源分析

2. 创业地选择

图 3-2 为大学毕业生自主创业所在地分布。

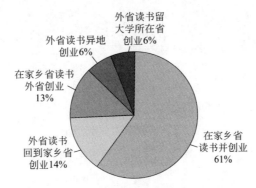

图 3-2 大学毕业生自主创业所在地分布

3. 创业项目与创业者专业学习

比起其他就业群体来，创业项目与创业者专业学习的相关性不大，约为受雇就业者专业相关性的一半。这是因为创业更需要沟通、决策、管理等基本能力以引导创业项目走向正轨，而专业能力不足则可以通过雇用拥有相关技术的员工来弥补。

图 3-3 为大学毕业生自主创业者与受雇就业者的专业相关性对比。

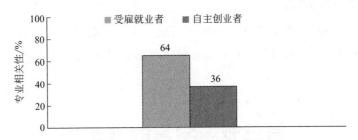

图 3-3 大学毕业生自主创业者与受雇就业者的专业相关性对比

4. 薪资与能力

图 3-4 为大学毕业生自主创业者与受雇就业者的薪资期待底线与毕业半年后平均月薪对比。

53

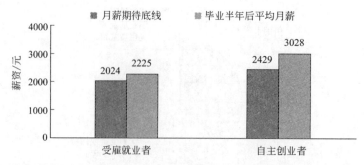

图 3-4　大学毕业生自主创业者与受雇就业者的薪资期待底线与毕业半年后平均月薪对比

图 3-5 为大学毕业生自主创业者与受雇就业者的基本工作能力水平比较。

重要性排序	受雇工作要求的基本工作能力	工作能力的能力满足度/%	离校时掌握的工作能力水平/%	自主创业要求的基本工作能力	工作能力的能力满足度/%	离校时掌握的工作能力水平/%
1	积极学习	85	54	有效的口头沟通	83	54
2	有效的口头沟通	85	51	说服他人	80	53
3	疑难排解	81	49	判断和决策	78	52
4	学习方法	85	55	谈判技能	76	43
5	服务他人	85	51	积极学习	83	57
6	理解他人	90	56	理解他人	89	59
7	说服他人	79	47	时间管理	79	53
8	时间管理	84	48	服务他人	85	54
9	谈判技能	80	40	技术设计	83	54
10	指导他人	87	51	新产品构思	85	53

图 3-5　大学毕业生自主创业者与受雇就业者的基本工作能力水平比较

5. 信息搜集和把握

在创业之前，要充分搜集各方面的相关信息，并在此基础上进行筛选和分析，把握好关键信息，做到"知己知彼"，这样才能充分利用各种有利条件，促进创业，尽量提高成功率。

第三节　学习的准备

大学生初次走进社会市场的浪潮中，能否成为弄潮的能手，关键还是在于大学生所具备的知识和能力。作为创业者，应该具备扎实的专业知识、相关的商业知识、管理知识和法律知识。

一、学习基本商业知识

开办公司并不是想象的那么容易,还必须了解一些在课堂上学不到的商业知识,基本的商业知识包括开业知识、营销知识、货品管理知识、资金与财务知识、法律与合同知识及公关与交际知识等。

1. 开业知识

要想把公司开起来,事先要做好内功,了解方方面面的知识,才能顺利起航,一般需要了解的开业知识有以下一些内容。

(1) 有关私营及合伙企业、有限公司的法律法规。
(2) 怎样进行验资。
(3) 怎样申请开业登记。
(4) 哪些行业不允许私营。
(5) 哪些行业的经营须办理有关行业管理手续。
(6) 怎样办理税务登记。
(7) 纳税申报有哪些规定和程序。
(8) 如何领购和使用发票。
(9) 银行开户程序和有关结算规定。
(10) 成为一般纳税人有哪些条件。
(11) 你应该交哪些税费,如何交纳。
(12) 怎样获得税收减征免征待遇。
(13) 怎样进行账务票证管理。
(14) 国家对偷税漏税等违反行为有哪些制裁措施。
(15) 增值税率及计征方法。
(16) 工商管理部门怎样进行经济检查。
(17) 行业管理部门如何进行行业管理和检查。

2. 营销知识

营销是关于企业如何发现、创造和交付价值以满足一定目标市场的需求,同时获取利润的学科。在某种意义上讲,谈论市场营销应该为公司做些什么,就是在谈论公司该持有什么样的最终目标和战略目的。关于营销至少应了解以下几个方面的知识。

(1) 市场预测与调查知识。
(2) 消费心理、特点和特征知识。
(3) 定价知识和策略。
(4) 产品知识和策略。
(5) 销售渠道和方式知识。
(6) 营销管理知识。

3. 货品管理知识

在商业贸易中,货品管理知识主要包括货品采购、零售、运输、保存等环节,要管理好货品流通，了解以下管理知识是必不可少的。

(1) 批发、零售知识。

(2) 货物种类、质量和有关计量知识。

(3) 货物运输知识。

(4) 货物保管贮存知识。

(5) 真假货物识别知识。

4. 资金与财务知识

正规公司都有专门的财务人员负责公司的财务管理，初创的企业，往往由公司负责人兼管财务，掌握了企业的财务状况，就能随时了解企业的亏损盈利，亏了多少钱，赚了多少钱，谁应该多付钱，谁应该少付钱，谁的钱要拖一拖，谁的钱要马上就付，企业什么时候该消费，想怎么消费等，资金与财务知识一般应了解以下几个方面。

(1) 货币金融知识。

(2) 信用及资金筹措知识。

(3) 资金核算及记账知识。

(4) 证券、信托及投资知识。

(5) 财务会计基本知识。

(6) 外汇知识。

5. 法律与合同知识

社会主义市场经济是法治经济，市场运作及正常秩序需要相应的法律制度保障。在现代社会，法律知识尤其是商业法律知识无疑应当成为商业营销专业技术人员知识结构的重要组成部分。

作为非法律专业的读者，特别是日趋频繁的商业活动实践者，应着重了解与市场主体及经营活动（商业活动）密切相关的法律法规和签订合同的相关知识。

6. 公关与交际知识

公共关系是一个组织为了达到一种特定目标，在组织内外部员工之间、组织之间建立起一种良好关系的科学。它是一种有意识的管理活动。组织中建立一种良好的公共关系，需要良好的公共关系活动的策划来实施和实现。作为企业负责人，需要全面学习公关与交际知识，树立正确的公关意识。

上述知识的取得，可以通过专业培训、就业指导咨询、广播电视媒体讲座、自学或向别人请教等多种方式获得。可以边干边学，边学边干，带着问题学，学以致用，逐渐了解和掌握。

二、充分了解国家相关资金政策

国家在企业的注册、税收、企业经营等方面都有相关的管理规定，以保证企业合法经营，保障企业权益。对于创业企业特别是大学生创业企业，国家在上述几方面给予了更好的政策和更大的支持。随着国内创新创业的蓬勃发展，国家也在不断推出新的鼓励创新创业的政策。下面做简单介绍。

1. 企业注册登记方面

（1）程序更简化。

凡高校毕业生（毕业后两年内，下同）申请从事个体经营或申办私营企业的，可通过各级工商部门注册大厅"绿色通道"优先登记注册。其经营范围除国家明令禁止的行业和商品外，一律放开核准经营。对限制性、专项性经营项目，允许其边申请边补办专项审批手续。对在科技园区、高新技术园区、经济技术开发区等经济特区申请设立个私企业的，特事特办，除了涉及必须前置审批的项目外，试行"承诺登记制"。申请人提交登记申请书、验资报告等主要登记材料，可先颁发营业执照，让其在3个月内按规定补齐相关材料。凡申请设立有限责任公司，以高校毕业生的人力资本、智力成果、工业产权、非专利技术等无形资产作为投资的，允许抵充40%的注册资本。

（2）减免各类费用。

除国家限制的行业外，工商部门自批准其经营之日起1年内免收其个体工商户登记费（包括注册登记、变更登记、补照费）、个体工商户管理费和各种证书费。对参加个私协会的，免收其1年会员费。对高校毕业生申办高新技术企业（含有限责任公司）的，其注册资本最低限额为10万元，如资金确有困难，允许其分期到位；申请的名称可以"高新技术"、"新技术"、"高科技"作为行业予以核准。高校毕业生从事社区服务等活动的，经居委会报所在地工商行政管理机关备案后，1年内免予办理工商注册登记，免收各项工商管理费用。

2. 金融贷款方面

（1）优先贷款支持、适当发放信用贷款。

国家和地方各级政府应加大高校毕业生自主创业贷款支持力度，对能提供有效资产抵（质）押或优质客户担保的，金融机构优先给予信贷支持。对高校毕业生创业贷款，可由高校毕业生为借款主体，担保方可由其家庭或直系亲属家庭成员的稳定收入或有效资产提供相应的联合担保。对于资信良好、还款有保障的，在风险可控的基础上适当发放信用贷款。

（2）简化贷款手续。

通过简化贷款手续，合理确定授信贷款额度，在一定期限内周转使用。

（3）利率优惠。

对创业贷款给予一定的优惠利率扶持，视贷款风险度不同，在法定贷款利率基础上可适当下浮或少上浮。

3. 税收缴纳方面

凡高校毕业生从事个体经营的，自工商部门批准其经营之日起1年内免交税务登记证工本费。新办的城镇劳动就业服务企业（国家限制的行业除外），当年安置待业人员（含已办理失业登记的高校毕业生，下同）超过企业从业人员总数60%的，经主管税务机关批准，可免纳所得税3年。劳动就业服务企业免税期满后，当年新安置待业人员占企业原从业人员总数30%以上的，经主管税务机关批准，可减半缴纳所得税两年。

4．企业运营方面

（1）员工聘请和培训享受减免费优惠。

对大学毕业生自主创办的企业，自工商部门批准其经营之日起1年内，可在政府人事、劳动保障行政部门所属的人才中介服务机构和公共职业介绍机构的网站免费查询人才、劳动力供求信息，免费发布招聘广告等。参加政府人事、劳动保障行政部门所属的人才中介服务机构和公共职业介绍机构举办的人才集市或人才、劳务交流活动给予适当减免交费。政府人事部门所属的人才中介服务机构免费为创办企业的毕业生、优惠为创办企业的员工提供一次培训、测评服务。

（2）人事档案管理免两年费用。

对自主创业的高校毕业生，政府人事行政部门所属的人才中介服务机构免费为其保管人事档案（包括代办社保、职称、档案工资等有关手续）两年。

（3）社会保险参保有单独渠道。

高校毕业生从事自主创业的，可在各级社会保险经办机构设立的个人缴费窗口办理社会保险参保手续。

为顺应网络时代"大众创业、万众创新"的新趋势，加快发展"众创空间"等新型创业服务平台，2015年3月2日，国务院办公厅印发了《关于发展众创空间推进大众创新创业的指导意见》（国办发〔2015〕9号）的文件，要求进一步加大简政放权力度，优化市场竞争环境，完善创新创业政策体系，加大政策落实力度，降低创新创业成本，壮大创新创业群体。完善股权激励和利益分配机制，保障创新创业者的合法权益。其中提到，鼓励大学生创业，推进实施大学生创业引领计划，为大学生创业提供场所、公共服务和资金支持。文件颁布后，许多省份积极响应，纷纷推出配套政策，这些政策为大学生在网络时代的创业提供了绝佳机会。

第四节 大学生创业风险与防范

机会与风险并存。所有的创业者基本都会面对相同的创业要素、相同的创业机会，可以用相同的方式进行创业机会的识别与评估。但创业者所面临的风险却由于自身条件的不同而有一定的差异，大学生这个创业群体就有自己特有的创业风险特征。

大学生是活跃的创业群体，但也是最没有经验的创业群体，其风险防控显得更加重要。大学生创业者要认真分析自己创业过程中可能遇到哪些风险，这些风险中哪些可控？哪些不可控？哪些是需要极力避免的？哪些是致命的或不可管理的？一旦这些风险出现，应该如何应对和化解？特别需要注意的是，一定要明白最大的风险是什么，最大的损失可能有多少，自己是否有能力承担并渡过难关。

一、大学生创业风险

大学生创业首先面对的是就业选择的风险，选择自己创业就是放弃正常就业，选择了一条自我奋斗的道路,这是有一定风险的。下面主要谈大学生计划创业在实际操作过程中面临的风险,简单归结为以下 10 种。

1. 项目选择风险

项目选择风险是指在项目选择过程中具有的不确定性和可能发生的危险。大学生创业容易仅凭自己的兴趣和想象来决定投资方向,缺乏市场调研,甚至仅凭一时心血来潮做决定,在不了解市场行情的情况下就草率选择项目,仓促上马。大学生创业者这种冲动,很容易造成项目选择不准、市场把握不清、项目进度安排不合理等一系列问题,使创业一开始就面临方向性错误的风险,极有可能造成创业中途失败。下面是一个典型的市场把握不准、项目定位不准的失败案例。

案例 3-3 两个月就关张的食品杂货店

学生小刘毕业后一直想自己做老板,看到邻居在小区里开了一个食品杂货店收益一直不错,颇为心动。于是,小刘租了小区内一个库房作店面,筹集了一万多元钱作启动资金,进了一些货品,开了一家食品杂货店。但是经营了两个月后,小刘的食品杂货店就撑不住了,不得不关张。为什么同样是食品杂货店,邻居可以干得红红火火,小刘的店就经营惨淡呢?原来,小刘为了突出自己食品杂货店的特色,没有像邻居一样进茶、米、油、盐等大众用品,而是将经营范围锁定在沙司、奶酪、芝士等一些西餐调味食品上。但是小区里的居民对她的货品需求少,加之她店面的位置在小区边缘,而且营业时间不固定,由着她的性子开,很多邻居都不愿意绕道过去,所以生意不红火。

2. 缺乏创业技能的风险

大学生从象牙塔走出来,还没有完成"学生"向"社会人"的转变,在年龄、经历、经验、心理等多方面与有社会经验的人比起来,处于劣势地位。而创业本身是一个复杂的系统工程,市场不会因为创业者是大学生就网开一面。在校园这个单纯的环境里成长起来的大学生,在面对社会和市场时,更容易迷失、迷茫,做起生意来,还显得稚气。创业相关的知识和技能掌握不够,有时还眼高手低,当创业计划转变为实际操作时,才发现自己还没有准备好,发现自己所做的工作基本上都是纸上谈兵。可以说,大学生创业基本技能的缺乏将直接影响创业的成败。

3. 资金风险

资金风险是指因资金不能按要求筹集和供应而导致创业失败的可能性。资金风险贯穿于整个创业过程中,但在创业初期会显得尤其突出,是否有足够的资金创办企业是创业者遇到的第一个问题。对于初创企业来说,启动资源的筹备情况直接决定了创业能否顺利进行。在当今社会,空手套白狼的奇迹越来越少。企业创办起来后,就必须考虑是否有足够的资金支持企业的日常运作,连续几个月入不敷出或者因为其他原因导致企业的现金流中断,都会给企业带来极大的威胁。大学生缺乏财务经验,对资金供应和管理的预判能力不足,相当多的大学生会在企业初创时期因资金紧缺而严重影响业务的拓展,甚至错失商机使创业计划成为一纸空谈。

> **案例 3-4　开业 9 天就倒闭的公司**

　　24 岁的侯正平是西安侯氏科技发展有限公司的创办人,2007 年从西安一所大学电子信息专业毕业,和许多大学毕业生一样,他参加招聘会、托关系帮忙。后来虽然有一份不错的工作,但他却选择了辞职,他想自己创业。

　　侯正平与几个同学、朋友共 9 人筹资 12.8 万元,开始创办自己的公司,起名"西安侯氏科技发展有限公司",主营域名注册、网站建设开发等业务,公司还取得了一种环保防水手电陕西总代理的资质,4 月 21 日正式开业。"把一件平凡的事做好就不平凡,把一件普通的事做好就不普通——这是我和我们公司的宗旨。"公司成立当天,侯正平信心十足。

　　然而,9 天后创业计划就陷入困境。公司先后招聘了 20 多名员工,而且大多数都是在校大学生,他们代理的产品也在不断地拓宽市场。但是经营公司和上学完全是两回事,短短几天时间,侯正平就感到了压力,而且当初承诺办理公司注册手续的代理公司在拿了他 1 万元后杳无音讯,一时资金短缺成了这家刚刚起步的公司的绊脚石。

　　4 月 29 日,侯正平一天没有吃饭,他拖着疲惫的身体跑学校、跑银行,但是没贷来款,"原因很简单,现在我没有房子、汽车做抵押,也没公司当担保",侯正平说。

　　在这个困境中,侯正平没有跳出来,而是做出了一个决定,宣布公司解体。

　　其实,由于注册一直没办下来,因此从严格意义上来讲,侯正平的公司还未成立便告夭折。

　　从上面这个例子可以看出,侯正平创业失败的原因正是缺乏基本的创业技能,而且对公司运行所需要的资金额度估计不足。

4.社会资源贫乏的风险

　　企业创建、市场开拓、产品推介等工作都需要调动社会资源,大学生本身就缺少工作经历,更谈不上社会资源拓展了。不过,当前国家不断推出的创业鼓励政策一定程度上化解了这种风险。

　　第二章的案例 2-4 就是一个典型的大学生缺乏社会资源而错过创业机会的例子。

5.管理风险

　　一些大学生创业者虽然技术出类拔萃,但理财、营销、沟通、管理方面的能力普遍不足。创业失败,管理方面问题是重要原因之一,管理风险包括:决策随意、信息不通、理念不清、患得患失、用人不当、忽视创新、急功近利、盲目跟风、意志薄弱、风险意识薄弱等。特别是大学生知识单一、经验不足、资金实力和心理素质明显不足,更会增加在管理上的风险。曾经有一个大学生创业团队,在创业初期,甚至连创业计划书都丢失了,直接导致了创业的流产。

6.竞争风险

　　寻找蓝海是创业的良好开端,但并非所有的新创企业都能找到蓝海。更何况,蓝海也只是暂时的,所以,竞争是必然的。如何面对竞争是每个企业都要随时考虑的事,而对新创企业更是如此。如果创业者选择的行业是一个竞争非常激烈的领域,那么在创业之初极有可能受到同行的强烈排挤。一些大企业为了把小企业吞并或挤垮,常会采用低价销售的手段。对于大企业来说,由于规模效益或实力雄厚,短时间的降价并不会对它造成致命的伤害,而对初创企业则可能意味着彻底毁灭。因此,考虑好如何应对来自同行的残酷竞争是创业企业生存的必要准备。

7. 团队分歧风险

现代企业越来越重视团队的力量。创业企业在诞生或成长过程中最主要的力量来源一般都是创业团队,一个优秀的创业团队能使创业企业迅速发展起来。但与此同时,风险也蕴含其中,团队的力量越大,产生的风险也就越大。一旦创业团队的核心成员在某些问题上产生分歧不能达到统一时,极有可能会对企业造成强烈的冲击。

创业团队内讧通常经历三个阶段:第一阶段,企业还未见效益时,就开始争夺利益;第二阶段,企业刚有起色时,就开始为职、权、利你争我夺;第三阶段,企业开始赢利时,开始闹分家,最终企业灭亡。

大学生的创业团队往往在第一个阶段不易出现问题,到第二个阶段之后的情况就很复杂了,因此选择好的合作伙伴至关重要。

8. 核心竞争力缺乏的风险

对于具有长远发展目标的创业者来说,他们的目标是不断地发展壮大企业,因此,企业是否具有自己的核心竞争力就是最主要的风险。一个依赖别人的产品或市场来打天下的企业是永远不会成长为优秀企业的。核心竞争力在创业之初可能不是最重要的问题,但要谋求长远的发展,就是最不可忽视的问题。没有核心竞争力的企业终究会被淘汰出局。

> **案例 3-5 专利项目引领创业**
>
> 闫伟哲,湖北某大学 2002 届电子商务专业的一名大学毕业生。毕业后,他先后在婚庆行业和广告行业尝试创业。但由于这些行业入行门槛低,缺少技术含量,利润空间有限,他的创业以失败告终。两次失败的创业经历让他得出结论,想做企业,一定要先掌握有竞争力的核心技术。
>
> 2011 年,他在总结经验和仔细分析市场的基础上,决定以专利为支撑开展创业。在仔细研读了国家相关政策之后,他选择了中草药品研制与开发项目,与一些志同道合的应届毕业生创办了正兴和公司。2012 年 5 月,幸运垂青了这位年轻人,武汉专利交易中心在了解到他们的创业想法后,一方面联合大学生创业中心和青年创业中心对他们进行培训,另一方面帮助他们分析专利市场并指导专利创业项目的运作,同时还与江岸区岱家山科技创业园区紧密联系,为他们争取了优厚的入驻条件和待遇。如今,在武汉专利交易中心的帮助下,正兴和公司已拥有 1 件发明专利,并在武汉市区内社区陆续建立了 4 家中医康复服务中心,且每家的月销售及新增会员量保持在 25%~30% 之间,年销售额保持在 20 万元左右。
>
> 其实,闫伟哲的经历只是众多大学生创业者中的一个缩影。许多大学生也逐渐认识到核心技术的重要性,与闫伟哲一样选择以专利项目或依靠创新成果转化、以技术入股

方式创业的大学生越来越多。

9. 人力资源流失风险

一些研发、生产或经营性企业需要面向市场，大量的高素质专业人才或业务队伍是这类企业成长的重要基础。防止专业人才及业务骨干流失应当是创业者时刻注意的问题，在那些依靠某种技术或专利创业的企业中，拥有或掌握这一关键技术的业务骨干流失是创业失败的最主要风险源。

10. 意识上的风险

意识上的风险是创业团队最内在的风险。这种风险来自于无形，却有强大的毁灭力。风险性较大的意识有：投机的心态、侥幸心理、试试看的心态、过分依赖他人、回本的心理等。

上面谈到的 10 种风险，前 5 种基本是大学生容易遇到的风险，后 5 种则是所有创业者都有可能面对的风险。事实上，大学生创业过程中可能遇到的风险并不仅此 10 种，尤其是在企业发展过程中什么风险都有可能碰到。

二、大学生创业风险的防范

上述的多种风险可以通过创业教育与实践活动在一定程度上减轻或减少。下面介绍防范大学生创业风险的几个要求。

1. 项目选择要谨慎

大学生创业者在选择项目时，要客观地分析自身的创业条件，冷静地分析创业环境，立足于技术项目，尽量选择技术含量高、自主知识产权明确的项目，并在技术创新的基础上做好产品市场化工作。在选择项目的过程中不要盲目跟风，一定要选择自己最熟悉、最擅长、最有经验、拥有资源最丰富的项目。

2. 资金管理要科学

创业之初，大学生的创业资金往往非常有限，却又缺乏金融知识功底和足够的商业经验。创业团队内部往往缺少专业的财务人员，很难对有限的资金进行科学的预算和管理，只知道在创业初期要花钱的地方很多，但对于哪里要省并不了解。所以大学生应慎重对待创业资金，制定可操作性强的财务预算制度和管理制度，规划好每一处花钱的地方，使有限的资金用在刀刃上。

3. 技能积累要充分

要成功创业，大学生就要系统培养自己的创业精神、团队合作精神，提高解决问题的能力，掌握创业必备知识，多参加实践锻炼。可先做一些投资少、风险小的实体，提高创业能力、适应社会的能力，通过实践增加创业体验，熟悉社会环境，学会社会交往，扩大社会关系，积累创业资源。

4. 企业经营要规范

大学生创业往往规模不大，但一定要规范经营、诚信经营、守法经营，创办人必须建立完善的规章制度，并严格执行。要建立现代企业制度，制订中长期规划。认真学习企业经营相关的法律法规，避免在创业过程中采取赌博、投机心理。只有懂法、守法，并依法保护自己的合法权益，才能确保大学生的创业行为持续长久、由小到大、由弱变强。

5. 规模扩大要稳健

大学生新创的企业如果能够顺利渡过创业阶段并生存下来，在外部竞争和自身成长的双重压力下，要通过扩张来增加企业竞争力、获得更多利润，这也是企业成长的必由之路。但在这个扩张过程中，一定要注意保持与企业自身能力相匹配、与市场需求相吻合，不可盲目扩张，让企业陷于困境。

第四章　了解企业与商业模式

诺贝尔奖获得者罗伯特·索洛说过：不是你不知道的事情害了你，而是你知道的并不真实的事情害了你。

创业的实现依赖于你所搭建的创业平台和选择的商业模式。创业平台，也就是创业者开展生产经营活动的组织形式，无论是个人小型的创业活动还是大规模的项目投资活动，首先都必须确立开展经营的组织形式，很显然，企业是最重要的组织形式。商业模式是指为了实现客户价值的最大化，通过整合企业运行所需的内外资源，培育和形成企业独特的核心能力，达成企业持续赢利目标的整体解决方案和运行方式。商业模式选择的成功与否，决定企业的成败。

大学生在创业前，要对创业平台与商业模式有一定的了解，避免在制订创业计划时出现方向性失误。

第一节　企　　业

企业一般是指以盈利为目的，运用各种生产要素（土地、劳动力、资本、知识和技能等），向市场提供商品或服务，实行自主经营、自负盈亏、独立核算的法人或其他社会经济组织。

在商品经济范畴内，作为组织单元的多种模式之一，按照一定的组织规律，有机构成的经济实体，一般以盈利为目的，以实现投资人、客户、员工、社会大众的利益最大化为使命，通过提供产品或服务换取收入。它是社会发展的产物，因社会分工的发展而成长壮大。企业是市场经济活动的主要参与者。在社会主义经济体制下，各种企业并存共同构成了社会主义市场经济的微观基础。

根据宪法和有关法律规定，我国目前有国有经济、集体所有制经济、私营经济、联营经济、股份制经济、涉外经济（包括外商投资、中外合资及港、澳、台投资经济）等经济类型，其对应的企业也有多种多样的分类方式。

按所有制结构分类，可分为全民所有制企业、集体所有制企业、私营企业和外商投资企业。

（1）全民所有制企业。全民所有制企业是指企业的全部财产属于国家，由国家出资兴办的企业。凡中央和地方各级国家机关、事业单位和社会团体使用国有资产投资所创办的企业，均属全民所有制企业。

（2）集体所有制企业。城乡劳动者使用集体资本投资兴办的企业以及部分个人通过集资自愿放弃所有权并依法经工商行政管理机关认定为集体所有制企业。

（3）私营企业。私营企业是指企业的资产属于私人所有，有法定数额以上的雇工的营利性经济组织。这类企业由公民个人出资兴办并对企业有完全的所有权和支配权，独立承担一切债权、债务。

（4）外商投资企业。这类企业包括中外合营者在中国境内经过中国政府批准成立的，中外合营者共同投资、经营，共享利润，共担风险的中外合资经营企业；也包括依据中国法律在中国境内设立的，全部资本由外国企业、其他经济组织或个人单独投资、独立经营、自负盈亏的外资企业。

作为一个自主创业的大学生，我们最想了解的是私营企业。

根据市场经济的要求，现代企业的组织形式可以按照投资人的出资方式和责任形式分为三类，它们是：个人独资企业、合伙企业、公司制企业。公司制企业又分为有限责任公司和股份有限公司。

在实际操作过程中，除一般的企业外，还有一种创业平台，是个体工商户形式，虽然不是企业形式，但却是一种大学生经常采用的创业形式之一，其从项目选择与经营上与企业形式的创业平台是相通的，下面将个体工商户与三种企业组织形式的注册条件、经营特点、利润分配和债务责任分别进行说明。

一、个体工商户

个体工商户，是指有经营能力并依照国家2011年颁布的《个体工商户条例》（以下简称《条例》）的规定经工商行政管理部门登记，从事工商业经营的公民。个体工商户是从事工商业经营的自然人或家庭。自然人或以个人为单位，或以家庭为单位从事工商业经营。

自然人从事个体工商业经营必须依法核准登记。个体工商户的登记机关是县级以上工商行政管理机关。个体工商户经核准登记，取得营业执照后，才可以开始经营。个体工商户转业、合并、变更登记事项或歇业，也应办理登记手续。个体工商户只能经营法律、政策允许个体经营的行业。

1. 注册条件

个体工商户注册条件非常简单，只要是具有完全民事行为能力的人都可以去登记注册。有人说，拿个体工商户执照跟领结婚证差不多，拿到表格，填写登记就可以，惟一的限制就是要求具有完全民事行为能力。但有一点要注意，个体工商户可以是个人经营,也可以是家庭内部的几个人或家庭成员共同经营,如果是多人经营,这几个人必须是家庭成员关系,如果不是家庭成员关系想共同创业,那就不能以个体工商户这种组织形式作为创业平台,而要选择普通合伙企业等形式。

对经营资金和经营场所没有具体规定,只是要求能够满足生产经营活动就可以。其他的创业平台都比这个要求多。

最为灵活的是个体工商户的名称。个体工商户甚至可以没有名称,也就是说,个体工商户可以不使用名称,比如在农贸市场摆摊经营的个体工商户。但如果需要使用名称,就必须作为注册登记事项。个体工商户的名称规定中限制使用"企业"、"公司""专业合作社"等字样,但其他的规定很少,命名的空间很大。其中有两个特点是有限责任公司所不具备的,一是名称中可以使用经营场所所在地的详细地名,突出自己的地理位置;二是可以在名称中使用阿拉伯数字,使自己的名称更具特色。比如可以起名为:成都市锦江区青石桥海鲜城188餐厅。

2. 经营特点

一个个体工商户的经营单位背后至少有一个个体工商户主,由于资产属于私人所有,自己或家庭往往承担多种角色,既是管理者,也是劳动者。

个体工商户单位大多以商铺门店为经营方式,通常经营零售商品或提供民生服务为手段获得收入。《条例》规定:个体工商户可以从事批发零售、住宿、餐饮、制造、交通运输、仓储、邮政业、农林牧渔、文化、建筑、采矿以及居民服务等法律、行政法规未禁止其进入的行业。也就是说,只要没有禁止,就可以经营。

个体工商户可以开设银行账户、向银行贷款,有权申请商标专用,有权签订劳动合同等。有的个体工商户在生意做大后也会雇佣大量员工,甚至形成较大规模,如服饰市场、建材市场、家具市场、食品市场、茶叶市场等。

在雇佣员工方面有两点需要说明:一是雇佣的人数,早期的法律法规要求个体工商户雇佣人数不能超过8人,但新《条例》取消了这个限制;二是个体工商户与雇佣的员工是不是劳动关系。这些概念很容易混淆,由于在个体工商户的经营中经常出现这种情况,这里专门做说明。

比如某个体小饭店与其学徒,小饭店管吃管住,还要教学徒炒菜做饭,在学徒期不发工资。这是行业惯例,小饭店认为,学徒是来学习的,学成后可能会走,他做的事情就是他要学的东西,本来都应该收他学费,不能发他工资,彼此之间不是劳动关系。但实际上,小饭店犯了一个错误,按《中华人民共和国劳动争议处理条例》的相关规定,他们之间就是劳动关系,这是由以下几方面的特征决定的:首先,小饭店不是职业技能培训机构,对劳动者进行培训不是其经营范围,培训学徒是其业务需要所致。其次,虽然在学徒期,不能正式掌勺,但为小饭店提供了简单劳动,并且管吃管住,相当于小饭店提供了有偿劳动。再次,学徒在学习期间接受了小饭店的管理。最后,学徒所提供的劳动是向特定主体——小饭店提供的。以上特征,足以判断双方的劳动关系,按法律规定,这个小饭店不仅应当向学徒补齐从学徒开始的不低于当地平均工资标准的工资,还应为其缴纳社保。

在创业初期，如果有几个小学徒，同时提出劳动仲裁，一旦按《中华人民共和国劳动合同法》规定执行，仅支付双倍工资、劳动保险以及可能的罚款，就可能导致小饭店的创业失败。创业活动初期这种现象比较普遍，一定要尽量避免这种风险。

3. 利润分配和债务责任

个体工商户的利润归个人或家庭所有，但应按章缴纳所得税，服从工商行政管理。

个体工商户由个人经营，但往往以家庭财产承担无限责任，因为个体工商户以"户"的名义享受权利，也以"户"的名义承担义务和相应责任。这样看来，个体工商户的责任财产就是经营者的全部财产。

有一种情况的债务是由个人承担的：以自己的名义申请登记成个体工商户，自己经营，本人未婚或者已婚但在整个婚姻期间收入有约定。

但只要下面三条中有一条符合，债务就必须由家庭全部财产来承担。一是个体工商户由家庭共同经营；二是家庭没有参与经营，但个体工商户却是以家庭共有财产来投资的；三是家庭既未参与经营，也没有以家庭共有财产来投资，但个体工商户挣的钱主要是供家庭享用的。

个体工商户主要针对公民个人，对成立、经营要求较低，也不需要企业章程，办理相关证照国家还给予一定的优惠和减免政策。比如，为减轻个体工商户负担，促进个体经济发展，经国务院批准，从2008年9月1日起，工商部门就已开始停止征收个体工商户管理费，因此这种创业组织形式往往受到早期创业者的青睐。但从另一方面看，由于个体工商户还只是经营活动的初级形式，不利于规范经营活动，不利于建立有法律约束的诚信体系，影响产业的做大做强，最终不利于产业的长远发展。因此个体工商户发展到一定程度，就要考虑向其他企业形式转型。

二、个人独资企业

个人独资企业是指依法在中国境内设立，由一个自然人投资，财产为投资人个人所有，投资人以其个人财产对企业债务承担无限责任的经营实体。个人独资企业不是法人，但是法律确认它能以自己的名义享有一定的权利、承担一定的义务，承认它有一定的独立能力。经营范围和经营方式自由度仍然比较大，但已经有了一定的约束条件。

1. 注册条件

投资人只能是一个自然人，法人和其他组织不能成为个人独资企业的投资人，这也是个人独资企业名称的由来。其中有两个明确的要点，一是只能是"一"个人；二是必须是自然人。

这里对法人和自然人的概念进行简单补充说明。法律上有两种人：法人和自然人。自然人，就是生物学意义上的人，法律意义上叫公民；法人，是法律规定出来的"人"，就是说，它并不是一个"人"，但法律把它看成一个人，法律把某团体看成一个人，这叫赋予它法律人格。这种规定，主要是为了能将团体的财产纳入到法律保护的体系中来。

个人独资企业对出资仅有一个要求：有投资人申报的出资。这是2000年1月1日起实施的《中华人民共和国个人独资企业法》(以下简称《个人独资企业法》) 中规定的,因此从 2000 年起,在商业圈里流行着一句话"一元钱就能办企业"。后来这句话被传成了"一元钱就能办公司",在当时的政策下,一元钱肯定是办不了公司的,因为公司有明确的注册资本要求,但一元钱可以办企业,这种说法没有错。从法律意义上说,一分钱都可以办个人独资企业,因为《个人独资企业法》没有最低注册资本的要求。但在实际操作中,一元钱办企业基本是无法实现的,就是一个个体工商户的小摊点,投入也不会只有一元钱。不谈经营,就是个人独资企业的注册费也不止一元钱。真正要办一个个人独资企业需要投入更多的财力物力。

对个人独资企业的出资要求,有以下三个方面的含义:一是投资人必须有出资,可以是个人资产出资也可以是家庭共有资产出资,这是注册条件;二是出资的数额可自己申报,这主要是因为个人独资企业投资人承担无限责任,投入企业的资本与个人财产难以分离,规定出资额没有意义,原则上申报金额应当与企业的经营规模相适应;三是没有对出资的形式作规定,可以货币,也可以实物、技术等非货币财产出资。

个人独资企业必须有自己的名称,并与其他企业区别开来。除对企业名称的统一规定外,只有两个限制:一是名称中不能有"有限"、"有限责任"字样,因为出资人必须承担无限责任;二是名称要与其从事的营业内容相符,比如从事图书零售的企业,不能写成玩具生产的名字。

个人独资企业必须有固定的生产经营场所、必要的生产经营条件和必要的从业人员。

2. 经营特点

个人独资企业从事经营活动必须遵守法律、行政法规,遵守诚实信用原则,不得损害社会公共利益。除此之外,对经营范围没有其他规定。通常情况下,适合小型加工、零售商业、服务业等。

个人独资企业一般规模较小,开设、转让、关闭都相对容易,经营方向调整灵活。由于个人独资,有关企业的销售情况、利润、生产工艺、财务状况等均可保密,有助于企业在竞争中保持优势,但个人独资企业的个人信贷信誉低,融资困难,企业防范风险能力较弱。

个人独资企业的财产为投资人个人所有,企业主既是投资者,又是经营管理者,是企业的负责人和代表人,但在管理上又与个体工商户不同。个人独资企业的投资人可以自己管理企业,也可以委托或者聘用其他人负责企业的管理。后面一种形式中,是直接将企业全部委托给某个代理人管理,还是先聘用成企业员工再进行委托授权,由投资人自己决定。

委托代理人管理企业事务,应该与委托人或被聘用人员签订书面合同,明确委托的具体内容和授权范围。《个人独资企业法》对被委托人或被聘用人员制定了明确的行为规范,甚至列举了 9 种不能做的行为,力求避免诚信风险。

最后还有一条需要特别说明,这也是在企业经营过程中可能会碰到的。投资人对受托人或被聘用人员职权的限制,不得对抗善意第三人。这是由于投资人与受托人之间的关系是企业内部关系。外部人员并不知晓受托人处理企业事务有什么样的权限。善意第三人是指不知情的、正常与企业发生交易的其他人。比如个人独资企业投资人张某聘用了李某处理企业事务，并设定了对李某的权力范围：凡是李某对外签订的超过5万元的合同，必须由张某同意。一天，李某未经张某同意与善意第三人贺某签订了一份10万元的合同，这个合同是有效合同。这个制度主要是为了保障整个社会经济合同的安全性，不能因为签合同的人越权了，合同就失效，那么企业一旦觉得不利就可以此来托词，合同本身就没有意义了。那么受托人的行为如何控制，《个人独资企业法》中有明确规定：受托人管理个人独资企业时违反双方订立的合同，给投资人造成损害的，承担民事赔偿责任。

3. 利润分配和债务责任

个人独资企业的显著特征是个人所有制企业，投资人的投资以及企业所得收益均归个人所有，投资人享有企业的财产所有权，其有关权利可以依法进行转让或继承。

个人独资企业只需要缴纳个人所得税，无需双重课税，税后利润归个人所有，不需要与人分享。

个人独资企业投资人不是法人，它的民事权利与义务由投资人即企业的主人享有和承担，并且投资人还要以自己的个人财产对企业债务承担无限责任。当企业资产不足以清偿债务时，法律规定企业主不是以投资企业的财产为限，而是要用企业主个人的其他财产来清偿债务。也就是说，一旦创业失败，创业者有可能倾家荡产。

三、合伙企业

合伙企业，是指自然人、法人和其他组织依照《中华人民共和国合伙企业法》（以下简称《合伙企业法》）在中国境内设立的，由两个或两个以上的自然人或法人通过订立合伙协议，共同出资经营、共负盈亏、共担风险的企业组织形式。

合伙企业一般无法人资格，不缴纳所得税，缴纳个人所得税。其类型有普通合伙企业和有限合伙企业。其中普通合伙企业又包含特殊的普通合伙企业。下面以普通合伙企业为例进行介绍。

1. 注册条件

按照2007年6月颁布的最新的《合伙企业法》的规定，合伙人可以包括两类，一是自然人，二是法人或其他组织，其中第二种合伙人是新的《合伙企业法》增加的，也是此次修订的特点之一。因为增加了法人或其他组织，为创业者寻找合作伙伴增加了范围，为合伙企业的规模扩大和实力增加奠定了基础。其中除国有独资公司、国有企业、上市公司以及公益性的事业单位、社会团队外，其他的公司都可以成为合伙人。投资人要求两人以上。

合伙企业对资本数额没有明确要求，但要求所有合伙人都要出资，可以是实际缴付，也可以是认缴，认缴需要设定缴付期限。出资方式可以是货币，也可以是实物、知识产权等其他财产形式。出资需要把合伙人的资产转移到合伙企业的名下，要办理财产过户手续。

合伙企业要有企业名称和固定的生产经营场所。企业名称中要有"合伙"字样。

合伙企业要签订书面合伙协议。这是与其他组织形式不同的，这个合伙协议是合伙企业内部最重要的法律文件，每位合伙人在协商合伙协议时，一定要根据自己的目的、要求以及对企业的设想，把自己的想法提出，通过谈判、协调，形成一致意见落实到书面文件中。

合伙协议不仅要体现合伙人在企业设立时权利与义务的分配，还要对企业成立后的经营管理以及重大事项决策等做出安排，包括企业名称、经营场所、合伙目的、经营范围、合伙人信息、合伙人的出资情况、利润分配与亏损分担方式、合伙事务执行、入伙与退伙、争议解决办法、解散与清算、违约责任等内容。

2. 经营特点

合伙企业可以由部分合伙人经营，其他合伙人仅出资并共负盈亏，也可以由所有合伙人共同经营。原则上各合伙人拥有一样的决策权与执行权，按人头而不是按出资份额计票，但是法律也规定，合伙协议另有约定的除外，也就是说合伙企业可以自己在合伙协议里约定决策方式和执行方式。下面列举一个典型的决策约定方式。

① 各合伙人不论出资多少，均按每人一票的方式决定事务。

② 各合伙人根据出资比例享有决策权利。

③ 合伙人根据决定事项的不同，各合伙人的专长的不同，建立票数加权的决策方式。如决定某一事项时，拥有该项特长的合伙人的加权值高。

如果合伙协议上没有明确合伙人执行事务的权利范围，每一个合伙人都有权利有义务参与合伙事务的全部决策和执行活动，参与的过程正是合伙的表决权和经营管理权的体现。

由于合伙人共同承担合伙企业的经营风险和责任，合伙企业的风险和责任相对要分散一些。但由于合伙人之间的连带责任使合伙人需要对其他合伙人的经营行为负责，这反而加重了合伙人的风险。

合伙事务包括合伙企业的内部入伙、退伙、转让、继承、解散、清算、处置合伙企业财产等重大事项，也包括日常经营管理事务，不管何种事务，合伙人对执行事务都享有同样的权利。

合伙企业在运行过程中对合伙人也有一定的约束。如不能自营或和其他人合作经营与本合伙企业竞争的业务；除非全体合伙人同意，单个合伙人不得与本合伙企业交易；不得从事危害合伙企业的活动等。由于合伙人熟悉企业的内部运营甚至商业秘密，不做约束危害很大。一旦触犯这些约束行为，该合伙人将承担经济或法律责任。

相比而言，合伙企业比前两种组织形式，易获得更多的资金来源，增强企业的经营实力，扩大产销规模。但合伙企业由于决策的人多，易产生内耗，造成嫌隙，甚至最终散伙。而且由于一个人的破产、死亡或退伙都可能使企业散伙，因此企业存续时间不会太长。

全体合伙人对合伙企业的财产享有共有权，对合伙企业享有的其他物权或其他限制权利的财产享有共有权，转让和处置需全体合伙人同意。合伙人在企业存续期间，不得请求分割合伙企业财产，想转让其财产非常困难，因为这种财产转移会影响合伙企业和其他合伙人的利益，因此转让需经全体合伙人同意。

3. 利润分配和债务责任

法律对于合伙企业不作为一个统一的纳税单位征收所得税，因此合伙人只需要将从合伙企业分得的利润与其他个人收入汇总缴纳一次个人所得税即可。

通常情况下，每个合伙人对合伙企业在经营过程中的利润，享有平均分配的权利，但有其他约定的除外。确定合伙企业利润与亏损的承担比例的顺序是：合伙协议约定、补充协调、按实缴出资比例、平均分配。其中合伙协议不得约定将全部利润分配给部分合伙人，也不能让部分合伙人承担全部亏损。

需要注意的是，与普通合伙企业相比，有限合伙企业在损益分配上要更为灵活，采用有限合伙形式的风险投资企业，通常是在协议中约定有限合伙人可以在合伙企业成立后的若干年分配合伙企业的全部利润以收回投资。这是与之前叙述的情况有区别的。

合伙企业合伙人共同对企业债务承担无限连带责任，这是一个明确规定，但也需要做一下说明。合伙企业对其债务，应先以其全部财产进行清偿。合伙企业的全部财产包括合伙人的出资及以合伙企业名义取得的全部收益。也就是说，当合伙企业还有自己的财产时，合伙企业的债权人应该首先从合伙企业的全部财产中来求偿，而不应该向合伙人个人直接求债权。当合伙企业全部财产不能清偿到期债务的，合伙人才承担无限连带责任。

4. 有限合伙企业

有限合伙企业是合伙企业的改良版，它的合伙人由普通合伙人和有限合伙人组成，普通合伙人对合伙企业债务继续承担无限连带责任，有限合伙人以其认缴的出资额为限对合伙企业债务承担责任。一个有限合伙企业，至少有一个普通合伙人。

有限合伙企业实现了企业管理权和出资权的分离，可以结合企业管理方和资金方的优势，这种制度，成为风险投资机构的最佳选择。国外私募基金的主要组织形式，像我们耳熟能详的黑石集团、红杉资本都是有限合伙企业。商品市场上能挣钱的人有两种，一种是有才的人，另一种是有财的人。有才的人希望能找到有财的人投资挣到钱，有财的人希望借助有才的人挣更多的钱。有限合伙企业就是在这种背景下产生的，把钱交给合适的人去做事，有钱的出钱，有才的出才。

有限合伙企业在风险投资领域如此火爆，除了上述结构性利好外，还有另外一个原因就是有限合伙企业是合伙企业的一种，国家对合伙企业不收企业所得税。而如果是公司，除对公司收税外，还要对股东征收所得税。两方一比较，优势立现。

有限合伙企业的价值主要在风险投资领域，但其价值却不仅限于此。由于资本与经营的分离，使得其在推动技术创新和挖掘经营人才方面，有特别的优势，因为在这个组织形式下，有技术的发挥技术优势，懂管理的发挥管理优势，资本只取利益，不参与经营。这给了许多创业者机会。这里专门对有限合伙企业进行介绍，也主要是考虑到在大学生创业过程中，有限合伙企业是很好的选择，因为大学生往往是有创意、有技术的群体，他们缺乏的正是将来不给自己带来的负担的成本。

四、有限责任公司

有限责任公司，简称有限公司（Co., Ltd.，全拼为 Limited Liability Company），是指根据《中华人民共和国公司登记管理条例》（以下简称《公司登记管理条例》）规定登记注册，由五十个以下的股东出资设立，每个股东以其所认缴的出资额对公司承担有限责任，公司以其全部资产对其债务承担责任的经济组织。有限责任公司包括国有独资公司以及其他有限责任公司。

公司是企业法人，有独立的法人财产，享有法人的财产权。公司以其全部财产对公司的债务承担责任。有限责任公司的股东以其认缴的出资额为限对公司承担有限责任。

有限责任公司的股东承担的最大风险是其认缴的出资额，这是他承担责任的最大限度。即使公司负债破产，他的亏损也只是他认缴的出资额，这是有限责任公司名称的由来。

有限责任公司本身对外承担的责任还是要以其全部资产为限，就是无限责任。公司如果欠债，需要承担全部责任，直至破产。股东是对公司承担责任，而不对其他人承担责任，公司欠其他人的钱，债主不能找股东要。

有限责任公司这种形式，对投资人来说减少了风险，因为有限责任将风险限制在了一定的范围内。也因为限制了风险，反而促进了投资，促进了资金流动，因为投资不会带来比投资额更大的风险。

1. 注册条件

有限责任公司的注册要遵守《公司登记管理条例》相关规定，《公司登记管理条例》是为了确认公司的企业法人资格，规范公司登记行为，依据是1994年6月24日发布的《中华人民共和国公司法》（以下简称《公司法》）。2006年1月1日起，实施了修订的《公司登记管理条例》。2014年3月1日起，国务院要求执行《国务院关于废止和修改部分行政法规的决定》，其中有对《公司登记管理条例》部分条款的再次修订。之所以介绍修订过程，是因为其中的注册条件有较大的变化，而现有的许多资料里并没有说明。

有限责任公司由1~50名股东出资设立。做这种人数的限制，是因为有限责任公司股东虽然承担有限责任，但又希望能够使股东之间的合作像合伙企业的合伙人之间那样融洽，相互信任与协作。

对资本的要求，是上述几次对《公司登记管理条例》修订中变化最大的，需要特别注意，这对无数有创业梦想的人来说都是福音。许多教材资料里对有限责任公司的注册资本是有明确要求的，但2014年最新修订的《公司登记管理条例》的管理规定中，对资本的修改主要有以下几个方面。

首先，将注册资本实缴登记制改为认缴登记制。也就是说，除法律、行政法规以及国务院决定对公司注册资本实缴有另行规定的以外,取消了关于公司股东(发起人)应自公司成立之日起两年内缴足出资,投资公司在五年内缴足出资的规定;取消了一人有限责任公司股东应一次足额缴纳出资的规定,转而采取公司股东(发起人)自主约定认缴出资额、出资方式、出资期限等,并记载于公司章程中的方式。

其次,放宽注册资本登记条件。除对公司注册资本最低限额有另行规定的以外,取消了有限责任公司、一人有限责任公司、股份有限公司最低注册资本分别应达3万元、10万元、500万元的限制;不再限制公司设立时股东(发起人)的首次出资比例以及货币出资比例。

第三,简化登记事项和登记文件。有限责任公司股东认缴出资额、公司实收资本不再作为登记事项。公司登记时,不需要提交验资报告。

可以说,仅从资本一项来看,以前有限责任公司与个人独资企业、合伙企业相比较是有门槛的,现在基本没有了。这对许多一出大学门就想创业的大学生来说,是再好不过的消息了。

有限责任公司必须有名称,名称中要有"有限责任公司"或"有限公司"字样。公司办理了工商注册后,公司名称受法律保护,且在日常经营活动中,应当使用工商行政管理部门核准的名称。不能改变、增减其中的任何一个字。

有限责任公司要有公司章程,包括一人有限责任公司股东制定的章程或股东共同制定的公司章程。

有限责任公司要有固定的生产经营场所和必要的生产经营条件。

2. 经营特点

有限责任公司需要设立股东会、董事会和监事会。

股东,就是对公司投资的机构或个人。股东会就是由股东组成的内部机构,是有限责任公司的权力机构,是公司拥有者和所有权人。股东会对外不代表公司,对内不从事具体业务。

股东会既然是公司的拥有者,自然能够决定公司的任何事项。但实际上,拥有众多股东的公司,不可能经常聚焦起来对公司进行经营管理。因此股东会需要设立一个组织来帮助它承担日常的管理职能,这个组织就是董事会。董事会由董事组成。董事,是由公司股东会选举产生的,具有实际的权力和权威,是有限责任公司的执行机构,对内处理公司业务,对外代表公司进行商务活动。规模小或股东少的可不设董事会。

监事会由股东代表和适当比例的公司职工代表组成,其中的职工代表由公司职工选举产生,董事、经理及财务负责人不得兼任监事。监事会是一个监督机构,对董事会和经理的业务活动进行监督,维护公司股东和职工的合法权益。

刚才提到经理,是由董事会任命、帮助董事会处理日常事务的个体,是公司日常经营中最不可少的人。

3. 利润分配和债务责任

股东按出资比例来分配利润。股东按出资额为限承担有限责任。

与前三种组织形式相比，有限责任公司的出资人（股东），会面对双重税收，一是个人所得税，二是企业所得税。

五、易混淆概念的两组企业组织形式

1. 一人有限责任公司与个人独资企业

一人有限责任公司与个人独资企业都是由一个投资主体创立，但却有明显的区别。

一人有限责任公司的投资主体可以是自然人，也可以是法人，而个人独资企业的投资主体只能是自然人。

一人有限责任公司属于法定的民事主体，具有法人资格，而个人独资企业不具有法人资格。

一人有限责任公司的股东必须制定公司章程，并依法提交工商行政管理机关登记。股东可以直接修改公司章程，比如改变经营范围，但必须向工商行政管理机关申请办理变更登记。而个人独资企业则没有制定企业章程的要求。

一人有限责任公司是独立的企业法人，股东仅以其所认缴的出资额为限对公司债务承担有限清偿责任，通常不会涉及股东的其他财产，经营风险小。而个人独资企业中，投资人以个人财产对企业债务承担无限清偿责任，当个人独资企业财产不足以清偿债务时，投资人要以个人的其他财产予以清偿。

一人有限责任公司的股东出资后，其用作出资的财产所有权立即与股东分离，转为公司财产，由公司享有法人财产所有权。而个人独资企业对本企业的财产依法享有所有权。

按税法规定，一人有限责任公司需要缴纳企业所得税，而个人独资企业不需要缴纳企业所得税，只需要缴纳个人所得税。

2. 合伙企业和有限责任公司

合伙企业自身不用缴纳企业所得税，由各合伙人按其所得缴纳个人所得税。而有限责任公司自身对收入所得要缴纳企业所得税，股东也需按其分得的分红等缴纳个人所得税。

合伙企业的合伙人对合伙企业的债务承担无限连带责任。而有限责任公司的股东则对公司债务承担有限责任。

合伙企业的合伙人可平均或按出资比例或按约定的其他比例来分享利润、承担亏损。有限责任公司的股东则只能按照持有的股份比例来分享利润，对公司的亏损不承担投资额以外的责任。

法律对合伙人转让其合伙企业中的财产份额限制较严，须经全体合伙人同意才能实施。而有限责任公司的股东转让股权则较宽松，只须全部股东的半数同意。

六、创业者如何选择企业形式

不同类型的企业，特点不同，分别适合不同的创业者。选择合适的企业类型，也是创业成功的重要影响因素,表 4-1 对个人独资企业、合伙企业、有限责任公司进行对比,供创业者参考。

创业者需要从成立条件、企业规模、投资人数量、经营模式、风险责任、税收等方面综合考虑。

表 4-1 个人独资企业、合伙企业、有限责任公司的对比

事项	有限责任公司	合伙企业	个人独资公司
法律依据	《公司法》和《公司登记管理条例》(2014年3月最新修订)	《合伙企业法》(2007年6月修订)	《个人独资企业法》(2000年1月实施)
法律基础	公司章程	合伙协议	无
法律地位	企业法人	非法人盈利性组织	非法人经营主体
责任形式	有限责任	无限连带责任	无限责任
投资人	自然人、法人	自然人、法人和其他组织	自然人
注册资本	股东认缴出资	协议约定	投资者申报
资本类型	无特定要求	无特定要求	投资者申报
出资评估	不做要求	协调确定	投资人自定
成立日期	营业执照签发日期	营业执照签发日期	营业执照签发日期
章程或协议生效条件	公司成立	合伙人签章	无
产权性质	法人财产	合伙人共有财产	投资人个人所有
财产管理	公司管理机构	全体合伙人	投资人
出资转让	股东过半同意	全体合伙人同意	可继承
企业所得税	缴纳	不缴纳	不缴纳
经营主体	股东一般不参加经营	合伙共同经营	投资者及其委托人
事务决策机构	股东会	全体合伙人或约定	投资人
事务执行机构	经理	合伙人共同	投资人或其委托人
盈亏分担	股份比例	约定、未约定则平均	投资人个人
解散程序	注销并公告	注销登记	注销登记
解散后义务	无	5年内承担责任	5年内承担责任

以上仅对创业过程中常见的几种企业组织形式进行了简单介绍,有兴趣的同学可以参考相关资料了解更多的企业组织形式。比较起来,股份有限公司从公司治理制度设计方面要比一人有限责任公司规范和严格,而一人有限责任公司无论从立法取向还是内部治理要求都明显严于个人独资企业。一般情况下,有这样一个结论:从最低级的市场竞争主体个体工商户开始,市场竞争主体的发展趋向是一个由小到大、公司治理制度由任意到严格的进化链。独资企业和合伙企业都是公司的低级形态。随着资本的积累,企业类型和组织形式都在向规模化方向和更高层次发展。这条市场竞争主体进化链如下所示:个体工商户(个人经营、家庭经营)——→个人独资企业——→一人有限责任公司——→股份有限公司。

第二节　商业模式

一个可行、有投资价值的商业模式（Business Model）是创业者需要在商业计划书中强调的重要内容之一。事实上，没有商业模式，创业就只是一个梦想。

一、商业模式的基本概念

长期以来，在传统的经济背景下，经过充分竞争的企业，逐渐固化了其商业模式，许多企业的经营创新停滞不前。但随着互联网技术应用的快速推进，催生出了各种新的互联网商业模式，这些新的商业模式创造了数倍甚至数十倍于传统经济下企业的价值和利润。这种巨大的成功打开了人们的思路和视野，引发了创业者对商业模式的高度重视，促进了人们对企业经营规律的深度探究。

商业模式并不是一个新生事物，它一直就存在于各种企业之中，只是早期的商业模式没有受到足够的重视。自由市场体系企业竞争的核心已经发生了六次转变：1900～1920年，技术研发、专利推动发展的阶段；1920～1940年，大规模生产普及，流水线作业是核心竞争力；1940～1960年，人力资本阶段，恢复人的自主能力，灵活性为主要竞争武器；1960～1980年，市场营销兴起，企业之间的竞争集中在广告、渠道和促销上；1980～2000年，企业兼并重组、管理模式、领导力强化等成为企业彼此抗衡的武器；2000年以来，商业模式创新成为企业脱颖而出的核心动力。可以看出，从21世纪起，商业模式才成为企业竞争的核心竞争力。

彼得·德鲁克曾明确指出："当今企业之间的竞争，不是产品之间的竞争，而是商业模式之间的竞争。"商业模式的好坏直接决定了创业能否实施、企业能做多大、能持续多长时间，可以说，有一个好的商业模式，创业就已经成功了一半。好的商业模式能够吸引各种资源，为企业创造持续发展的良性环境，当前以商业模式创新为代表的创业活动对风险投资的巨大吸引力便是最有力的证明。

1. 定义

商业模式是一种包含了一系列要素及其关系的概念性工具，用以阐明某个特定实体的商业逻辑。它描述了公司所能为客户提供的价值以及公司的内部结构、合作伙伴网络和关系资本（Relationship Capital）等用以实现（创造、推销和交付）这一价值并产生可持续盈利收入的要素构成体系。

简而言之，商业模式就是公司通过什么途径或方式来赚钱。饮料公司通过卖饮料来赚钱；快递公司通过送快递来赚钱；网络公司通过点击率来赚钱；通信公司通过收话费赚钱；超市通过平台和仓储来赚钱；滴滴打车通过解决司机与乘客之间的信息不对称来获得信息，并通过积累的数据资源来挣钱等。只要有赚钱的地儿，就有商业模式存在。

商业模式概念的形成有一个过程，首先是创意概念的形成，其次才是商业模式概念的形成。

随着商业经济的发展壮大,市场需求日益清晰,市场资源的价值得到准确界定,商业机会超脱其基本形式,逐渐演变成为创意(商业概念),包括如何满足市场需求或如何配置市场资源等核心内容。然后创意的含义被重新解析,它变得更加复杂,包括诸如产品/服务概念、市场概念、供应链/营销/运作概念等,进而这个差异化的创意概念逐渐成熟并演变为完善的商业模式,从而形成一个将市场需求与资源结合起来的系统。

从具体操作的层面来给商业模式一个定义:商业模式是一个企业满足消费者需求的系统,这个系统组织管理企业的各种资源(资金、原材料、人力资源、作业方式、销售方式、信息、品牌和知识产权、企业所处的环境、创新力,又称输入变量),形成能够提供消费者必须购买的产品或服务(输出变量),因而具有自己能复制但不被别人复制的特性。

2. 有价值的特征

商业模式具有很多特征,下面列举一些有价值的特征供创业者参考。

(1) 能实现最大的客户价值

某种商业模式下,企业能否持续赢利,与该模式能否实现最大的客户价值有关。一个不能满足客户价值的商业模式,即使能够获利,也不会长久,不具有持续性。相反,如果某种商业模式暂时不会赢利,但由于最大限度上满足了客户需求,只要企业能够坚持下去,最终必然会赢利。比如滴滴打车,很大程度上解决了司机与乘客之间信息不畅的问题,虽然早期基本都是投入,但随着用户数量及对应数据信息的积累,最终的赢利是必然的。

(2) 保持持续盈利

企业能够持续盈利才是其生存下去的基础,因此保障企业盈利和持续盈利就成为商业模式的重要特征。

(3) 具有整合资源的能力

商业模式应具备整合资源的能力。创业资源需要通过整合进行优化配置,才能获得最大价值。资源整合的目的是要通过制度安排和管理运作来增强企业的竞争优势,提高客户服务能力。

(4) 促进企业持续创新的能力

一种商业模式如果能够促进企业持续创新,将会使企业在技术、管理、营销或成本控制等各方面长期保持行业领先地位,使企业长期保持竞争优势。

(5) 促进融资的能力

商业模式要能够促进融资。前面提到在许多有限合伙企业这种组织形式下,易创造对资本有吸引力的商业模式。这是因为在这种模式设计中,资本在承担有限责任的前提下,却享受了承担无限责任的企业所能够获得的优惠条件——不用缴纳企业所得税,因此获得了最大的利益。

(6) 保证高效率运行管理

一个好的商业模式,能够保证企业的高效运行,这包括企业价值观、企业文化、管理体系、奖惩设计等内容。比如海底捞、麦当劳等企业的商业模式中就能体现高效运行的特征。

（7）较好地控制风险

好的商业模式应能有效控制和抵御企业在经营、发展过程中遇到的风险。

商业模式中有价值的特征还有很多，这里不一一列举。

二、商业模式的设计

1. 商业模式的要素分析

克里斯滕森等在《如何重塑商业模式？》一文中指出，商业模式的四个要素：客户价值主张、赢利模式、关键资源和关键流程。这四个要素相互作用时能够创造价值并传递价值，四个要素中的任何一个发生重大变化，都会对其他部分和整体产生影响。其中最重要的是客户价值主张（见图4-1）。因此一个好的商业模式，必须能够回答以下三个问题。

① 企业的客户在哪里？

② 企业能为客户哪些独特的价值或服务？

③ 企业如何以合理的价格为顾客提供这些价值或服务，并从中获得企业利润？

以上三个问题的回答是解决客户价值主张的问题，这是构建商业模式的基础。在这些基础上，可确定企业的赢利模式，并设计为实现这种赢利模式如何整合关键资源和合理安排关键流程。

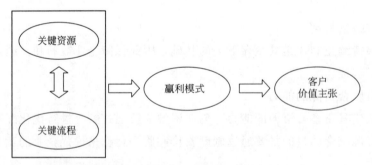

图4-1　商业模式的四个要素

综合以上概念，我们将商业模式的要素进行细分，分解为更小的单元，以方便理解和进行针对性的设计。

① 价值定位。创业公司所要填补的需求是什么或者说要解决什么样的问题？价值定位必须清楚地定义目标客户、客户的问题和关切点、独特的解决方案以及从客户的角度来看这种解决方案的净效益。

② 目标市场。目标市场是创业公司打算通过营销来吸引的客户群，并向他们出售产品或服务。这个细分市场应该有具体的人数统计以及购买产品的方式。

③ 销售和营销。如何接触到客户？如何进行推广？广告、口头演讲和网络营销是目前最流行的方式，但是用来启动一项新业务还是远远不够的。创业公司在销售渠道和

营销提案上要做具体一些。

④ 生产。创业公司是如何生产产品或做服务的？其中关键问题是进入市场的时间和成本。

⑤ 分销。创业公司如何销售产品或服务？有些产品或服务可以在网上销售，有些产品需要多层次的分销商、合作伙伴或增值零售商。创业公司要规划好自己产品的销售范围。

⑥ 收入模式。企业如何赚钱？关键要向自己和投资人解释清楚如何定价；收入现金流是否会满足所有的花费，包括日常开支和售后支持费用；是否有很好的回报。

⑦ 成本结构。创业公司的成本有哪些？新手创业者只关注直接成本，低估了营销和销售成本、日常开支和售后成本。在计算成本时，可以把预估的成本与同类公司发布出来的报告对比一下。

⑧ 竞争。创业公司面临多少竞争者？没有竞争者很可能意味着没有市场。有10个以上的竞争者表明市场已经饱和。在这儿要扩展开来想一想，就像飞机和火车，客户总有选择的机会。

⑨ 市场大小、增长情况和份额。创业公司产品的市场有多大？是在增长还是在缩小？能获得多少份额？风险投资公司寻找的项目通常其所在的市场每年要有两位数的增长率，创业公司要有10%以上市场占有率的计划。

2．商业模式的设计步骤

商业模式是一种包含了一系列要素及其关系的概念性工具，用以阐明某个特定实体的商业逻辑。在这个模式制胜的时代，企业该如何设计自己的商业模式呢？

通常，企业要根据市场调研的结果及寻找到的产品创新的源泉，用全新的思维去改变目前市场上的游戏规则，甚至颠覆行业多年来形成的游戏规则。企业要根据自身实力与行业竞争状况，选择适合自己的商业模式设计方法。

下面介绍一种较为通用的进行商业模式设计的步骤。

(1) 发现、验证机会

首先，企业必须明确为哪些人服务，锁定一个相对明确的市场，进行市场调研和客户消费心理研究。其次，要花时间去研究这些目标客户目前存在什么问题。再次，对客户需求进行分层，是重要而且迫切、重要但不迫切、迫切但不重要还是既不重要也不迫切。如果能把握住客户既重要又迫切的需求，就容易成功。

企业还需考虑的是客户的购买动机，通常说来，温饱型客户最关心经济因素（价格），小康型客户最关心功能（实用价值），而富裕型客户最关心心理因素（面子）。因此，小众化群体所处的社会阶层会影响他们对各种解决方案的价值评估。

如何给客户提供独到的价值呢？企业可以从四个方面考虑：第一，你强化了什么要素？即那些比现有解决方案更好的一面；第二，你弱化了什么要素？即把那些客户并不在意、费力不讨好的东西尽量减少或降低标准；第三，你去掉了什么要素？即把那些客户用不到的功能去掉；第四，你创新了什么要素？即那些独创的方面。

有了初步的产品创新设想后，要与目标客户沟通，检验自己的想法是否有实际意义。同时，还必须了解客户是否愿意支付一定的代价来消费这个产品，他们的切换成本有多高，这是市场调研时最容易忽视的一点。

（2）进行系统思考

中小企业要能用最简单的语言把自己要做的事说清楚，把客户、供应商、合作伙伴等相关者的关系描述出来，最好的办法就是画图，把自己的想法用一张图表现出来。然后去整合相应的外部资源，把商业模式图上涉及的核心单元、上下游企业、各种合作伙伴、各种外围资源都考虑进来。最后要考虑的是价值链上各个利益相关者如何受益，这是每个参与者一定会考虑的问题。

系统思考这一环节还要求企业分析竞争的状况，包括对竞争对手和潜在竞争对手的分析。中小企业一般都缺少资本积累，直接向大企业、大品牌发起进攻是不可取的，因此要尽量不与任何企业发生正面冲突，错位竞争，用有独到价值的产品去开辟新市场。而且，要想推出畅销产品，一定要把握好时机，寻找触发点，因为机会往往出现在经济转折点上，出现在社会急剧变化时期，在一个相对稳定的市场中很难发现好机会。

（3）提出打动人心的产品概念

产品概念最好可以总结成一句话，即在30秒内能将产品的价值定位说清楚，让人听了以后产生共鸣、引起兴奋。有了完整的产品创意思路，就要走出去与客户沟通创意，听取客户对创意的反馈，以便掌握客户的态度和反应。要想让目标客户理解产品的价值和作用，最好的办法就是做一个样品，可以是电子版的模拟样品，也可以是真正的样品。总之要让客户看得见、摸得着，这比文字或口头说明要好很多。

概念测试的结果很容易指导市场人员总结提炼出产品的价值诉求。这里介绍一下FAB分析法：F（Features）是指这个产品有哪些特点，主要是产品本身固有的一些特点；A（Advantages）是说这个产品比同类产品好在哪里，有什么优点，强调与众不同之处，是一个相对的比较优势概念；B（Benefits）是说这个产品给目标客户带来了什么利益和价值，侧重于客户的"买点"和消费动机。FAB提炼出来之后，产品的价值诉求就出来了，客户购买的理由也充分了。

不同层次的消费者在选择产品时关注的重点不同，任何产品都很难在价格、实用价值和面子三个方面同时实现突破。企业要根据目标客户群的层次，确定自己的产品在哪个方面必须超越竞争对手，这样才能给客户一个选择你的理由。

（4）产品定义

完整的产品由三个层次组成：最里层是核心层，主要包括性能、指标、功能、品质等，是产品发挥作用的关键因素；第二层是外围层，主要是增值服务，目的是让客户更好地发挥核心产品的功效，比如售前/售后服务、电话咨询服务等；第三层是外延层，主要是客户体验与感觉。中小企业最好靠外围产品和外延产品的差异化去吸引客户。产品定义完成之后，就要把样品做出来，接下来就要进行焦点小组测试，其中一个重要的测试参数就是客户第一眼看到这个产品时，有多少人感到惊讶。

产品定义中一项重要的工作就是定价，因为定价的背后是产品的定位。定价方法可以分成优质优价、优质同价、同质低价、低质低价四种，企业应根据自己的客户层次选择合适的定价方法。产品出来后通过什么渠道走向市场，也是在产品定义阶段必须完成的一项工作，即明确从厂家到客户需要经过哪些中间环节。最好能以关系图的形式表示，让人简洁明了地看清楚各个渠道之间的关系。

（5）建立营销制度

为了提高销售环节的效率和成功率，给目标客户留下良好的印象，企业应先做市场，再做销售，即先设计好产品的统一宣传语，明确产品的价值定位，给销售人员准备好宣传武器。统一宣传语从何而来？它基于产品概念和定义阶段完成的FAB分析。

有了一个好的产品，还需要做出精密的销售计划，要按照不同的销售渠道、不同的地域进行划分。销售指标分解到人以后，就要求每个销售人员制订销售计划。除此之外，还要考虑销售人员和渠道人员的培训，教会他们如何销售、与客户沟通，甚至如何"卖思想"，目的是提高销售人员的成功率，进而提升士气。

（6）做好财务分析

企业要根据销售指标确定未来一年的资源分配计划，落实人、财、物三方面的资源。指标高的部门配套资源就多，反之则少。管理层运用利益驱动的办法来激励员工是一条非常有效的途径。将人、财、物这些固定成本落实，剩下的就是运营费用等可变成本。有了销售指标、固定成本和可变成本的预算，一年的财务分析就出来了，衡量企业管理水平的运营利润也就可以算出，所有的参数都可以量化。

对于风险投资者来说，在审核一个创业项目时，最关心的问题是如何实现销量倍增，也就是关注这样的产品、商业模式是否存在倍增的机制。对于那些希望得到风险投资的创业项目来说，必须把产品和商业模式的倍增机制表达清楚。

（7）进行组织设计

仅有好的产品、商业模式和财务分析还不够，企业的组织设计也要合理，这是实现企业目标的组织保障。对于创业项目来说，一定要说清楚发起人和核心团队成员的优势，让投资者看后感到放心。此外，企业要向投资者展示未来的组织架构是怎么设计的，最好能用一张图来描述，同时还要把股权结构展示给投资者看。

对风险投资者来说，如何退出是优先考虑的一个问题，他们需要一种机制来得到收益，而不是作为长期的股东持有股份。凡是想通过吸引风险投资来发展的创业者，必须有思想准备：公司做大了就不是自己的了，要么上市成为公众公司，要么被其他企业收购。当然，为了防止投资者、发起人或其他创业股东过早退出，可以事先商定投资者退出的时间表和基本原则。

遵循上述七个步骤，企业就有可能设计出能提供独特价值、难以复制、脚踏实地的商业模式。

三、商业模式的选择与创新

除了前面提到的自己进行商业模式的设计外，还可采用借鉴或借鉴加模仿的方式选择商业模式。一是可以借鉴国内外已经成功的商业模式；二是借鉴原有的成功模式，根据创业者资源配置及行业特征加以改进和创新。

1. 成功商业模式的特征

长期从事商业模式研究和咨询的公司认为,成功的商业模式具有三个典型特征。

① 成功的商业模式要能提供独特价值。有时候这个独特的价值可能是新的思想,而更多的时候,它往往是产品和服务独特性的组合。这种组合要么可以向客户提供额外的价值,要么使得客户能用更低的价格获得同样的利益,或者用同样的价格获得更多的利益。

② 成功的商业模式是难以模仿的。企业通过确立自己的与众不同,如对客户的悉心照顾、无与伦比的实施能力等,来提高行业的进入门槛,从而保证利润来源不受侵犯。比如,直销模式(仅凭"直销"一点,还不能称其为一个商业模式),人人都知道其如何运作,也都知道戴尔公司是直销的标杆,但很难复制戴尔的模式,原因在于"直销"的背后,是一整套完整的、极难复制的资源和生产流程。

③ 成功的商业模式是脚踏实地的。企业要做到量入为出、收支平衡。这个看似不言而喻的道理,要想年复一年、日复一日地做到,却并不容易。现实当中的很多企业,不管是传统企业还是新型企业,对于自己的钱从何处赚来,为什么客户看中自己企业的产品和服务,有多少客户实际上不能为企业带来利润反而在侵蚀企业的收入等关键问题都不甚了解。

2. 有影响力的商业模式

前面提到,商业模式可以借鉴和模仿。大学生创业者通过对现有商业模式的解析,能够帮助他们尽快了解商业模式设计的精髓。下面我们从数十种商业模式中,选出了10种近些年有影响力的进行分析,供创业者参考。分析的关键点是该商业模式如何创新和赢利,价值链条如何形成(见表 4-2～表 4-11)。这 10 种商业模式的选择标准是:

① 借助新技术或整合了新资源。
② 开拓了新的盈利模式。
③ 模式具有可持续性,具有良好的业绩。
④ 模式给其他行业很好的启发,并带动各行业模仿和创新。

表 4-2 B2B 电子商务模式

解析点	内容
典型企业	慧聪网、环球资源、阿里巴巴、网盛科技
影响领域	网上交易
影响关键词	在线贸易、信用分析、商务平台
模式说明	阿里巴巴被誉为全球最大的网上贸易市场,不仅推动了中国商业信用的建立,也为广大的中小企业在激烈的国际竞争中带来更多的可能性。阿里巴巴汇聚了大量的市场供求信息,同时通过增值服务为会员提供了市场服务。特别值得一提的是"诚信通",由于能够协助用户了解客户的资信状况,因此对电子商务市场的诚信度的建立深有意义
示范效应	网盛科技于日前成为中国互联网第一股,顺利登陆国内 A 股市场,证明了资本市场对 B2B 电子商务模式的信心。其核心业务是其旗下运营的多家行业垂直类 B2B 网站,如中国化工网、全球化工网、中国纺织网、医药网、中国服装网等
面临的困扰	中国电子商务整体环境始终困扰着 B2B 电子商务模式的发展,信用管理问题也同样突出

表 4-3　娱乐经济新模式

解析点	内　　容
典型企业	湖南卫视"超级女声"、上海东方卫视"加油好男儿"、上海东方卫视"我行我秀"、北京电视台"红楼梦中人"
影响领域	娱乐文化
影响关键词	娱乐营销、整合营销、事件营销
模式说明	"超级女声"构筑了独特的价值链条和品牌内涵。从2004年起,"超级女声"通过全国海选的方式吸引能歌善舞、渴望创新的女孩子参赛,突破了原有电视节目单纯依靠收视率和广告赢利的商业模式,植入了网络投票、短信、声讯台电话投票等多个赢利点,并整合了大量媒体资源。这种调动消费者的情感与参与度的娱乐节目,在2005年达到空前高潮。赞助商、电信厂商和组织机构成为最大赢家。而在节目结束后,电视台所属的经纪公司又开始对超女进行系列的包装、运作,进行品牌延伸营销
示范效应	海选节目在中国遍地开花,各家电台和影视制作机构纷纷"克隆",比较成功的有上海东方卫视"加油好男儿"和北京电视台"红楼梦中人"
面临的困扰	如同所有的电视节目的规律一样,海选节目很容易进入瓶颈期。超级女声在2006年已不复2005年的风光。消费者喜好的转移和市场的千变万化,是这类商业模式的"死穴"。同时,"一枝独秀"也是这种模式的规律,虽然容易被复制,但复制者多难以超越首创者创造的奇迹

表 4-4　新直销模式

解析点	内　　容
典型企业	安利、雅芳、玫琳凯、天狮
影响领域	化妆品、日用消费品、保健营养品
影响关键词	多层次直销
模式说明	多层次人力直销网络是安利商业模式的根基,这张庞大的销售网上的每一个节点——安利的每一个直销员,都具备经销商和消费者的双重身份。1992年进入中国内地的安利并不是面向终端消费者、以产品消费价值招揽顾客的常规企业,而是面向小型投资主体——个人与家庭,招募他们为经销商,加入安利直销大军。中国《直销法》出台,处于敏感地带的安利尽管获得了中国政府的牌照,但也在调整新的业务模式,原来的经销商可以在"销售代表"和"服务网点"两个渠道间重新选定身份,而安利原有的经销商队伍将逐渐淡出。安利在逐步适应中国环境和改变经营方式的过程中,坚守住了中国市场
示范效应	直销模式被中国很多企业采用,如天狮集团的保健品直销
面临的困扰	政策约束和道德风险,是直销企业在中国发展的主要瓶颈。新出现的C2C电子商务网站产生新的冲击

表 4-5　国美模式

解析点	内　　容
典型企业	国美、苏宁、大中
影响领域	家电零售业
影响关键词	资本运作、专业连锁、低价取胜
模式说明	家电在中国是成长性较好的商品之一,低价连锁的销售模式深得消费者的青睐。国美依靠资金的高周转率,以惊人的速度扩张,国美电器在中国内地160多个城市拥有直营门店560多家,在香港和澳门的门店总数达到12家。国美的扩张速度是世界知名的家电连锁巨擘百思买公司的4倍,利润主要来自供应商的返利和通道费
示范效应	国美身后,以专业连锁与低价取胜见长的还有苏宁、永乐和大中等公司。
面临的困扰	规模急剧扩张的国美面对的却是盈利能力的下滑,和其竞争对手一样,低价之外还需要更多的精细化管理,而凭借供应商的应收账款维持高速运转,恐怕也不是长久之计

表 4-6　C2C 电子商务模式

解析点	内　　容
典型企业	淘宝网、Ebay 易趣网、当当网、卓越网
影响领域	网上个人交易、零售业
影响关键词	网上支付、安全交易、免费模式、特色营销
模式说明	淘宝网以连续数年免费的模式,将最大的竞争对手置于被动地位,并吸引了众多网上交易的爱好者到淘宝开店。淘宝网还打造了国内先进的网上支付平台支付宝,其实质是以支付宝为信用中介,在买家确认收到商品前,由支付宝替买卖双方暂时保管货款的一种增值服务。短时间内迅速占领 C2C 电子商务市场,淘宝网的多触角出击整合娱乐营销的商业模式功不可没。飞鸽传书是中国最大的分类门户,覆盖了全国 3000 多个城市,飞鸽传书将"分类信息发布"与"生活精准搜索"完美结合,更深层次地实现分类信息的免费发布与深度精准搜索交互结合,是一个有巨大潜力与前景的市场,成为互联时代的黄金分割点
示范效应	淘宝网的高速增长,使同行发现了中国 C2C 市场的巨大潜力,原本以 B2C 模式见长的网上书店当当网和被亚马逊收购的卓越网,也纷纷开起网上店中店,以求吸引更多的消费者,增加用户的黏性
面临的困扰	Ebay 易趣网被淘宝网的免费战略打败,说明中国的消费环境尚不成熟。以利润换取市场空间的方式在 C2C 启动初期是奏效的,但如何增加客户的黏性,并寻找到适合 C2C 的赢利方式,是淘宝等网站共同面临的问题。另外,网络支付的安全性也是一大挑战

表 4-7　分众模式

解析点	内　　容
典型企业	分众传媒
影响领域	户外广告、品牌传播、商务视频
影响关键词	视频营销新模式、客户闲暇利用
模式说明	其商业价值来源于让无聊等电梯的写字楼白领观看电梯口液晶屏广告,给广告主提供准确投递广告的新媒体。2005 年 7 月,户外液晶电视广告首创者分众登陆纳斯达克融资 1.72 亿美元,此后并购了公寓电梯广告商框架媒体和聚众传媒,打造了"分众户外生活圈媒体群"商业模式
示范效应	分众的出现,催生了一系列的跟进者:覆盖药店人群的健康传媒,覆盖铁路火车系统的光源传媒,还有覆盖厕所的亮角落传媒;甚至有人建议海尔也转型广告商——电视开机时跳出广告
面临的困扰	技术门槛低,竞争对手模仿容易;楼宇租金上涨,成本增加;广告牌位不可再生,市场成长性不高;客户习以为常后,效果差;微信、微博等新型社交工具产生冲击

表 4-8　虚拟经营模式

解析点	内　　容
典型企业	耐克、美特斯邦威
影响领域	服装业、零售业
影响关键词	虚拟经营、外包
模式说明	美国耐克公司是服装业虚拟经营的典范。耐克公司把精力主要放在设计上,具体生产则承包给劳动力成本低廉的国家和地区的厂家,以此降低生产成本。这种虚拟制造模式使耐克得以迅速在全球拓展市场,近年来,耐克试图转变既有的产品驱动型的商业模式,进而发展成为通过全球核心业务部门的品类管理,推动利润增长的以客户为中心的组织
示范效应	耐克公司的虚拟经营模式到了中国,得到了温州商人的追捧。早在 10 年前,美特斯邦威就不生产一件成衣,全部产品由全国的 200 多家 OEM 服装厂代工生产,销售则通过分散在全国的 1200 多家加盟店来完成。目前美特斯邦威已成为中国民营休闲服装的领军企业
面临的困扰	由于中国各地 OEM 厂商产能有限,供货商队伍过于庞大分散,引起了品牌企业的经营和管理成本上升,对民营企业的管理能力也提出了挑战。OEM 企业成长后,自创品牌产生竞争

表 4-9　经济型连锁酒店模式

解析点	内　容
典型企业	如家、锦江之星、格林豪泰、莫泰、七天、城市客栈等经济型酒店
影响领域	酒店、餐饮
影响关键词	酒店连锁、低价
模式说明	如家未必是中国经济型酒店的"第一人",却是迅速将连锁业态的模式运用于经济型酒店的革命者。由于快速地加盟、复制、扩张,如家快捷酒店及时占据了区位优势,在众多的同行业竞争者中率先赢得华尔街的青睐,于 2006 年成功登陆纳斯达克。在中国的一线商务城市,如家入住率接近 100%,定位在 150 元至 300 元之间的经济型客房,对中小企业商务人士、休闲及自助游客具有极大的吸引力
示范效应	如家的商业模式引发了复制的热潮,经济型连锁酒店概念在中国炙手可热,如家上市后仅半个月,位于广东的七天假日连锁酒店于 2006 年 11 月获得美国华平投资基金千万美元的投资。当前,在经济型连锁酒店领域,更加细分的市场已经形成,定位比如家略高或略低,或增加其他特色
面临的困扰	中国的不同城市差异巨大,如何在维持低成本运作的前提下,以相对统一的服务品质,保证在各个城市均获得成功,而众多的加盟店经营不善会严重影响品牌形象。蚂蚁短租等更经济的住宿模式会分流一部分客户

表 4-10　网络游戏模式

解析点	内　容
典型企业	盛大公司、网易、第九城市
影响领域	互联网、网络游戏
影响关键词	免费模式、互动娱乐
模式说明	盛大独自开创了在线游戏的商业模式。在 2005 年 12 月,盛大主动宣布转变商业模式,将自己创造的按时间收费的点卡收费模式,改为实施道具增值服务的计费模式。盛大希望以一种高效的运转模式发现和满足用户需求,延长游戏的生命期,并为公司的互动娱乐战略提供更持久的现金流。经历一段低迷期后,由于免费模式的推行,盛大的在线游戏的核心竞争力不断强化,收入得到了快速恢复和增长
示范效应	盛大游戏转型免费前,国内在线游戏还没流行免费,而现在越来越多的在线游戏运营商摒弃按时间扣点的单一收费模式。久游网也是一家摒弃了单纯按时间收费的模式,改为为用户提供一站式服务的网游公司
面临的困扰	无论收费还是免费,只有依靠好的游戏产品,才能在市场上长期立足

表 4-11　网络搜索模式

解析点	内　容
典型企业	百度、谷歌、雅虎及众多垂直搜索网站
影响领域	互联网搜索
影响关键词	竞价排名、网络广告、搜索营销
模式说明	搜索引擎已彻底改变了人们的生活方式,其中竞价排名是搜索最主要的收入来源。百度的收入对竞价排名的依赖程度很高,实质类似于做广告,即客户通过购买关键词搜索排名来推广自己的网页,并按点击量进行付费。由于网页左右两侧都包含有竞价排名的结果,搜索者很难清晰地辨别哪些搜索结果是付费的。谷歌的竞价排名商业模式有所不同,搜索结果显示的左侧是自然搜索排名,右侧为竞价排名,更好地照顾了用户的使用感受
示范效应	继谷歌、百度之后,竞价排名成为多数搜索引擎的赢利模式
面临的困扰	单一搜索门户所采用的竞价排名商业模式,很容易影响搜索结果的客观性,造成用户的忠诚度下降。百度已因此屡受质疑,而如何识别无效点击或欺骗性点击的技术,也是竞价排名搜索模式需要解决的问题。固价排名等其他搜索引擎的商业模式产生新的竞争。各专业搜索网靠搜索信息的定位准确获得新的成长空间,对此产生竞争

3. "互联网＋"商业模式

2015年,"互联网＋"成为最受追捧的概念,虽然仍饱受争议,但其对商业模式的革命性创新成了创业者们热议的话题。其中"互联网＋"的商业模式与前面介绍的10种商业模式有重合的部分,但由于其独特的创新价值,这里专门进行介绍。

"互联网＋",其中"＋"这个符号代表了互联网领域无限多的可能性,仅仅是用互联网传递信息这样单一的功能,显然已经不能满足人们寄予互联网的厚望,信息爆炸时代,互联网被赋予了更多附加值。

"互联网＋"是互联网融合传统商业并且将其改造成具备互联网属性的新商业模式的一个过程。它已经改造及影响了多个行业,当前大众耳熟能详的电子商务、互联网金融、在线旅游、在线影视、在线房产等行业都是"互联网＋"的杰作。这种模式是经历了时间考验的,已经有大量例证证明其可行性。目前,"互联网＋"正逐渐演变为"互联网＋360行"的商业模式,并且步伐仍在持续迈进,相信在信息化、数据化的社会,由政府牵头提倡并推广、督促社会各界执行,为互联网行业的发展带来了难得的机遇。

"互联网＋"商业模式的核心就是商业模式的互联网化,即利用互联网精神(平等、开放、协作、分享)配合移动互联网快速成长来颠覆和重构整个商业价值链。下面介绍几种典型的"互联网＋"商业模式。

(1) 工具＋社群＋商业模式

互联网的发展,使信息交流越来越便捷,志同道合的人更容易聚在一起,形成社群。同时互联网将散落在各地的星星点点的分散需求聚拢在一个平台上,形成新的共同的需求,并形成了规模,解决了重聚的价值。如今互联网正在催生新的商业模式即"工具＋社群＋电商/微商"的混合模式。比如微信最开始就是一个社交工具,先是通过各自工具属性/社交属性/价值内容的核心功能过滤到海量的目标用户,加入了朋友圈点赞与评论等社区功能,继而添加了微信支付、精选商品、电影票、手机话费充值等商业功能。为什么会出现这种情况?简单来说,工具如同一道锐利的刀锋,它能够满足用户的痛点需求,用来作流量的入口,但它无法有效沉淀粉丝用户;社群是关系属性,用来沉淀流量;商业是交易属性,用来变现流量价值。三者看上去是三张皮,但内在融合的逻辑是一体化的。

(2) 长尾型商业模式

长尾概念由克里斯·安德森提出,这个概念描述了媒体行业从面向大量用户销售少数拳头产品,到销售庞大数量的利基产品的转变,虽然每种利基产品相对而言只产生小额销售量。但利基产品销售总额可以与传统面向大量用户销售少数拳头产品的销售模式媲美。通过C2B实现大规模个性化定制,核心是"多款少量"。所以长尾模式需要低库存成本和强大的平台,并使得利基产品对于兴趣买家来说容易获得。例如ZARA。

(3) 跨界商业模式

不论做哪个行业,威胁最大的对手一定不在行业内,而是那些行业之外你看不到的竞争对手。马云曾经说过一句很任性的话:"如果银行不改变,那我们就改变银行。"于是余额宝就诞生了,余额宝推出半年规模就接近3000亿。小米做了手机,做了电视,做了农业，还要做汽车、智能家居。互联网为什么能够如此迅速地颠覆传统行业呢？互联网颠覆实质上就是利用高效率来整合低效率，对传统产业核心要素的再分配，也是生产关系的重构，并以此来提升整体系统效率。互联网企业通过减少中间环节，减少所有渠道不必要的损耗，减少产品从生产到进入用户手中所需要经历的环节来提高效率、降低成本。因此，对于互联网企业来说，只要抓住传统行业价值链条当中的低效或高利润环节，利用互联网工具和互联网思维，重新构建商业价值链就有机会获得成功。马化腾在企业内部讲话时说："互联网在跨界进入其他领域的时候，思考的都是如何才能够将原来传统行业链条的利益分配模式打破，把原来获取利益最多的一方干掉，这样才能够重新洗牌。反正这块市场原本就没有我的利益，因此让大家都赚钱也无所谓。"正是基于这样的思维，才诞生出新的经营和赢利模式以及新的公司。而身处传统行业的人士在进行互联网转型的时候，往往非常舍不得或不愿意放弃依靠垄断或信息不对称带来的既得利益。因此，他们往往想得更多的就是，仅仅把互联网当成一个工具，思考的是怎样提高组织效率、如何改善服务水平，希望获得更大利润。所以传统企业在转型过程中很容易受到资源、过程以及价值观的束缚。

（4）免费商业模式

互联网行业从来不打价格战，它们一上来就免费。传统企业向互联网转型，必须要深刻理解这个"免费"背后的商业逻辑的精髓到底是什么。"互联网＋"时代是一个"信息过剩"的时代，也是一个"注意力稀缺"的时代，怎样在"无限的信息"中获取"有限的注意力"，便成为"互联网＋"时代的核心命题。"注意力稀缺"导致众多互联网创业者们开始想尽办法去争夺注意力资源，而互联网产品最重要的就是流量，有了流量才能够以此为基础构建自己的商业模式，所以说互联网经济就是以吸引大众注意力为基础，去创造价值，然后转化成赢利。很多互联网企业都是以免费的好的产品吸引到很多用户，然后通过新的产品或服务给不同的用户，在此基础上再构建商业模式。比如360安全卫士、QQ用户等。互联网颠覆传统企业的常用打法就是在传统企业用来赚钱的领域免费，从而彻底把传统企业的客户群带走，继而转化成流量，然后再利用延伸价值链或增值服务来实现盈利。如果有一种商业模式既可以统摄未来的市场，也可以挤垮当前的市场，那就是免费的模式。

（5）O2O 商业模式

O2O 是 Online To Offline 的英文简称。O2O 狭义来理解就是线上交易、线下体验消费的商务模式，主要包括两种场景：一是线上到线下，用户在线上购买或预订服务，再到线下商户实地享受服务，目前这种类型比较多；二是线下到线上，用户通过线下实体店体验并选好商品，然后通过线上下单来购买商品。广义的 O2O 就是将互联网思维与传统产业相融合，未来 O2O 的发展将突破线上和线下的界限，实现线上线下、虚实之间的深度融合，其模式的核心是基于平等、开放、互动、迭代、共享等互联网思维，利用高效率、低成本的互联网信息技术，改造传统产业链中的低效率环节。1号店联合董事长于刚认为O2O的核心价值是充分利用线上与线下渠道各自的优势，让顾客实现全渠道购物。线上的价值就是方便、随时随地，品类丰富，不受时间、空间和货架的限制。线下的价值在于商品看得见、摸得着，且即时可得。从这个角度看，O2O应该把两个渠道的价值和优势无缝对接起来，让顾客觉得每个渠道都有价值。

（6）平台商业模式

互联网的世界是无边界的，市场是全国乃至全球。平台型商业模式的核心是打造足够大的平台，产品更为多元化和多样化，更加重视用户体验和产品的闭环设计。张瑞敏对平台型企业的理解就是利用互联网平台，企业可以放大，原因有：第一，这个平台是开放的，可以整合全球的各种资源；第二，这个平台可以让所有的用户参与进来，实现企业和用户之间的零距离。在互联网时代，用户的需求变化越来越快，越来越难以捉摸，单靠企业自身所拥有的资源、人才和能力很难快速满足用户的个性化需求，这就要求打开企业的边界，建立一个更大的商业生态网络来满足用户的个性化需求。通过平台以最快的速度汇聚资源，满足用户多元化的个性化需求。所以平台模式的精髓，在于打造一个多方共赢互利的生态圈。但是对于传统企业而言，不要轻易尝试做平台，尤其是中小企业不应该一味地追求大而全、做大平台，而是应该集中自己的优势资源，发现自身产品或服务的独特性，瞄住精准的目标用户，发掘出用户的痛点，设计出针对用户痛点的极致产品，围绕产品打造核心用户群，并以此为据点快速打造一个品牌。

在创新商业模式的过程中，一定要注意防范法律风险。这往往是大学生创业者经常不太顾忌的地方。比如当前非常流行的"专车服务"，在满足市场高品质、多样性、差异性消费需求，推动市场资源的优化配置以及缓解出行难等方面具有一定的积极作用，但从法律上来看，专车服务可能会损害市场交易公平以及市场秩序，而且还可能会使乘客的人身、财产存在一定的安全隐患和法律上的风险。再比如"上门洗车服务"不仅给车主洗车提供了更加便利的服务，成本也大幅降低，但从法律上来讲，由于不专业可能会对车辆带来损伤，由于用水没有使用工业水或者废水没有回收也会触犯洗车行业相关管理规定。这些问题一方面需要注意回避，另一方面需要督促相关部门针对商业模式创新带来的新问题制定新的管理规定。

第五章 创业项目的选择

创业不是简单的乌托邦式的理想加信念,也不能光凭一腔热血和美好梦想就能顺利到达胜利彼岸。个人创业,更多的是要通过科学的前期规划、多角度观察、理性分析、有效的资源分析与整合、成熟高效的运作技能、良好的商业心态等这些重要的必不可少的环节与因素作为支撑,才可能保障创业的稳健起步和成功。

许多人创业都不知道选择什么项目经营,常常咨询于亲朋好友、同事、咨询专家、创业培训机构。而得到的回答往往让创业者很失望:"在这里我们不会也不能直接给你推荐项目,而会教你一整套选择和评估项目的思路,我们希望靠你们自己选择适合自己的项目!"

在为数众多的创业者中,因选准项目而占尽先机、步步为营,最后事业有成者大有人在;因急于创业而仓促选项,导致功败垂成、一无所获者也不乏其例。选择决定成败,所以在创业项目选择中,创业者一定要慎之又慎。

据统计,90%的人曾经有过创业冲动,其中60%的付诸实施,但这些人中仅有10%获得成功。那么,为什么会有这么多人折戟沉沙?根据调查,发现98%的创业失败是因为没有选准合适的项目。此外该调查还显示:80%的创业者在创业前期都感到确定创业项目"十分头疼"、"很难抉择";在创业失败的案例中,有60%的人觉得是"创业项目不对"或"创业项目选择失误";而在成功创业的人群中,70%的人认为"良好的创业项目成就事业"。

第一节 创业项目的选择方法

由于自身资源的缺乏,大学生创业初期往往需要吸引外部投资作为创业启动的资金支持,而能否吸引投资或者吸引资金的多少以及最终能否取得创业成功,很大程度上取决于创业项目的选择。因此,创业者在项目的选择上一定要科学合理、细致全面、小心谨慎。具体而言，选择创业项目还应遵循以下原则。

① 适合自己的才是最好的。俗话说："隔行如隔山"。大学生在选择创业项目的时候，要尽量选择与自己的专业、经验、兴趣、特长相符合的创业项目。俗话说，兴趣是最好的老师，只要你对某项事情感兴趣一般都容易做到事半功倍。比如你特别喜欢也擅长写作，也许组建文化工作室就会成为你的创业机会，你的项目就是组建工作室。假如有另外一个项目，可以挣到更多的钱，但需要你经常出差，你又对在外奔波非常厌烦，那么你肯定做不好。创业项目选择自己熟悉或者热爱的行业，也有利于大学生在创业之路上坚持下去。

② 充分考虑市场因素。创业者需要具备一定的市场洞察能力，在确定创业项目之前，创业者要考察当地市场，了解市场的特征与需求。有些产品虽然需求大，但成本高、利润低、资金运行周期长，不利于资本的积累；有些项目虽然市场容量大，但可能已经饱和或者已经处于产品生命的衰退期等，这些都需要创业者进行判断。

③ 认真分析、科学取舍。创业项目本身是否科学也是创业成功的关键。在这个信息充斥的时代，许多创业者都是根据信息来选择项目的，但创业者不能人云亦云，对信息一定要进行分析研究，进行科学取舍，没有经实地考察和对现有的经营情况进行了解，不要轻易投资。

创业项目的选择是一种学问。由于大学生没有工作经验，选择创业项目应尽量与自己所学的专业挂钩，比如学电脑硬件的大学毕业生创业项目适合选择开电脑维修部，学电子商务的毕业后适合开一家网店（如在淘宝网开网店），而学机械的可以尝试搞一家机械加工厂，学电子的可以经营一家电子配件零售店等。

很多人都想创业，但为什么那么多人失败？你想在市场竞争中取胜而生存下来，唯一的条件就是你要具备同行所不具备的优势，而这个优势正是市场所需要的。很多大学生创业是以技术能力作为筹码，而容易忽略市场的因素，其实有时市场因素比技术来得更重要，你的技术实现得再好，但市场反响不好或根本就不需要，那么你的技术是一文都不值的。下面是一个有意思的故事。

传说在很久以前，有一个村子，村子的人非常贫穷。有一个农民有三个儿子，也过着饥一顿饱一顿的日子。渐渐孩子们长大了，农民就将三个儿子都送出去，让他们去外面学艺，希望他们能够通过自己的努力改变贫穷的命运。三年后，三个儿子学成归来，大儿子学的是骑射，拥有娴熟的控马技术，射箭精准，弹无虚发；二儿子学会了兵法，精通排兵布阵，运筹帷幄；而三儿子更了不起，学会了杀龙的本领，据说了解龙的习性和弱点，能轻易将龙斩杀。最后，大儿子在战场屡建奇功，成了令人胆寒的将军；二儿子辅佐元帅，出谋划策，成了著名的军师；三儿子呢，由于根本就没有龙，所以他的本领一直没有发挥，最后只能呆在那个小村庄里，跟着他的父亲继续过苦日子。

这个故事的含义是：创业的人不仅要关心技术，更要关心市场需求，技术是为市场服务的。学习有市场需求的技术或者为自己的技术找到市场需求，这样大学生靠技术创业才可能成功。

一、选项目就是"找对象"

创业的感觉可以同初恋相比，选择项目的重要性可以同找对象相比。任何项目的本身，有一个怀胎、孕育、出生、发育的过程，这是一个自然的过程。创业者对一个具体项目，有一个认识、理解、通透、把握的过程，这是一个必然的过程。由此决定了创业的过程是人与项目长期相互融合的过程，也决定了选择项目必须立足长远。

选择创业项目时，大学生起步可先避开较复杂的项目，从简单易操作的项目开始。由于项目简单，可很快把项目搭建起来，通过在实践中对知识和技能的应用，发现问题，及时改进，不断积累，逐渐成长。

选择项目时要考虑到可持续发展，同时需要考虑有一定的技术含量，一定的技术含量可避免因低门槛而形成的过度竞争。

案例 5-1 一间小咖啡屋的成长

余涛，是西北一所农业大学环境专业毕业生，在上学期间他一直很努力，取得了优秀的成绩，毕业后顺利进入了北京一家从事环境测评的单位工作。在很多人看来，他很幸运，一毕业就在北京找到了工作，而且与专业对口。工作的难度与压力不大，有较多的休闲时间。但仅仅工作了一年，小余就觉得没有了工作激情，因为单位的很多事情都是按部就班，没有一点新意；人际关系还相对复杂，同事之间缺少和谐的气氛。

后来的一件事情，促成他做出了令人不解的决定——辞职。小余在学校时就有一个梦想，想开一家自己的咖啡馆，可以自己制作、品尝咖啡，也可与三五好友分享，大家在一种轻松的氛围里交流思想、畅谈人生。工作后小余在单位附近发现有一家小店转让，他考察了一下周边的情况，觉得可以改造成一家小咖啡馆，就立刻与原店主联系，盘下了店面。简单装修后，就成了一间很有特点的小小咖啡馆，他雇了一个有一定经验的人照看，自己做起了兼职。然后不久，单位知道了这件事，几个领导找他谈话，这让他觉得很不舒服，因为他觉得自己没有耽误工作，只是根据自己的兴趣，做了一件自己喜爱的事情。最后，他决定辞职，专心经营咖啡店。

店面的租金不算高，但店面很小，赢利空间不大，事实上，在咖啡店的收益比他之前的收入还要低。不过，小余很开心，因为他正在做自己特别喜欢的事情。他按照自己的想法对店面重新进行布置，增加了许多小的新奇的摆设和极具亲和力的服务。渐渐地生意好起来，而且形成了一些稳定的客户，主要以年轻人为主，这些客户将这个小店作为一个交流聚会的场所。小余也是一个爱交际的人，很快，他与这些不同行业圈子的人成了朋友。

这些朋友们的聚会经常会碰撞出一些商业的火花，有些跟小余出主意，有些跟小余谈合作。时间不久，小余就确定了自己经营放心食品的项目方向，因为大家都认为，现在食品安全特别受到关注，尤其是一些经济状况好的人群，他们希望找到很放心、更安全的食品来源，价格因素反而不是最重要的。很快，小余在朋友的帮助下，确定具体的经营品种，与朋友一起注册了公司。

年轻人非常热衷于新媒体的应用，当小余的放心食品公司成立后，得到了这些年轻朋友的支持。他们经常通过微博、微信等工具对这个项目进行介绍，起到了很好的宣传作用。于是小余又开了微店，利用微信公众号进行商品的订购，形成了线上线下互动。这种方式，也是小余特别喜欢的方式，因此他又在其中投入了极大的热情。现在微店的销售状况比店面的情况还要好，几个朋友又准备针对高端客户，开一家以有机食品为食材的餐厅。

小余的创业过程，虽然开始有点被动，但他还是从自己最喜爱的方向上找到了创业机会，而且找对了对象，创业激情很高，现在正不断扩大自己的经营范围。

二、选项目就是选自己

选择项目需要四个字："知己知彼"。知己，就是清醒地审视自己：优势、强项、兴趣、知识积累与结构、性格与心理特征等。知彼，是对社会未来发展趋势的认识，了解稳定的、恒久的、潜在的市场需要。

前面已谈到，选择项目要从自己已具备的特长、专业、经验较强的方面进行创业，但也不可一味地只考虑特长，只考虑特长则容易造成对整体思考的片面性，比如忽视市场饱和度、资金需求量、各项成本开支等，事实上，是要根据自身情况，选择适合自己的才会有机会。

案例 5-2 不能忘记自己缺少什么？

郑州某大学2007届毕业生肖玉轩曾参加了市政府举行的全市落实创业政策恳谈会。在会上，针对大学生就业难的问题，许多学生谈到，在最后一学期，他们参加了一场又一场的招聘会，但一次又一次的失望而归，学生们觉得在海量的招聘信息里找到一个适合自己的企业很难。但企业代表却认为，虽然也是多次参加招聘会，但却总不能发现合适的人。而且，因为缺乏对学生的了解，仅通过一次招聘会或一次简单面试签订用人协议，事后经常发现招聘来的员工并不适合这份工作，为此浪费了大量人力物力。

参会的肖玉轩当时就提出想建立一个大学生求职网站的想法，他说，在这个网站中，他将为企业和大学生搭建起一个长期稳定的接触平台，只要大学生和企业登录注册，双方就可以通过这个平台相互了解，企业甚至可以跟踪大学生在校期间的各方面表现，决定毕业时是否录用。这个想法一提出就得到了市领导的赞赏和支持。

接下来的几个月，肖玉轩开始了广泛的市场调研。他与20多家企业的人力资源管理部门负责人沟通交流，他介绍的网站特色服务内容得到大多数人的肯定。于是肖玉轩踌躇满志，用两到三年的时间向外界推广网站，吸纳大学生和企业登录，并向企业收取一部分会员费。三年后，当点击量达到一定程度，可以通过吸引广告来盈利，而后继续完善网站服务内容，推出升级服务。

在这个美好的愿景下，肖玉轩非常努力，迅速完善了先前酝酿许久的创业计划书。但在他的创业计划书里有一项，他一直没有直接面对，就是他自己不会编程，而且作为一个文科专业的学生，一时也没有找到合适的专业开发人员。在几个月后，他只好暂时放弃了这个创业计划。

虽然肖玉轩找到了很好的创业项目，得到了用户的认可，得到了相关领导的支持，但因为自身条件的缺乏，这个项目只好暂时搁置了。

三、选项目要花工夫

有一个人，当过一周时间的世界首富，他就是软银公司的孙正义。他大学毕业后从美国回到日本，选出了 50 个创业目标，用一年时间逐个进行考察，写出了几尺厚的资料，最后选择了做软件。既然选择目标事关人生，就不可随随便便，必须要经过一个充分的论证过程。在这个过程中，要舍得花时间、花力气，要能够静下心，认真调查研究，寻找事实根据。

韩晓玲等在《大学生创业选择项目是最大难点》一文中这样描述："2015 年，学生记者对 4 所高校的 300 名在校生或毕业生展开问卷调查，结果显示，267 人有过创业经历或创业想法；但在他们之中，近八成认为选择创业项目'十分艰难、迷茫'。"可见项目不是拍拍脑袋就可以找到的，需要真正花工夫去观察、研究。

案例 5-3　安全剃须刀的发明

1895 年的一天，金·坎普·吉列走进一家理发店，在理发的过程中，他与理发师交流，谈起当时用的长形剃刀容易弄伤脸的问题。当他讲到自己上一次刮胡须，就刮出了血时，理发师感叹，要是有一种安全剃须刀就好了！干了 24 年推销工作的吉列立刻意识到了其中的商机。他想，全世界有差不多一半的人用剃须刀，如果发明一种新式的安全剃须刀，肯定有销路。

他决心自己去干，吉列一头扎进实验室。吉列磨好刀片后，先在自己脸上试，而后在兄弟、朋友的脸上试，大家的脸上都留下了布满刀口的光秃秃的下巴。之后的很长时间里，他一直在尝试，经历了无数痛苦的失败。

后来，在发明家尼克松的鼓励和帮助下，吉列才制成了一种"T"字形的剃须刀。这种剃须刀的刀刃很薄、很锋利，但在刮胡须时，它能随着接触面变换角度，因而不会伤人。

1901 年，吉列为自己发明的安全剃须刀申请了专利，同时开了世界上第一家经营这种剃须刀的公司。在 1903 年，他又创造了可以更换刀片的安全剃须刀，从此吉列的剃须刀风靡全世界。他获得了成功，今天的 Gillette 已经是一家市值 400 亿美元的跨国企业。

吉列注意到了顾客在剃须时的不便，发现了商机。但真正形成有效的项目，他还是用无数次的试验与尝试，才找到了解决剃须安全性和更换便利性的方法。

四、选项目要做充分的市场调查

市场调查这个要求，在前面的多个章节中都提到了，不论是决定是否创业，还是决定创业后选企业形式、选商业模式等都多次提出要做市场调查的要求。这是因为，创业活动往往是一种商业活动，商业活动的本质就是要满足市场需求，这是永恒的，因此市场调查贯穿于整个商业活动的各个环节中。下面是一个典型的缺乏市场调查就盲目进行创业结果失败的例子。

案例 5-4 水果店的关张

大四学生刘勇一直的梦想就是创业。上学期间他就发现学校门口的水果店生意一直不错，他大一时那家水果店只卖几个简单品种的水果，条件非常简陋，经过 3 年时间，到他大四时，那家水果店已经经过装修变成一家出售中高档水果的精品店。他认为水果生意一定很赚钱，也很想开一家水果店。正巧到他毕业这年，他自己家附近一个店面要转租，而平时街上也是人来人往的，他同家人一商量，干脆就将店面租了下来卖水果。

但最后，经营一段时间才发现，卖水果的利润远没有他想象得高，而利润的绝大部分却都要用于支付房租，每天十几个小时的经营所得还不如自己去打工一个月的收入。半年后，刘勇很不甘心地关掉了他的水果店。

许多企业大型项目在上马前都要经过周密的市场调查，根据市场调查的可行性报告，企业会对自己产品、市场、销售、人力资源结构等进行定位或者商家对自己的经营面积、品种、人员进行规划。虽然项目不同，调查内容也不一样，但肯定会做市场调查，有时会请第三方的专业公司来进行系统的市场调查，并出具调查报告，但其价格往往令早期的创业者望而却步。而大学生创业要做好市场调查，更多只能靠自己。

一般来讲，获取信息的方法有两种。第一种是随机获取信息，很多情况下，你不一定有获取信息的明确目标或具体计划。很多有价值的信息是在你不经意的时候发现的。作为一个希望创业的人，读报、看电视的新闻节目、观光旅游、漫步、与人闲谈，时时处处都能发现有价值的信息。第二种获取信息的方法是带有明确的目的性、有具体的计划、运用一定的手段去获取信息，这就是市场调查。

市场调查的主要内容包括：经营环境调查，如政策、法律环境调查；行业环境调查，即调查你打算从事的行业，行业的发展状况、发展趋势、行业规则及行业管理措施，如希望从事餐饮行业，就要了解当地餐饮行业的内外环境、经营状况等。

如果你要生产或经销某一种或某一系列产品，就要对这一产品的市场需求进行调查，通过市场调查，对产品进行市场定位，了解产品的需求程度、市场占有率等。市场需求调查的另一项重要内容是市场需求趋势调查，了解市场对某种产品或服务项目的长期需求态势，了解该产品或服务项目是逐渐被人们认同和接受、需求前景广阔，还是逐渐被人们淘汰、需求萎缩。

市场调查还包括对顾客情况调查，顾客情况调查包括两个方面的内容：一是顾客需求调查，例如购买某种产品或服务的顾客大都是些什么人，他们希望从中得到哪方面的满足和需求（如效用、心理满足、技术、价格、交货期、安全感等），当前已经有哪些产品或服务能够较好地满足他们这方面的需求等；二是顾客分类调查，主要了解目标顾客对某种产品或服务的需求程度、购买习惯等。

市场调查还需要对竞争对手进行调查，了解竞争对手的情况，包括竞争对手的数量与规模、分布与构成、竞争对手的优缺点及营销策略，做到心中有数，才能在激烈的市场竞争中占据有利位置，有的放矢地采取一些竞争策略。

常见的市场调查方法一般有两种：一是按调查范围不同，分为市场普查、抽样调查和典型调查三种。市场普查，是对市场进行一次性全面调查，这种调查量大、面广、费用高、周期长、难度大，但调查结果全面、真实、可靠。抽样调查，是根据对部分群体进行调查由此推断整体的调查。如在对小学生学校用品进行市场调查，可选择一两个小学的一两个班级进行调查，从而推断小学生群体对该产品的市场需求情况。典型调查，是从调查对象的总体中挑选一些典型个体进行调查分析，据此推算出总体的一般情况。如对竞争对手进行调查，可从众多的竞争对手中选出一两个典型代表，深入研究，剖析它的内在运行机制和经营管理优缺点等，由此推断竞争对手总体情况。二是按调查方式不同，分为访问法、观察法和试销或试营法。访问法是事先拟定调查项目，通过面谈、信访、电话等方式向被调查者提出询问，以获取所需要的调查资料，这种调查简单易行。观察法是调查人员亲临顾客购物现场，直接观察和记录顾客的类别、购买动机和特点、消费方式和习惯、商家的价格与服务水平、经营策略和手段等，这样取得的一手资料更真实可靠。

市场调查问卷设计要点，首先要明确调查目的和内容，问卷设计应该以此为基础。为什么要做调查？需要调查哪些内容？市场调查是为决策部门提供参考依据，制订阶段性策略，所以问卷的设计必须对调查目的有一个清楚的认知，并且在调查计划书中进行具体的细化以作为问卷设计的指导。其次要明确问卷针对的人群。在问卷的题目选择和言语措辞上要得当、要综合考虑各种因素，还必须在设计问卷时充分考虑后续耗时耗力的数据录入、统计和分析工作，使其易于操作。再次是问题数量合理化、逻辑化、规范化。由于时间和配合度的关系，人们往往不愿意接受一份繁杂冗长的问卷。而且在问题设计的时候也要注意逻辑性的问题，不能产生矛盾的现象，并且应该尽量避免假设性问题，保证调查的真实性。最后要注意的是问卷的卷首最好要有说明，如调查的目的等内容，如有涉及个人资料，应该有隐私保护说明。

五、选项目要有特色

选择的项目一定要有"根"。就是项目生命的根子、生存的权利、活下去的条件。可以表示成四句话：别人没有的；先于他人发现的；与人不同的；强人之处的。

"别人没有的"，可以是某种资源与某种特定需要的联系，可以是某种公认资源的新商业价值。一个走亲戚的人发现附近的山上有白色的土，可以制作陶器，他进一步了解到附近有铁路。于是他买下这块下面有陶土的地，卖起陶土来，他利用陶土这种特定资源与能产生流通的火车运输条件实现了一种商业行为。

"强人之处的"，是指一个项目中不论哪个方面，哪怕是一点，高人一筹、优人一档。比方说成本，谁能想到"世界500强"排名第一的是一家叫沃尔玛的零售企业。它能够把管理费用控制在销售额的2%。据说，他们总部的办公室像卡车终点站的司机休息室，可见他们为降低成本而做出的努力。

老子曾说："我有三宝，一曰慈，二曰善，三曰不敢为天下先。"此语深蕴中庸之道，内化为很多人的处世哲学。但就创业而言，创业者是需要一些敢为天下先的勇气的，因为创业本身就是一项创新活动，而市场又要求创业者能够抢占先机、出奇制胜。

我们很难想象，一个陈旧俗套、立意平平的创业项目如何能够获得投资者的青睐或者在激烈的市场竞争中站稳脚跟。

案例 5-5　简易电子琴的特色

师范学校毕业的丁敬芝在小学进行实习的时候发现，许多中小学及幼儿园教师急需一种便于操作和维修的教学用电子琴，要求音色优于老式风琴，但功能又得多。一直想创业的她，就在学校进行了专门的调查。

她发现，中小学和幼儿园的音乐教师在购买电子琴时，除了关心音色和质量外，对价格很敏感，因为老师们觉得，这只是教学使用，相对来说要求简单，价格太贵不划算，而且学校的财务条件也有一定的约束。而当时市场上已有的电子琴，在功能、音色方面都很好，但价格普遍高，因而销路不是很好。于是丁敬芝觉得自己发现了一个创业项目，做价格低廉的电子琴。怎么才能价格低廉呢？她做了以下考虑：将电子琴结构和功能设计得尽可能简单，但至少要有一个风琴音色和一个欣赏音色，质量要有保证，必须能够满足基本的教学要求。她与家人商量，决定大学毕业后自己创业，在家人的帮助下，注册了个人独资企业，聘请了一个专业的电子琴设计师，并与一家电子仪器企业谈好了代工的条件。

起初设计师和代工企业都不太理解，这样的产品买给谁呢？她说你们只需要按我的要求去做就行了。事实上，她所设计的电子琴有两个最突出的特色：价格便宜、携带方便，这恰好满足了授课老师的需要。当产品快上市时，她专门组织媒体和推广人员对上述的特色进行强行强化宣传，产品很快打开市场，销售直线上升。

通过以上小丁的创业案例可以看出，创业项目的特色，决定了产品在市场竞争中的优势，这些优势不会自动地在市场上显示出来，要使这些优势发挥作用，影响客户的购买决策，需要以产品特色为基础树立鲜明的市场形象。

六、选项目要有清晰的步骤

选择项目有要科学的步骤，才能保证不出现疏漏或犯方向性错误，有时可以借助思维导图等工具来完成。下面是一般性的 4 个步骤。

① 排除一大片。知道什么事情是不可以做的。要通过判断了解哪些项目是没有机会或潜力的，首先排除出去。打个比方，有个地方有 100 户人家，每家有 1 元钱，你有很大本事，把所有人家的所有的钱都赚来了才 100 元；还有个地方有 100 户人家，每家有 10000 元，你本事不大，只能把十分之一人家的十分之一的钱赚来，但却是 10000元。当然这个例子太简单了，实际的排除过程会很复杂。

② 划出一个圈。知道哪些事情是能长期做的。把社会恒久需要的、已初露端倪的大趋势划进来。古语云，王者伐道，智者伐交，武者供谋，这其中所说的"道"，就是王道，是指大势，必然的趋势，凡事顺势而为，自然容易成功，商业环境尤其讲究顺势。因此将顺应大势的项目圈出来，寻找项目就会容易。例如，曾经因为环境保护要求引发的治理江河污染行动，导致许多中小造纸厂倒闭，产生纸制品的供应出现不平衡，腾出了一块市场机会。如果用再生纸做资源去填补，会怎么样呢？

③ 列出一个顺序。把可能做的项目按可行的程度排列起来。回头看看过去的 20 年中，做强、做久的企业生存在哪些行业，很大程度上能够证实行业与发展的联系。比如房地产、医药、保健品、证券、建材、装修、交通、教育、通信等。那么就把大的范围圈定在这里，选出若干项。

④ 切入一个点。成就事业的公认法则是集中和持续在已经缩小的范围内。可做的事仍然很多，这时，比较优势的道理是很有用的。认真地审视自己的强项、优势、兴趣何在，可能同时有几个，但要判断与他人比较哪个优势是最有利的。另外机会成本的概念也是有用的参考。同样多的时间，同样的付出，哪个能力所对应的事业会有更大的前景收益，比较后优势就会凸显出来。比如大学生所拥有的技术与创意。

第二节　创业项目的选择因素

一、个人兴趣爱好与特长

个人的兴趣爱好天生就有，但也可以在后天进行培养。大学生在校期间，学校的社团就是培养学生各种兴趣爱好的最佳场所。大一、大二学生的课程相对较少，有较充裕的课余时间可以支配，而且多数学生是第一次长时间离开自己成长的家庭，开始学习独立面对人生。在这期间的大学生容易不知所措，不知如何安排自己的业余时间，学生社团、各种活动能够起到良好的指导作用。在社团里大学生不仅可以结识新朋友，还能学习很多新知识，扩展自己的爱好并加深自己的特长。

大学生应有选择地参加各种活动，在活动中锻炼自己的能力，提高自己的沟通能力、协作能力、判断能力、抗压能力、解决问题的能力等各方面的综合实力。同时还应积极参加各种社会实践。大学生在就业前接触社会的机会不多，在创业时却需要直接接受社会的选择和挑战，因此社会实践成为大学生在校期间了解社会的一个窗口，对未来希望创业的大学生而言，这是一个很好锻炼和学习机会。

兴趣和爱好这两个概念是有区别的，爱好可以很广泛，而兴趣是指对某一事发生了更深一层次了解、探索等的需求。如有些人喜欢去旅游，他们利用大量的假期跟团到各地风景区，然后是一通狂拍或疯狂自拍，旅游结束他们却对旅游地的人文地理知之甚少，这样的人只能称为旅游爱好者，而非兴趣。还有一种爱好旅游的人，他们在选择旅游目的地时就不会随大流，他们会选择自己真正感兴趣的地方，去之前会看书或上网了解当地的地理、人文或历史，然后安排最适合到当地旅游的时间出发。这样的过程就是因兴趣而为之，更觉其乐无穷。大学生爱好不妨多一些，兴趣也要多样化，但不能太滥，要在自己众多的爱好中培养兴趣，再对兴趣进行筛选、集中到一两个主要兴趣上，这样的兴趣会坚持下去，让你成为这方面的行家、专家，成为你的特长。在自己很在行的方面进行创业，相对而言成功的几率就大得多。

常言道，物以类聚，人以群分。志趣相投的人很容易成为好朋友，这样的朋友经常相互影响。好友的兴趣很可能会变成你的兴趣。大学生要注重培养自己多样的兴趣和爱好，多交一些兴趣爱好广的人做朋友，无形中相互感染，而且好友一起创业的也比比皆是。

二、对拟定项目的熟悉程度

俗话说，隔行如隔山。创业者应该在自己熟悉的行业里选择创业项目，才能提高创业成功的几率。从庖丁解牛之"恢恢乎其游刃有余"到卖油翁之"我亦无他，唯手熟尔"，大量的经验无不说明熟能生巧的道理。选择创业项目，也要深入了解、熟悉项目本身以及项目所在的行业状况，唯有如此，才能像阿里巴巴的"芝麻开门"一样，轻松打开财富之门。

人人都有自己的优势和长项，要在自己的长项上下工夫，常言道，术业有专攻。在你知识、技术、专长上能容易发挥自己的优势，选择自己熟悉的行业，创业就成功一半了，因为这与创业者的特长相匹配。我们常常看见有的公司在招聘高薪人才的广告里，招聘条件所列的都是该行业的"高手"，一般都要求具备该行业的资深从业经验，有自己的渠道，有自己的资源。如有一家计算机行业公司招聘"软件研发总工程师"，招聘条件是具备软件研发相关工作经验；有大型软件开发、产品规划的经验；有搭建或优化大型系统的经验；熟悉主流软件编程技术和软件框架，具有C++或者C#资深开发经历；熟悉SQL SERVER数据库开发和数据库优化等技术。这样的招聘无处不在，这些条件无一不是对"熟手"的要求。创业是比就业更困难的选择，作为一名想创业的大学生，在选择项目时不仅要注意挑选自己感兴趣的项目，更要注意了解自己在这方面是否熟悉或擅长。

如果从事自己不熟悉的行业，当遇到产品没有用户、销售困难、资金周转不足或始料未及的各种复杂情况，这时要么自己去学习，要么去招聘一个熟悉该行业的经理人。自己去学习，需要时间。招聘经理人，如果自己不熟悉该行业，恐怕连判断这个应聘者是不是合格都很难。可想而知，在自己不熟悉的领域创业或发展会多么的不容易。

三、对市场的了解程度

机会无处不在，谁能看准市场机会谁就能创造商机。创业项目能否成功，与你对市场的了解程度有密切的关系。

对市场的了解是指创业者在充分市场调研的基础上，对创业所进入的细分市场进行分析、归纳的信息集合。通常包括以下几个方面。

1. 对市场定位的了解

创业者首先要明确所选择的市场是一个传统市场还是新兴市场，如果是传统市场，通常会有成熟的经营模式和商业逻辑，需要创业者去做的往往是更加精细化的经营或服务，比如开一个小卖铺。如果是新兴市场，就需要探索新的商业模式和营销策略，比如进入新兴的电子商务相关业务。

其次，还要对所进入市场的行业特征有较明晰的了解。是从事加工业，还是服务业，是做旅游，还是做软件，等等，每个行业都有其内在的运行规律，这都需要了解。

2. 对市场的竞争程度和赢利水平的了解

首先要了解市场的竞争到了什么程度，还有多大的市场空间。哪些是市场机会，创业者选择的是产业的上游还是下游，或者是进入生产环节，还是销售、服务环节。这些因素都会影响创业者的经营决策。

其次，一定要了解市场的赢利水平，是微利行业，还是有较大的利润空间，风险有多大。创业者需要根据可能的赢利水平确定企业的规模、经营地点、人力物力财力的投入等。

3. 对市场发展趋势的了解

创业者不仅需要对现有市场的经营状况有了解，还需要对市场的发展趋势做出预判，这样才能有更合理的产品或服务选择，做出更合理的投入策略。对所进入的行业，今后将向哪个方面转变，有什么新的商业模式，创业者要有清醒的认识。比如现在移动互联网的迅猛发展，对传统行业的冲击是颠覆性的，如何在传统或新兴行业谋得一席之地，甚至发展壮大，只有对市场的非常深刻的了解，才能做出正确判断。

四、能够承受的风险

明枪易躲，暗箭难防。整个创业过程中，风险无处不在，许多不可控制的因素都可能成为创业路上的绊脚石从而让创业者人仰马翻。创业本身就是一项"探险"活动，这就好比在一条陌生的路上行走，你永远不知道哪里有荆棘、哪里有陷阱，而这些往往都是致命的。创业者把资金投入进去，谁也无法保证一定能够成功、一定能够赚钱、一定能够长盛不衰。因此，在选择创业项目之前，无论创业者对项目有多大把握，都必须考虑"未来最大的风险可能是什么？""最坏的情况发生时，我能不能承受"等问题，如果答案是肯定的，那么只要项目的预期回报符合你的预期目标，就可以进行投资。

创业风险是由多种因素构成的，创业环境也常会发生意想不到的改变。如一个创业者刚租赁了一间临街铺面准备开一个小面馆，一切就绪，开张才几天营业额就稳中有升，正在暗自庆幸，心里还想着前任老板没有眼光，将这样一个好口岸出让出来。可没过几天就发现马路被半封闭起来，因为市政规划要在路面下铺设各种管道，需要占道施工，蓝色隔板将街道一围，客流量降到冰点。创业者购买的各种餐饮设备、整改的装修费用以及请的大师傅的工资等要一一结算。也许半年后才能正常营业，而这不能营业的半年房租依然在发生。这样一个周边环境的变化就给创业带来了灾难。

创业是一个很复杂的过程，创业项目一旦确定，创业者需要确定是独自创业还是合伙创业。独自创业要独自承担风险，而合伙创业能够有更多的人承担风险，但也会遇到技术风险、财务风险、市场营销策略风险等。创业过程遇到风险是正常的，如何防范规避这些风险，如何将风险逐一化解，需要有团队、资金、技术、个人素质能力等强有力的支持，这种支持就是抗风险的能力，在选择项目时，对此要有充分的了解。

五、国家的相关政策与法律

政策和法律是保障。选择创业项目必须考虑国家相关政策和法律法规因素，这里主要包括两个方面。

一是拟选定的项目是否属于国家政策和法律禁止或限制的范围。比如对知识产权的保护。在技术型创业活动中,往往大家不注意对知识产权的侵犯,当创业活动规模比较小,没有产生影响时,谁也不会关注你,一旦做到一定规模,知识产权的影响会无限放大,像近几年苹果公司与三星公司在智能手机相关技术应用的多次官司就是典型的例子。因此在选择技术型项目时,早期考虑知识产权的因素,会避免在企业成长过程中创造的伤害。有些企业因为类似知识产权的问题,直接导致企业的迅速衰败。

二是拟选定的项目是否属于国家政策和法律鼓励的范围。不涉及国家的政策、法律法规禁止的项目,这是每个公民自然应该遵守的。但反过来,创业者要善于抓住在国家的政策、法律法规鼓励的政策利好中去寻找项目,积极利用国家提供的一切便利条件。比如促进环境保护,提高食品安全水平,推动"互联网+"创新平台的应用,从中都能找到对应的项目机会。

第三节 一般性创业项目

大学生创业成功的比例并不高,作者在与很多创业大学生交流发现,最后能坚持到创业成功的大学生都具备几个共同点:有坚持下去克服困难的恒心,锲而不舍的精神,最主要的是寻找到了适合自己的项目。

目前想克服经验和资金不足等先天缺陷,大学生创业在选择项目时可以考虑从投资小见效快,从自身资源与优势可利用的一般性项目入手。一般性创业项目主要有商业性项目和服务性项目两种。

一、商业性项目

1. 电子商务项目

现在越来越多的人已习惯网上购物,年轻人多能接受手机刷二维码等购物或付款方式。电子商务在销售行业中所占的比例越来越大,已是大势所趋。开网店受到在校大学生创业的青睐,主要因为投资金额小,创业门槛比较低,可以在校边学习边利用业余时间兼顾创业。但开网店却并不是那么容易就能赚钱,赔钱的也不少。想开好网店要注意几个关键点:产品的价格、质量;有什么样的特色,怎样突出这些特色;如何对经营进行准确的定位。建议:选择自己熟悉的产品,弄清楚产品的优势,找到自己的核心竞争力。

2. 特色农业和生态农业相关项目

食品安全与健康问题已经是人人关注的问题,民以食为天,食品的安全性是现在所有人关心的话题。大学生创业从农业入手,解决人们如何能更方便的吃,如何吃更安全的问题。从这样的角度入手,市场有接受基础。如可以选择从简单净菜送货上门、土特产销售等,更可以承包小片土地做菌类、草莓等大棚种植或包荒山种植有机蔬菜等。

养殖业是农业的重要组成部分，与种植业并列为农业生产的两大支柱。生态养殖畜禽已越来越受到人们的青睐，比如养殖土鸡、土鸭等。如果有技术支持，还可以养殖鹿、麝、狐、貂、水獭、鹌鹑等野生动物，通过人工饲养、繁殖，取得肉、蛋、奶、皮毛等，可获得更高的收益。单是做农产品的销售与送货上门，占用的资金并不大，但要承包土地种植或养殖，就需要占用较大资金，而其中的营销与管理就对创业者有更高的要求。

3．旅游及生态旅游项目

人们生活水平不断提高，收入也不断增多，除了基本的生活需要外，外出旅游次数增加，而且对旅游的各项服务也有许多更新的、更高的要求。传统的距离城市半径100～300公里附近的农家乐、风景区、度假村等成为周末人们出行度假的首选，而放长假（如国庆节、春节）时人们更愿意选择距离城市半径400～1000公里以上的风景区、人文景观，当然现在长假期间选择出国旅游的人也越来越多。

大学生创业可以从生态旅游这个角度入手，将特色农业、观光农业、生态农业结合到旅游中，如现在城市附近的农家各种采摘活动加农家乐于一体就相当有市场，特别受带孩子的家庭喜爱；还有垂钓加农家乐的餐饮，游客将自己钓起来的鱼交给鱼塘开办的餐厅进行加工；或者就是找到自然风景较好却没有经过完全开发的风景点，组织车辆带游客前往，体验野外野炊加宿营等活动。这些旅游项目只要策划好，组织到位，服务货真价实，就容易成功。这种创业项目选择的关键在于发现和找到市场的真正需求，并能满足市场需求。

4．创意小店

开小店、便利店，薄利多销，成为许多想以低成本创业的大学生的理想选择。大学生年轻有朝气，思维活跃，喜欢时尚的东西，而小店的经营相对简单，对社会经验、管理、营销、财务要求不高，因此，大学生可以发挥自己的特长，开一些有创意的小店。比如，创新的蔬果店、甜品店、幼儿绘画坊、成人老年人玩具吧、绣品工艺品店、个性家饰、饰品店、美容美发吧等。但随着越来越多人的加入，市场饱和度日趋增大。所以个性化店铺必须做深做透，要抓住客户的个性化需求。

大学生在校期间开店可在高校校园附件选址开办，这样就可以充分利用自己对大学生的了解和消费习惯，而订制符合大学生需要的商品。走学生路线，靠物美价廉吸引关注，靠销售数量获取利润，用这种传统方式开店，入门相对容易。

5．连锁加盟

连锁加盟是一种成功的商业模式。在我国，连锁加盟的比例不高，还有很大的市场空间。大学生通过连锁加盟的方式创业，不仅能弥补自身的不足，还能快速掌握经营所需的经验和知识，降低了创业的风险，提高了创业成功率。

连锁加盟创业的关键是一定要寻找到适合自己且体系相对完善的项目。在选择的过程中，千万要注意不盲目跟风，现在的很多网站上、电视广告上都有介绍创业加盟项目，比如交纳加盟费多少后可以开什么店或做什么加工，年赚几十万甚至几百万等，这些项目往往并没有宣传得那么好。有时加盟过程本身也是一种创业，他们挣的钱就是来自这些想创业的学生，这些想创业的学生只是他们这种商业模式中的一个客户。

二、服务性创业项目

随着我国市场经济的不断成熟与发展，服务业所占的比重越来越大，因此一些毕业生将服务行业作为自己的创业方向。

目前，大学毕业生在服务性行业所选择的项目主要为以下几种类型。

1. 科技服务项目

科技领域是大学生创业的一个重要方向，也是国家重点鼓励的领域。大学生根据自己的兴趣爱好，结合专业形成自己的专业特长或科研成果，但这些特长或成果往往难以转化成商品，更无法将它们直接用于创业，因此如何将它们转化成产品或服务，是大学生特别关心的事情。而一些企业，特别是一些大中型企业会有许多科技难题，大学生可以通过学校和老师加强与企业联系，将企业难题作为科研课题，为企业提供科技服务。如果某项科技服务成果能成为大企业的一个长期的配套产品或服务项目的话，这就会为创业者奠定一个稳定的发展基础。

当然，创业者不一定把眼光都放在大项目上，也可以寻找一些与人们日常生活相关的科技项目。例如把食品科技成果用于休闲食品领域，把种植、养殖方面的科技成果用于家庭种植和喂养宠物上，把材料表面处理新技术用于工艺品和饰品等。

> **案例 5-6　快速检测工具箱的发明**
>
> 姚金生，北京化工大学化学工程专业的毕业生，毕业后在一家食品企业做分析测试工作，工作强度不算大。姚金生平时的工作内容就是对食品的原料及产品的化学污染物和生物污染物指标进行测试，并生成数据报告，这些测试报告是控制生产过程和保证最终产品质量的依据。有时他也会按要求给一些机构提供的食品样品进行分析测试，并出具鉴定报告，给出定性的意见，比如食品样品中是不是含有某种有害污染物或污染物含量是否超标等。
>
> 姚金生是一个思维活跃的人，在学校时就经常兼职打工，还与同学一起创办了"新东东社团"，为学生和一些企业进行创意、创业设计，因此虽然现在有了一个安定的工作，但他没有断了自己创业的念头。他利用在学校创业教育训练课上学到的技巧，对自己所从事的工作的客户需求进行了仔细研究，看能否从自己熟悉的行业里找到市场机会。
>
> 他发现，在中国，不论是政府还是个人都越来越重视食品安全，然而食品安全的事件还是屡有发生，这让人们更加想知道吃的东西或食品原料里是不是含有有害物质，比如农药残留、重金属残留或微生物超标等。由此可以看出，提供食品的安全检测应该是商业机会，但反过来想，现在各地都有食品安全检测机构，各食品企业也都有配套的分析部门，自己的机会是什么呢？
>
> 后来他又通过对这项服务（测试）的客户群进行细分发现，原有的分析测试通常是

对生产企业或机构的，或者是对司法鉴定之类的，根本没有考虑普通大众由于对食品安全担忧而产生的分析检测需求。通过这个细分，一下子豁然开朗，原来自己的目标客户是普通的个体。但这时，其他难题又出现了，普通个体怎么可能为了每次购置的食品或原料到专门的企业去测试，测试时间太长，食品无法长期保存不说，买了食品不吃去测试是很奇怪的事情。更何况，测试所需要的费用也很高，所以这成了一个不可行的创意。

这时他对普通个体对食品测试的需要再进行细分发现，原来是自己想提供的服务定位有误，普通个体需要的并不是一个定量的准确分析，他们只是想知道自己的食品或原料有没有危害，是一个定性的要求。在这种定性分析的要求下，测试就会简单很多，分析手段也有很多，有时一张简单的试纸就能对某项指标做了定性判断。

这时一个大胆的创意产生了，他决定做快速食品分析工具箱。这个工具箱提供最简单便利的测试工具，可以对常见的食品污染物和微生物指标进行快速定性检测。工具箱可随身携带，操作简便。这个工具箱基本解决了前面提到的几种难题。在这之后，他与几个合伙人一起成立了"金生速检器材有限责任公司"，专门研究食品定性速检工具。截至2014年，企业已发展到30多人的规模，其中硕士以上学历人员占80%以上，每年销售2000多万元。目前姚金生正积极与相关部门联系，推进将食品速检标准列入行业标准的工作。

从这个案例可以看出，与普通大众生活息息相关的专业特长，会有用武之地的，只是需要用心去发掘。

2. 智力服务项目

随着社会经济的发展，服务业在人们日常生活中占据了重要的地位，智力服务也就变成了大学生创业的一个重要形式。大学生创业经常面临的问题是资金，而智力服务投入资金成本较低，但对智力要求一般较高，做这类服务需要具备一定的学历、一定的认证资格以及一定的专业知识与经验。大学生创业应发扬自己的知识优势，选择一些需要知识和专业的智力服务项目，如企业咨询业、法律服务业、教育培训业、翻译、电脑维修维护等，或把软件设计应用到一些传统行业、中小企业、商务及商业连锁领域中。

3. 家政服务、家教与养老相关项目

中国的家政市场非常庞大，并且正在快速持续地发展。一些大学生创业者正是看中了家政服务市场所实行的"员工制"模式才进行创业的。家政公司与当地政府"联姻"，员工由社区推荐，经过严格的技能培训后进入居民家中服务，打造出高档次、高素质、规范的家政服务公司。选择像家庭保洁、婴幼儿护理等细分的家政服务项目，成就了许多很有特色的家政服务创业企业。

"再苦不能苦孩子，再穷不能穷教育""不能让孩子输在起跑线上"这两句话，使小学生、初中生、高中生的家教服务异常火爆。给孩子请家教或送到一个特定补习班再学习已是很多家庭采取的模式。以大学生学之所长，开办补习班、提供家教服务，是投资成本少、收益见效快的项目。

中国开始进入老龄化社会，老人的比例会越来越大，养生、保健、养老等相关行业

将越来越受到人们的重视。如社区老人越来越多,他们生活孤单、情感寂寞,急需大学生创业者能够提供老人日常生活照顾与料理服务、看病住院陪护服务,甚至心理陪伴等较专业的服务。

4. 餐饮、娱乐服务相关项目

"民以食为天"。虽然饮食、娱乐服务行业是我国较早兴起的行业,但经过多年的市场竞争,这类行业的要求也越来越高。不过由于有着巨大的消费人群,仍有不少创业者投入到这类行业来。

饮食文化类的项目越来越受创业者的青睐,一来投资小、见效快,二来门槛低。做食品的成功与否的关键在于味道和特色,味道好就有"回头率",有特色就能吸引人进来消费,餐饮就能办成功。而在餐饮中"饮"的创业越来越受白领喜欢,香港的"许留山"饮品店现在全国开了不少加盟店,有的地段的生意火爆异常。创业者虽然没有雄厚资金加盟这样的"名店",但自己也仍然可以把水吧、果汁屋、靓汤馆巧妙地进行整合,销售自己鲜榨的果汁或勾兑饮品。在夏秋两季可卖冰镇饮料、果汁等,冬春两季可变身为粥店、热饮店,做出各种养生饮品,如现磨豆浆、凤梨羹等,有时甚至还能引领消费时尚。这样做不仅投资小,由于兼卖冷饮、热饮,还降低了淡季风险。

大学生创业的娱乐服务项目包括以休闲、娱乐为主的动手制作活动,如陶艺馆、缝纫社、绘画室等;休闲健身的娱乐活动有瑜伽馆、健身操馆等。

第四节 创新性创业项目

这里将创新性创业项目单独拿出来介绍,并不是说明它与前面的一般性创业项目、服务性创业项目是并列关系,而是因为它受到大学生创业者的追捧。事实上,大多数优质的创业项目都带有一定的创新性。获取具有创新性的项目往往需要创业者有较好的创新思维能力,大学生是创新思维能力最活跃的人群。

但有一个误区需要纠正,不少大学生创业者认为,像生物、电子、信息类的高新技术项目才算作是创新性项目,而小投资、小技巧的项目只能算作是一般性商业项目,因为他们认为在这些行业里不可能有创新。这些大学生都想创造比尔·盖茨的神话,而不愿意从事服务业或技术含量较低的行业,而实际上,创新与项目大小、项目类型无关,技术创新只是其中的一种情况。

案例 5-7 蝴蝶的价值

小陈是名摄影师。去年夏天,小陈像往常一样把婚纱照交到一对新人手里,突然,那位女顾客惊叫起来:"好美呀!"原来,在拍外景时突然有一对蝴蝶萦绕着新人,被摄影师定格在镜头里,画面确实唯美。她开心地说:"真是太浪漫了,真是好难得呀!"小陈听了心里一动,能不能自己养几只蝴蝶,租给影楼为客人拍照时使用?

于是,小陈向一位生物学教授请教。他告诉小陈,蝴蝶喜欢甜味,可以在与婚纱质地相似的织物上涂上蜂蜜喂它们,时间一久,它们就会产生条件反射,往婚纱上飞了。

这些美丽的蝴蝶是怎么变成的？蝴蝶先是产卵，由卵变为幼虫，而后成为蛹，最后才能变成美丽的蝴蝶，这个过程在两个月左右。由于蝴蝶对温度、湿度要求很高，需有相应的取暖设施、加湿设备，同时要营造一个舒适的生存环境，一种名叫马兜铃的攀缘藤本植物是名贵蝴蝶的最爱。此外，每天要给蝴蝶宝宝喂蜂蜜水和特制的营养液。10 多天后，蝴蝶宝宝就会成长为美丽的蝴蝶。小陈按照教授所教的去做了。经过数天的喂养，一打开笼子，蝴蝶们果然就径直往婚纱上飞。小陈兴奋极了，马上与影楼联系。第二天，小陈带着它们如约来到影楼的拍摄现场，完美的画面让新人与摄影师都相当满意，影楼老板当即拍板要跟小陈长期合作。

现在很多大学生创业者一出手就是让人看不懂的项目，远离了创业的本义。其实，拿高科技项目创业没错，但别忘了高科技也是要以市场为本，创业的生命力来源于市场。

案例 5-8　服务业也能创新

学管理的创业者小王当初和很多大学生一样，觉得要干就要干大事。他和几位硕士毕业生拿到了一项老师的科技专利，凑了七八万块钱开始创业。做着做着，发现创业并不简单，需要跟许多部门打交道，有太多的事情要做，没多久人就有点承受不住了。很快又发现，他们对这项专利理解并不深，该专利跟市场有些偏离。再接着，与投资公司谈判也不顺，几个月后，他们的创业计划失败了。

小王不甘心，又与同学一起组建了管理咨询公司，由于当地整个咨询业市场不发达，公司运作还是不理想，这次运作又失败了。

最后，小王接下了一家在大学校园附近经营不善的娱乐厅，他对娱乐厅服务内容进行了重新设计，加入了浓厚的文化色彩，提供了更加贴近当前大学生喜好的一些服务项目，受到了大学生们的欢迎。虽然只是在服务定位、装饰布置、服务项目做了并不算大的改动，娱乐厅的生意却逐渐好起来。

小小的服务创新，总算让想创业的小王取得了初步的成功。

经济学上，创新概念的起源于美籍经济学家熊彼特在 1912 年出版的《经济发展概论》。熊彼特在其著作中提出：创新是指把一种新的生产要素和生产条件的"新结合"引入生产体系。它包括五种情况：采用一种新的产品，采用一种新的生产方法，开辟一个新的市场，掠取或控制原材料或半成品的一种新的供应来源，实现任何一种工业的新的组织。熊彼特的创新概念包含的范围很广，如涉及技术性变化的创新及非技术性变化的组织创新。

按照熊彼特的创新理论，只有创新成果被商业化并实现了商业价值才算是创新。另外，一些并不涉及技术创新但基于工艺创新而创造出的新产品，或企业组织管理体系创新、市场途径创新，同样属于创新性创业。所以，创新性项目应该包括以下几种情况。

一、科技创新

创新不是创"高"，也并非是创前人、古人没有之新。创造出微电子、生物技术、宇宙技术等能改变世界的技术是创新，但并不是只有这些技术创新才叫创新，只要是没有出现过的、没有使用过的就是新的。其他地区有，本地区没有的，融会到本地的，也可以称为创新。别的行业有，本行业没有的，引进到本行业的，也可以称为创新。

十八大报告指出："科技创新是提高社会生产力和综合国力的战略支撑，必须摆在国家发展全局的核心位置。要坚持走中国特色自主创新道路，以全球视野谋划和推动创新，提高原始创新、集成创新和引进消化吸收再创新能力，更加注重协同创新。"十八大报告界定了科技创新的三种形式，即原始创新、集成创新、引进消化吸收再创新。

(1) 原始创新

原始创新活动主要集中在基础科学和前沿技术领域，其本质属性是原创性和第一性。原始创新是为未来发展奠定坚实基础的创新，目前我国原始创新较为欠缺。

(2) 集成创新

集成创新的主体是企业，是企业利用各种信息技术、管理技术与工具等，对各个创新要素和创新内容进行选择、优化和系统集成的过程。集成创新的目的是为了占有更多的市场份额，创造更大的经济效益。它与原始创新的区别是，集成创新所应用到的所有单项技术都不是原创的，都是已经存在的，其创新之处在于对这些已经存在的单项技术按照自己的需要进行了系统集成整合，创造出了属于自己的全新的产品、工艺或服务。

(3) 引进消化吸收再创新

这是一种最常见、最基本的创新形式，其核心在于利用各种引进的技术资源，在消化吸收的基础上完成重大的创新。它与集成创新的相同点，都是利用已经存在的单项技术为基础。不同点在于，集成创新的结果是一个全新产品，而引进消化吸收再创新的结果，是产品价值链某个或者某些重要环节的重大创新。引进消化吸收再创新是各国尤其是发展中国家普遍采取的方式。

原始创新、集成创新和引进消化吸收再创新是自主创新的三个有机组成部分。原始创新为科技创新提供动力源泉，集成创新、引进消化吸收再创新是利用别人的原始创新成果，使自己的创新能力借势成长。原始创新、集成创新和引进消化吸收再创新三者在资金投入、创新周期、创新风险以及对技术能力和技术积累的要求都是不同的。

二、形式创新

在现代的市场经济下，除了产品方面的创新外，产品外观的变化也能够使企业的产品线更加丰富，满足消费者选择的多样性需求。特别是现在的一些成熟行业，在没有换代性的技术出现之前，外观设计的成败基本上就决定了产品的成败，正是基于这一点，曾有家电业内的知名专家指出：现代家电企业的竞争，就是外观设计的竞争。更有人说，所有耐用消费品的竞争成败与否，外观设计都占了很大的比重。随着市场上产品供需关系的变化，现在的产品概念已经从其本体延伸到包装等层面来，包装正在成为产品差异化的一种选择，也就成为产品创新的一个比较重要的范畴，当然，也是相对比较容易实现的一种。材质上档次、图案设计好的包装在提升品牌形象方面有关键性的作用，是许多厂家获取更多利润的手段。

三、模式创新

商业模式创新在第四章中已做过阐述,这里从选择项目的角度再做一下说明。

现今,商业模式的创新甚至比技术、产品创新更迫切、更重要。因为商业模式的创新往往更具有颠覆性意义。比如淘宝网不满足于电子商务线上服务,它正在走向线下,用垂直类整合模式,试图将已经在电子商务领域树立起的规则和标准渗透进终端客户的生活。营销中新的营销网络的组建、新的促销手段的应用,都算作创新性创业。

商业模式的创新可以是局部性的,也可以是全局性的,只要符合市场需要、与企业文化不冲突,能获取到创新所需的各种条件,那么商业模式创新就具备了成功的条件。具体而言商业模式创新主要有以下几种模式:①"消费者+股东"模式;②分化模式(开创蓝海唯一途径);③"复制+改良"模式;④加码模式(钩和饵的模式);⑤轻资产模式;⑥逆转顾客风险模式。

商业模式创新一般要从企业具备的某一个要素出发,如从定位、业务系统、盈利模式、关键资源能力、现金流结构和企业价值中的任何一个要素出发,都有创新商业模式的可能。

商业模式创新也可从一个完整的产业价值链开始,如原材料供应、研发、生产、制造、销售等环节。还可以考虑到横向的合作伙伴或者相邻产业链,这些利益相关者之间存在利益竞争、利益共享或者风险共担等关系,充分分析这些关系,也许可以为商业模式创新提供突破的机会。

商业模式创新还可以跳出行业来进行,将从行业自上而下的习惯性分析思路打断,跳出行业外回头再看行业,那么对行业又会有完全不一样的感受和认识,这时候来考虑商业模式创新就更容易成功。更为激进的则是根本不考虑所在行业,而是将企业看成商业生态圈的一个物种,为了更适应环境或者更好地成长,企业需要改变"本身基因"或者通过"杂交"等手段创造新的品种。

第六章 创业者与创业团队

第一节 创 业 者

创业者是创业的主体,是企业创建并不断成长的灵魂和力量源泉。任何一个充满竞争力和活力的企业,都会有一位乐于创新并付诸行动去实现潜在机会和价值的创业家站在前方。例如,"苹果教父"乔布斯,1977 年,他和斯蒂夫·沃茨创造了"苹果",掀起了个人电脑的风潮,改变了一个时代,虽然一度被封杀,但 12 年后,他卷土重来,重新开始了第二个"斯蒂夫·乔布斯"时代,使"苹果"成为 IT 乃至多媒体领域的神话。LUXOTTICA 集团创始人莱昂纳多·戴尔·维奇奥,在孤儿院长大,很小便在工厂为眼镜、汽车等产品铸造零件,他在 23 岁时创业开办了自己的眼镜制造铺,这家店铺最终成长为世界上最大的眼镜制造及销售一体的跨国集团。从这些白手起家的创业者成长和创业经历来看,要想成为一名优秀的创业者不是凭空想象那么简单,而是需要具备一定的素质和能力,并勇于为投身的事业付出心力。

一、创业者的界定

创业者(Entrepreneur)一词由法文"Entrepreneur"翻译而来,最早给"Entrepreneur"下有关经济活动含义的是 18 世纪中叶法国作家贝利多尔,他提出"Entrepreneur"是"按不固定的价格购买劳动力和物质,而按合同价格出售产品的人",这个定义蕴涵了创业者是愿意为高报酬承担不确定性的投机者。

法国经济学家理查德·坎蒂隆(Richard Cantillon)被誉为创业管理研究的开山之人,他将"Entrepreneur"一词首次引入经济学,并将创业者描述成:"在欧洲组织生产并促进商品货物流通,并承担一定风险的人。"这个定义使创业者演变成了面对一定风险能做出经济决策的中介人。

亚当·斯密在经济学巨著《国富论》中也提到了创业者,他将创业者看成"设计者"或"计划者",认为这种劳动力并没有独立于一般的劳动力。但他的追随者法国经济学家萨伊(Say)认识到了亚当·斯密理论的不足,优化了更为具体的创业家理论。萨伊将创业者描述为将劳动、资本、土地这三项生产要素结合起来进行生产的第四项要素,是把经济资源从生产率较低、产量较少的领域转移到生产率较高、产量较大的领域的人,他认为创业者是经济活动过程中的代理人。

奥地利学派的柯兹纳(Kirzner)在"创业发现"理论中提到"对被忽略机会的一种警觉,创业的本质在于洞察将来的不确定性"。柯兹纳认为创业者的作用在于推动不断变化的市场过程。创业者与普通人一样,都是在自由、不确定的环境中从事商业活动,但创业者又与普通人不同,因为他们总能自发地关注他人忽略的环境特征。警觉的创业者时刻关注市场,发现创业机会并采取行动来获取利益。柯兹纳的"创业发现"理论,认识到了创业者对经济发展的重要作用,为创业家赋予了"警觉性"的特征。

著名经济学家熊彼特认为创业者就是创新者,创业者的职能就是创新,即具有发现和引入新的、更好的能赚钱的产品、技术、服务和过程的能力,从而使企业获得垄断地位。

还有一些学者将创业者定义为一种主导劳动方式的人,一种需要具有事业心、责任感的人,一种能够组织并运用资源、技术、服务实现目标的人。

在欧美学术界和企业界,创业者通常被定义为组织、管理一个生意或企业并承担其风险的人。创业者有两个基本含义:一是指企业家,即在现有企业中负责经营和决策的领导人;二是指创始人,通常理解为即将创办新企业或者是刚刚创办新企业的领导人。

在当前,国内外学者也将创业者的定义分为狭义和广义两种。狭义的创业者是指参与创业活动的核心人员。该定义应避免与领导者或组织者的概念混淆。因为在当今的创业活动中,技术含量的比重越来越大,离开了核心的技术专家,很多创业都无法进行,所以创业活动中核心的技术专家也可成为创业者。事实上,很多创业活动最早都是由拥有某项特定成果的技术专家发起的。广义的创业者则是指参与创业活动的全部人员。在创业过程中,狭义的创业者将比广义的创业者承担更多的风险,也会获得更多的收益。

由此可见,上述对创业者的定义可谓是仁者见仁、智者见智。创业者在不同的学者、不同的角度、不同的时代背景下进行界定,终究没有形成一个统一的、没有异议的定义。

不过,通过对国内外成功创业者的研究,发现他们身上都具有相似的个性特征。

① 具有远大理想和抱负。软件银行集团创建人孙正义曾经这样描述过他成功的原因:"一个梦想和毫无根据的自信,一切都是从这开始的。"他说:"30 年前,我创建软银公司时,与许多青年创业者一样,除了拥有激情和梦想外,没钱、没经验、没有人脉。我就是想成为日本甚至是全球知名的成功人士,想做一件改变世界的事。"正是由于孙正义怀揣着这样远大的理想和抱负,他走到了日本软银老总的位置。不可否认,只凭理想不足以创业成功,但是每一个成功的创业者必定拥有远大的理想,理想能让创业者面对困难时不轻言放弃,理想能给予创业者巨大的动力。

②创业者直觉敏锐,能够迅速捕捉市场机会、适应环境并采取行动从中获利。创业者往往都是有独到见解的人,他们可以从不同的角度发现新的商机。如19世纪末,美国加利福尼亚州因发现黄金,掀起了美国历史上最为疯狂的淘金热,来自世界各地的大批淘金者涌入这里,17岁的亚尔默也想加入其中,然而淘金难度大、竞争者又野蛮等原因令他望而却步。正在这时,他观察到淘金人在炎热的天气下干活口渴难熬,于是他避开激烈的淘金竞争,转变思路将获利点转移到对淘金人的服务上。于是他挖了一条沟,将远处的河水引来过滤成清水,卖给淘金人喝,轻而易举地挣到了他人生中的第一桶金。回到家乡后他开办罐头厂,经过不懈努力,最终成为美国食品大王。看到这个例子,你有没有想到一个词"蓝海",即避开产业激烈的竞争,追求创新的商业战略。如果你是一个大学生创业者,你想要启动和保持新创企业持续的发展和获利,那么就必须超越那些硬碰硬的产业竞争,不盲目追求那些日益缩减的利润值,而是静下心来去观察、去细分市场,开创属于自己的全新市场空间。

③创业者是组织协调、整合资源、做出战略决策、承担企业风险的人。联想控股集团的创始人柳传志可谓是勇于承担创业风险、倡导改革的风云人物。在创业初期,他组织团队人员利用配股融资的方式筹集资金,整合企业资源全力进驻PC市场,成功打败了所有竞争对手,而后他积极开展战略部署,成功拆分企业布局,实现了联想控股集团IT、房地产、风险投资、并购投资等多元化发展。

④在团队中,创业者是领袖人物,他的人格魅力感染着团队中的每一个人。如果要说创业者的人格魅力,首先会想到新东方的创始人俞敏洪,如果你参加过新东方课程,你就一定能在课堂上听到过任课老师风趣幽默地调侃俞总和他的趣闻,虽然有时讽刺得很露骨,但如果细细品味,其实从这些言语中你能体会到的反而是新东方所有任课教师对俞敏洪的崇拜和他们身为新东方人的骄傲。新东方从一所几人合办的民办学校发展成为一个现代化连锁教育集团的教育界神话,其间离不开俞敏洪的对其影响。俞敏洪带领他的团队所开办的各类教育培训,不仅为广大学员铺平了出国之路,更重要的是,它创造了一种朝气蓬勃、奋发向上,从绝望中寻找希望的"新东方精神"。

⑤创业者在经营过程中,有远见,能够正确预测市场发展趋势,能够带领企业创造新商机。Amazon(亚马逊)创始人杰夫·贝佐斯算是这一特征的典型,在他创建了全美第一家图书网络零售公司——亚马逊公司后,他利用电子商务方便快捷的服务优势让其在传统书店如林的竞争中站稳脚跟,贝佐斯先后利用"以购物网站为中心的互联网社区"和上万个"委托机构"为亚马逊增加了几十万的购书顾客。而后他的眼光不再局限于图书,而是致力于建立一个最大的网络购物中心。经过一系列努力,贝佐斯带领亚马逊先后运作和投资音乐商店、药店网站、宠物网站、家庭用品网站等项目,而且还与网络快运公司达成合作协议,为用户提供了送货上门的服务,更加赢得了市场的青睐,完成了从纯网上书店向网上零售商的转变。

⑥创业者大都执著、勤奋、务实、诚信。提到勤奋务实、诚信经营,李嘉诚堪称一个典范。虽然李嘉诚年幼时生活艰辛,但他一直保持着勤奋好学,艰苦朴素的优良品质,他利用积累起来的少量资金,创建了属于自己的公司——长江塑胶厂。在创业初期选择厂房时,李嘉诚秉持着尊重现实、实事求是的原则,选择了离市区较远的厂房;在

与他人洽谈业务合作时，他也秉持了诚实守信的原则。曾经有这样一件事，一位外商想要大量订货，但提出要与资金充足的厂商合作，李嘉诚努力筹集资金，但依旧无果，他将此事实据实以告，那位外商为他的务实和诚信所感动，不但签约还预付了货款，这笔生意使李嘉诚赚到了一笔可观的收入，为企业后续的发展奠定了基础。

综合以上观点，本文认为创业者可定义为：能够发现和利用机会，敢于承担决策风险，通过创办企业，整合资源，科学管理，提供市场新价值的事业催生者与创造者。

二、创业者的类型

创业是创业者创建企业的活动和过程，创业者可根据其在创业过程中的角色、创业内容和所处的创业领域等诸多因素进行分类。

1. 根据创业者的角色划分

创业者可分为独立创业者和创业团队。

（1）独立创业者

独立创业者是独立出资、独立管理的个体，他可以自由发挥主观能动性，按照个人的意愿追求自身价值，实现创业理想。如汽车之家网站创始人李想，他在高中时就开始做个人网站，随后注册泡泡网并开始运营，凭借他自己对IT产品的一腔热爱和滚雪球式的资本积累，高中学历的李想让泡泡网在中国互联网行业中独树一帜。而后他从IT产品向汽车业扩张，创建汽车之家网站，使之成为全球访问量最大的汽车网站。

（2）创业团队

创业团队则是少数具有技能互补的创业人员组成，他们有共同的奋斗目标，有完整的团队管理机制和权责划分，是共同为实现企业价值的共同体。"携程四君子"即是一个典型的大学校友创业团队，上海交通大学的一次校友会上，梁建章、沈南鹏、季琦、范敏四人就互联网话题结下了渊源，他们针对彼此的专业和经历进行沟通和分工，最终成功创建了我们所熟知的携程旅行网。

2. 根据创业内容划分

创业者可分为生产型、管理型、市场型、科技型和金融型五种类型。

（1）生产型创业者

生产型创业者是指创建企业推出产品的创业者，他直接从事于技术生产和产品研发，往往多是核心技术专家。李彦宏就是这个类型的创业者。他毕业于北京大学信息管理专业，随后在美国布法罗纽约州立大学完成计算机科学硕士学位，先后担任道·琼斯公司高级顾问、《华尔街日报》网络版实时金融信息系统设计者以及国际知名互联网企业——Infoseek公司资深工程师。在工作时他创建了ESP技术，并拥有了"超链分析"技术专利，凭借着这些非凡的技术背景和敏锐的商业思维，他成功创建了百度公司。

（2）管理型创业者

管理型创业者是指综合能力较强的创业者，他一般对专业知识并不精通，但在管理和协调中能一展所长。"钢铁大王"安德鲁·卡内基（Andrew Carnegie）其实年轻时对钢铁生产和经营了解甚少，但由于其刻苦钻研现代化企业的管理技巧，并灵活应用在了商业运作中，由此为他积累了丰富的管理经验和雄厚的资金，在面对钢铁市场广阔的前景下，他成功创建了一家面目全新的并融合供、产、销一体化的现代钢铁公司。

（3）市场型创业者

市场型创业者是指善于识别市场机会，把握市场动向，有创业点子，又有一定资金支持但缺乏技术经验的创业者。创造男人帝国的坎普·吉列就是个市场型创业者，他的创业灵感就源于他作为市场推销员的人生经历。在吉列创业之前，他为一家生产新型瓶塞的厂家做推销工作，由于其推销得力，获得了老板赏识，一次偶然的机会，吉列得知这种新型瓶塞之所以畅销是因为它属于一次性消耗品，加之价格便宜，用户反复购买，自然可以赚到大钱，吉列听后深受震撼。一天，在他托腮思考发明何种"用完即扔"的产品时，被自己未刮净的胡须扎到了双手，一下刺激了他的灵感，于是他立即投入到一次性刮刀的发明和成品制作中，在朋友的资金支持下，他创建了吉列公司。

（4）科技型创业者

科技型创业者是具有科研知识背景，与科研机构有密切联系，并有强烈欲望将科研成果转化为企业生产力的创业者。20世纪80年代后，为了鼓励科技成果转化为生产力，国家推出了一系列鼓励高等院校创办企业的措施，如今许多知名高科技企业的前身很多都是这些"校办企业"，如北大方正、清华同方等。

（5）金融型创业者

金融型创业者实际上就是一个风险投资家，他为新办企业提供资金、专业特长和管理经验，同时也参与企业的战略制订和资本运营等。风险投资家本身也是创业者，如1850年，雷曼兄弟创建了雷曼兄弟公司，经过多年经营和发展，成为一家为全球公司、机构、政府和投资者的金融需求提供服务的全方位、多元化投资银行，但最终因房产抵押贷款证券化业务所引发的次贷危机而宣告破产。所以金融型创业者在一定程度上存在一定的投资风险，所以大学生创业者需谨慎选择。

3. 根据所处的创业领域划分

创业者可分为传统创业者和技术创业者。

（1）传统创业者

传统创业者是指在传统行业，如餐饮、酒店、服装等行业筹集资金，创办企业，为顾客提供产品或服务的创业者。

（2）技术创业者

技术创业者是以突出技术为主，创办的企业一般规模很小，但产品技术含量很高，有些创业者甚至能做到技术垄断，市场利润空间很大。所以，面对当下创业与技术创新的关联度越来越高的时代环境下，高校更应该在广泛专业特别是工程技术类专业的大学生中普遍开展创新创业教育，培养更多的技术型大学生创业者。

三、创业者的素质和能力

创业者的素质和能力是指创业者在创业过程中所表现出来的自身独特的品质和能力。它是随着创业活动的深入而不断提高和逐步完善的,并在一定程度上影响创业活动的效率和创业的成败。

1. 创业者应具备的素质

(1) 身体素质

俗话说:"身体是革命的本钱"。如果健康是"1",家庭、事业、权利、金钱等都是"0","1"后面的"0"越多表示一生越成功;相反,如果"1"不见了,那后面的"0"再多也毫无意义。几乎所有的企业家都认同良好的身体素质是成功创业的第一前提。在创业之初,创业者往往会受诸多条件的限制,许多事情都需要创业者亲力亲为,他们要不断思考、加班加点、承受巨大的风险与压力,若无充沛的体力、旺盛的精力,必然力不从心、难以承担创业重任。

(2) 思想素质

要想取得创业的成功,创业者必须具备强烈的事业心、敬业精神和社会责任感。这些内在的动力会驱使他们为实现理想、抱负而拼命工作。

(3) 心理素质

创业的成败在很大程度上取决于创业者的心理素质。创业者在创业过程中难免会遇到诸多挫折、压力,这就需要创业者具有强大的抗压能力和心理调控能力,并始终保持一种积极、沉稳、自信、乐观、坚韧的心态来应对各种挑战。宋代大文豪苏轼曾说:"古之成大事者,不唯有超世之才,亦必有坚韧不拔之志"。唯有具备处事不惊、坚忍不拔的健康心态,才能到达胜利的彼岸。

(4) 知识素质

创业者的知识素质对创业起着举足轻重的作用。创业者要进行创造性思维,做出正确决策,开拓新的商机,就需要创业者掌握广博的知识:丰富的营销、财务等企业管理知识,行业企业相关的科学技术知识,国家政策、市场环境的知识,用于日常交际的外语知识以及熟练运用计算机、互联网的知识等。

(5) 团队意识

在创业道路上,创业者必须摒弃"同行是冤家"的狭隘观念,学会沟通与合作。通过语言文字等多种形式与周围的人进行有效的沟通与交流,团结协作,提高办事效率,增加成功机会,促进事业发展。

(6) 商业道德

诚信是中华民族的传统美德,是中国道德文化的核心。在古代就有许多关于诚信的论述,"人无忠信,不可立于世""人而无信,不知其可也"等。从现代意义上看,诚信不仅是一种道德要求,一种用来评价人的基本尺度,更是现代企业的立业之本。它要求企业在市场经济的一切活动中遵纪守法,以信取人。阿里巴巴集团创始人马云曾对创业者提出这样一条忠告:"你要想做一个优秀的生意人,一个优秀的商人,一个优秀的企业家,你必须有一样最重要的东西,那就是诚信。"在马云看来,财富并不只是金钱,诚信才是世界上最大的财富。

2. 创业者应具备的能力

(1) 机会识别能力

机会识别能力是指创业者能够敏锐捕捉市场机遇并迅速做出反应的能力。

(2) 战略决策能力

战略决策能力是创业者在对新创企业外部经营环境和内部经营能力进行周密的、细致的调查和准确而有预见性分析的基础上,确定企业发展目标,选择经营方针,制订经营战略的能力。

(3) 组织领导能力

组织领导能力是创业者根据工作任务,在资源分配、优化组合、激励协调群体活动的过程中承担指导、统帅、组织各职能部门各尽其责的能力。现代管理学认为,一个领导者是否能够引导下属有效的、心甘情愿的行动不在于他的职位高低,而在于领导者是否有威望和个人魅力,无论是修养、技术还是管理上都具有令人信服和愿意追随的气场。

(4) 选人用人能力

"事之至难,莫如知人;事之至大,亦莫如知人;诚能知人,则天下无余事矣。"如何准确地识别人才,把人选准用好,是一门很深的学问。一个成熟、称职的创业者如能做到知人善用,不但有利于实现人才个人价值的最佳发挥,而且有利于实现人才的社会价值与个人价值的完美结合。选人之道,事关大局,事关长远,不可不察,不可小视。

(5) 专业技术能力

专业技术能力是创业者掌握和运用专业知识进行专业生产的能力。专业技术能力的形成具有很强的实践性,许多专业知识和技能都是在企业实践活动中摸索和完善的,所以创业者要重视这方面的专业训练和经验积累。

(6) 学习能力

学习能力是现代社会里任何组织和个人都必须努力具备的能力,只不过创业者在企业孕育期要求更为强烈。创业需要各种各样的知识和技能,除了专业知识外,创业者还要掌握行业信息、财务知识、营销知识、社会知识、法律知识、人事管理技能等各方面的能力。而创业者在创业初期无法保证已全部掌握了这些技能,那么只有在创业活动中一边摸索一边学习,这就要求创业者具有强大的学习能力。

(7) 创新能力

创新能力是运用新知识、新理论,在科学、技术和各种实践活动中,不断提供具有经济价值、社会价值、生态价值的新思想、新理论、新方法和新发明的能力。创新是企业得以创建、成长、发展和延续的动力,它包括产品与技术的创新、观念与思维的创新、经营模式的创新等。举个例子,律普曼是美国佛罗里达州的一名画家,在一次作画中,由于失误需要用橡皮修改,他找了半天才找到,可准备作画时铅笔又不见了,他非常郁闷,于是他产生了拥有一支既能作画又带橡皮的铅笔,经过思考他找到了解决的方法,即用一块铁皮将橡皮和铅笔连接在一起。后来,他还办理了专利申请手续,最终由 PABAR 铅笔公司花 55 万美元购买了这项专利,PABAR 铅笔公司利用这个专利做成产品,很快便风靡全球,超级畅销。

(8) 交际能力

交际能力包括表达能力和反应能力。表达能力是充分有效地将自己的观点阐释给对方的能力,它分为口头表达能力和书面表达能力。创业者必须是社交家,是穿梭于各方关系中的交际活跃分子。对客户充分有效的表达,则能使客户充分理解企业的产品情况,有利于推销自己;对创业团队充分有效的表达,则能使团队成员领悟新企业的目标、面临的环境和要采取的对策,使团队成员更加有效地为完成共同目标而努力。反应能力是交际能力的另一个方面,是表达能力的补充。在交际过程中,良好的反应能力能够帮助创业者随时领会和把握表达对象的需求和对表达内容的理解,有效调整表达的方式和内容。

第二节 创业团队

创业,其实就是想做点事,想做实事,但不一定是什么惊天动地的事,而是把自己的事做好,一点一滴累积,到一定程度就是大事了。对于年轻人创业,我是鼓励的。我欣赏他们身上那种精神,但是,我更欣赏一个团队合作的精神。成功这个东西,个人的因素,往往不是决定性的。

——苏宁电器董事长 张近东

创业活动是创业者捕捉商机、整合资源、构建战略、解决问题,最终实现企业价值的过程,然而在这个过程中,光靠创业者个人的力量是远远不够的,因此创业团队的组建就显得很有必要。创业团队可以使知识、技能和人力资本多样化,资金、网络等创业资源充足化,使新创企业更有能力完成各种复杂的创业目标,并促使企业成长壮大。

美国已故创业教育之父杰弗里·蒂蒙斯(Jeffry A. Timmons)在他的"蒂蒙斯模型"中就论述了创业团队是创业活动的要素之一。

一、创业团队的定义

创业团队是一种特殊的组织,对这个概念的界定也是众说纷纭,目前国内外学者都没有一个公认的标准。

Kamm 和 Shuman 于 1990 年对创业团队进行了定义,他们认为创业团队是指两个或两个以上的个人组成的团队,参与企业创立的过程并投入相同比例的资金。这个定义着重于创业团队的构成人数和所有权分配两方面特性。

Ensley 和 Banks 于 1992 年将创业团队的概念进行延伸,认为创业团队还应该包含对战略选择有直接影响的个人。

Kamm 和 Nurich 于 1993 年对 1990 年的定义进行了修正,认为创业团队是两个或两个以上的个体共同创立、拥有并经营新企业的过程中所构成的团体。这个定义体现出创业团队成员不一定要持有相同股份的思想。

Chandler 和 Hanks 于1998年认为创业团队是指当企业成立时执掌企业的人或是在新企业营运前两年加入的成员,对企业没有所有权的雇员不算在内。

由此可见,创业团队是指在企业创建期前两年内加入的,致力于创建和管理一个新创企业,并对企业组织运作、战略决策和绩效有实质影响的人群。狭义的创业团队是指有着共同目标、共享创业收益、共担创业风险的一群创建并经营新企业的人。广义的创业团队则不仅包含狭义创业团队,还包括与创业过程有关的各种利益相关者,如风险投资商、供应商、专家顾问等。一般而言,创业团队需具备以下五个重要组成要素。

(1) 目标(purpose)

创业团队有一个明确的目标,目标引领团队成员的思想和言行。创业团队的根本目标都在于创造企业新价值。

(2) 人员(people)

人是构成创业团队最核心的力量,是企业运营中最宝贵的资源,素质较高、结构合理的创业团队有助于企业的创建和高效运行,并获得良好的经济效益和社会效益。

(3) 定位(place)

创业团队的定位包含两层意思:一是团队的定位,确定团队在企业中处于什么位置,团队最终应对谁负责等;二是个体的定位,对团队成员进行明确分工,确定其职责。

(4) 权力(power)

创业团队中领导者的权力大小与其团队的发展阶段和创业实体所在行业有关。团队发展初期,领导权相对比较集中,团队日益成熟,领导权相应越小。企业从事传统行业,领导权较大,高科技行业则偏重技术,领导权相应弱化。

(5) 计划(plan)

计划是指为达到创业目标对团队成员在不同阶段所设计的具体工作程序和指导方案。

二、创业团队的类型

一般说来,创业团队大体上可以分为三种:星状创业团队(Star team)、网状创业团队(Nesh team)和从网状创业团队中演化而来的虚拟星状创业团队(Virtual star team)。

1. 星状创业团队

一般在团队中有一个核心人物(Core leader),这个核心人物充当了领军的角色。在团队形成之前,就有了创业的想法,然后根据自己的设想进行创业团队的组建,选择相应人员加入团队,这些加入创业团队的成员也许是核心人物以前熟识的人,也有可能是陌生人,但这些团队成员在企业中更多时候是支持者角色(Supporter)。这种创业团队有如下几个特点。

① 组织结构紧密,向心力强,主导人物在组织中的行为对其他个体影响巨大。

② 决策程序相对简单，组织效率较高。
③ 容易形成权利过分集中的局面，从而使决策失误的风险加大。
④ 当其他团队成员和主导人物发生冲突时，因为核心主导人物的特殊权威，使其他团队成员在冲突发生时往往处于被动地位，在冲突较严重时，一般都会选择离开团队，因而对组织的影响较大。

阿里巴巴的创业团队就是这种组织的典型例子，马云作为团队的核心人物，确立了"用电子商务为中小企业服务"的思路，而后带领他的18位创始人正式成立了阿里巴巴集团。

2．网状创业团队

这种创业团队的成员一般在创业之前都有密切的关系，比如同学、亲友、同事、朋友等。一般都是在交往过程中，共同认可某一创业想法，并就创业想法达成共识以后，开始共同进行创业。在创业团队组成时，没有明确的核心人物，大家根据各自的特点进行自发的组织角色定位。因此，在企业初创时期，各位成员基本上扮演的是协作者或者伙伴角色（Partner）。这种创业团队有如下几个特点。

① 团队没有明显的核心，整体结构较为松散。
② 组织决策时，一般采取集体决策的方式，通过大量的沟通和讨论达成一致意见，因此组织的决策效率相对较低。
③ 由于团队成员在团队中的地位相似，因此容易在组织中形成多头领导的局面。
④ 当团队成员之间发生冲突时，一般都采取平等协商、积极解决的态度消除冲突，团队成员不会轻易离开。但是一旦团队成员间的冲突升级，使某些团队成员撤出团队，就容易导致整个团队的涣散。

这种创业团队的典型例子，如微软的比尔盖茨和童年玩伴保罗艾伦、惠普的戴维·帕卡德和他在斯坦福大学的同学比尔·体利特等，他们都是彼此熟识，而后基于一些互动激发出创业点子，最终合伙创业的。

3．虚拟星状创业团队

这种创业团队是由网状创业团队演化而来。基本上是前两种的中间形态。在团队中，有一个核心成员，但是此核心成员地位的确立是团队成员协商的结果，因此核心人物某种意义上说是整个团队的代言人，而不是主导型人物，其在团队中的行为必须充分考虑其他团队成员的意见，不如星状创业团队中的核心主导人物那样有权威。

第三节　创业团队的组织

在管理实践中，我们会了解到许多典型的企业案例，有的企业经营得犹如一盘散沙，毫无凝聚力，而有的企业却坚如磐石，一直保持着健康、有序的发展。产生如此之大的差异，很大原因就在于该企业的组织结构是否合理。

组织结构（Organizational Structure）是组织的全体成员为实现组织目标，在管理工作中进行分工协作，在职务范围、责任、权利方面所形成的动态结构体系，其本质是为实现组织战略目标而采取的一种分工协作体系。

一、组织结构设计的主要内容

组织结构设计，是通过对组织资源（如人力资源）的整合和优化，确立企业某一阶段的最合理的管控模式，实现组织资源价值最大化和组织绩效最大化。狭义地、通俗地说，也就是在人员有限的状况下通过组织结构设计提高组织的执行力和战斗力。

企业的组织结构设计，是依据企业的战略目标，把企业的任务、流程、权力和责任进行有效组合和协调的一种活动，它包括如下主要内容。

1. 职能设计

职能设计是指企业的经营职能和管理职能的设计。企业作为一个经营单位，要根据其战略任务设计经营、管理职能。如果企业的有些职能不合理，那就需要进行调整，对其弱化或取消。新创企业的职能设计要与企业规模、业务内容相吻合，既要为企业发展搭建需要的平台，又要有效地控制成本。

2. 框架设计

框架设计是企业组织设计的主要部分，运用较多。其内容简单来说就是纵向的分层次、横向的分部门。纵向的分层次是指组织的层次设计，即企业组织中的管理者从董事长、总经理到基层的管理者分多少个级别；横向的分部门是指在同一个层级中需要设计多少个部门来完成工作，每个部门之间的业务关系如何安排，各部门向谁汇报等。

3. 协调设计

协调设计是指协调方式的设计。框架设计主要研究分工，有分工就必须要有协作。协调方式的设计就是研究分工的各个层次、各个部门之间如何进行合理的协调、联系、配合，以保证其高效率的配合，发挥管理系统的整体效应。

4. 规范设计

规范设计就是管理规范的设计。管理规范就是企业的规章制度，它是管理的规范和准则，它保证了各个层次、部门和岗位按照统一的要求和标准进行配合和行动。

5. 人员设计

人员设计就是管理人员的设计。企业结构本身设计和规范设计，都要以管理者为依托，并由管理者来执行。因此，按照组织设计的要求，必须进行人员设计，配备相应数量和质量的人员。

6. 激励设计

激励设计就是设计激励制度，对管理人员进行激励，其中包括正激励和负激励。正激励包括工资、福利等，负激励包括各种约束机制，也就是所谓的奖惩制度。激励制度既有利于调动管理人员的积极性，也有利于防止一些不正当和不规范的行为。

二、常见的组织结构类型

企业组织结构是企业的流程运转、部门设置、职能规划等最基本的结构依据。常见的组织结构类型包括直线制、职能制、直线-职能制、事业部制、矩阵制等。每种组织结构都有其优缺点和一定的适用范围。

1. 直线制

直线制是一种最早也是最简单的组织形式。它的特点是企业各级行政单位从上到下实行垂直领导，下属部门只接受一个上级的指令，各级主管负责人对所属单位的一切问题负责。

这种组织结构一般只适用于规模较小、生产过程简单的企业，而在大规模的现代化生产企业中，由于管理任务繁重而复杂，这种结构就不适宜了。

2. 职能制

职能型组织结构亦称 U 型组织，又称多线性组织结构，是行政组织同一层级横向划分为若干个部门，每个部门业务性质和基本职能相同，但互不统属、相互分工合作的组织体制。

职能制结构起源于本世纪初法约尔在其经营的煤矿公司担任总经理时所建立的组织结构形式，故又称"法约尔模型"。它是按职能来组织部门分工，即从企业高层到基层，均把承担相同职能的管理业务及其人员组合在一起，设置相应的管理部门和管理职务。例如，在一家企业中把所有同销售有关的业务工作和人员都集合起来，成立销售部门，由分管市场营销的经理领导全部销售工作。

3. 直线-职能制

直线-职能制组织结构也叫生产区域制或直线参谋制。它把直线制结构与职能制结构结合起来，以直线领导为基础，在各级行政负责人之下设置相应的职能部门，分别从事专业管理，实现主管统一指挥与职能部门参谋、指导相结合的组织结构形式。目前，绝大多数企业都采用这种组织结构形式。

这种组织结构形式是把企业管理机构和人员分为两类，一类是直线领导机构和人员，按命令统一原则对各级组织行使指挥权；另一类是职能机构和人员，按专业化原则，从事组织的各项职能管理工作。直线领导机构和人员在自己的职责范围内有一定的决定权和对所属下级的指挥权，并对自己部门的工作负全部责任。而职能机构和人员，则是直线指挥人员的参谋和助手，不能对直接部门发号施令，只能进行业务上的指导、监督和服务。

这种组织结构形式吸取了直线制和职能制的优点：一方面，管理权力高度集中，便于最高领导层对整个企业实施严格控制，职能部门及人员成为领导层的参谋和助手，可以充分发挥领导层专业管理的作用；另一方面，由于按职能划分部门，其职责容易明确规定，有利于企业和人员实行专业化分工，更有利于企业人员熟练掌握本职工作的技能，强化专业管理，提高工作效率。

4. 事业部制

事业部制组织结构是指以某个产品、地区或顾客为依据，将相关的研究开发、采购、生产、销售等部门结合成一个相对独立的组织结构形式。事业部制是总公司下面按产品、地区、业务范围划分事业部分公司。事业部分公司自主经营，独立核算。

事业部制最早是由美国通用汽车公司总裁斯隆于1924年提出的，故有"斯隆模型"之称，也叫"联邦分权化"，是一种高度（层）集权下的分权管理体制。它适用于规模庞大，品种繁多，技术复杂的大型企业，是国外较大的联合公司所采用的一种组织形式，近几年我国一些大型企业集团或公司也引进了这种组织结构形式。

5. 矩阵制

矩阵制组织结构是在直线-职能制垂直形态组织系统的基础上，再增加一种横向的领导系统，它由职能部门系列和完成某一临时任务而组建的项目小组系列组成，从而同时实现了事业部制与职能制组织结构特征的组织结构形式。矩阵制组织结构也可以称之为非长期固定性组织结构。

矩阵制组织是为了改进直线-职能制横向联系差、缺乏弹性的缺点而形成的一种组织形式。它的特点表现在围绕某项专门任务成立跨职能部门的专门机构，例如组成一个专门的产品（项目）小组去从事新产品开发工作，在研究、设计、试验、制造各个不同阶段，由有关部门派人参加，力图做到条块结合，以协调有关部门的活动，保证任务的完成。这种组织结构形式是固定的，人员却是变动的，需要谁，谁就来，任务完成后就可以离开。项目小组和负责人也是临时组织和委任的，任务完成后就解散，有关人员回原单位工作。因此，这种组织结构非常适用于横向协作和攻关项目。

矩阵制组织结构是一种十分常见的组织结构，其应用已有30多年，一般适用于协作性和复杂性强的大型组织。国际商用机器（IBM）、福特（Ford）汽车等公司都曾成功地运用过这种组织结构形式。矩阵制组织结构的高级形态是全球性矩阵制组织结构。一般认为，这种组织结构方式可以使公司因为提高效率而降低成本，同时，也因较好创新与顾客回应，而使其经营具有差异化特征。这种组织结构除了具有高度的弹性外，同时在各地区的全球主管可以接触到有关各地的大量资讯。它为全球主管提供了许多面对面沟通的机会，有助于公司的规范与价值转移，因而可以促进全球企业文化的建设。目前，全球性矩阵制组织结构已在全球性大企业如ABB、杜邦、雀巢、菲利普、莫里斯等组织中进行运作。

三、创业组织设计的特点

对于大学生创业团队来说，选择适合的组织结构在一定程度上决定了创业能否成功，与成熟的大型企业相比，大学生创业组织设计具有以下鲜明的特点。

1. 组织结构简单

创业团队组织的规模一般比较小，团队人数一般不多，专业分工不是很明确。因此在创业初期，创业团队应抓住企业成长的关键因素进行组织设计，有所为，有所不为，集中管理资源，以系统为分工原则，推行大部门，强调大部门关键领导人的管理和控制能力，从而提高组织运营的效率。

2. 组织结构灵活

创业团队通常对市场极为敏感，信息渠道众多，反馈迅速，能够根据外界环境的变化做出迅速有效的组织结构调整。

3. 组织结构呈扁平化

创业团队管理层次少，管理幅度较大，领导和员工的关系密切，互动性强，有益于彼此的沟通与协作。但是成长中的创业企业，如果组织结构过于扁平化，领导者的管理事务就会非常繁忙，再加上工作经验不足，往往会导致领导者陷入繁杂的管理事务中，而无法去兼顾其他重要任务，不利于企业的发展。所以，创业团队应根据企业规模、团队人数等因素，适当增加管理层次，有效提高领导者管理的针对性，有效地集中利用资源，从而提高企业的执行效率。

四、创业组织设计的步骤

设计企业组织结构主要包括以下几个步骤。

第一步：弄清你的企业都有哪些工作职能，企业内部应该划分几个部门，需要设置哪些岗位。

第二步：明确各部门之间、各岗位之间的关系，是从属关系还是并列关系，是管理与被管理关系还是协作配合的关系。

第三步：明确各部门和各岗位的工作职责。

第四步：考虑各部门和各岗位需要哪些专业人员，需要多少人员。

第四节　创业团队的组建

创业团队是企业凝聚力的基础。因此，组建一支精良的、具有战斗力的团队至关重要。创业团队的组建是一个相当复杂的过程，但大体可归纳出以下组建原则、组建程序和组建过程中需要注意的关键问题。

一、创业团队的组建原则

1. 目标明确合理原则

目标必须明确，这样才能使团队成员清楚地认识到共同的奋斗方向。与此同时，目标也必须合理、切实可行，这样才能真正达到激励的目的。

2. 互补原则

建立优势互补的团队是创业成功的关键。创业者之所以寻求团队合作，其目的就在于弥补创业目标与自身能力的差距。只有当团队成员相互间在知识、技能、经验等方面实现互补时，才会发挥"1+1＞2"的协同效应。具有战略眼光和感召力的"领袖"、掌控生产运营的"总管"、技术与市场两方面的人才，在团队中都不可偏废。

3. 精简高效原则

为了减少创业期的运作成本、最大比例地分享成果，创业团队人员构成应在保证企业能高效运作的前提下尽量精简。

4. 动态开放原则

创业过程是一个充满不确定性的过程，团队中可能因为能力、观念等多种原因不断有人离开，同时也有人要求加入。因此，在组建创业团队时，应注意保持团队的动态性和开放性，使真正完美匹配的人员能被吸纳到创业团队中来。

二、创业团队的组建程序

1. 明确创业目标

创业目标在团队组建过程中具有特殊的价值。目标是团队存在的理由，是团队决策的前提，是团队运作的核心动力，是发展团队合作的一面旗帜。

创业目标能够激发所有成员产生共鸣，认清团队的未来发展目标，使全体成员紧密相连，团结协作，同甘共苦，淡化个人利益冲突，从而形成一种巨大的凝聚力，并且认同随着团队目标的实现，自己也可以从中获得利益、实现价值。从而把团队的目标也作为自己的目标，并为实现这个目标而奋斗。

2. 制订创业计划

在确定了一个个阶段性子目标以及总目标之后，紧接着就要研究如何实现这些目标，这就需要制订周密的创业计划。创业计划是在对创业目标进行具体分析的基础上，以团队为整体来考虑的计划，创业计划确定了在不同的创业阶段需要完成的阶段性任务，通过逐步实现阶段性子目标来最终实现创业的总目标。

3. 招募团队成员

一旦决定创办新企业，就要开始组建管理团队和招募核心成员。招募合适的成员是组建创业团队最关键的一步。许多创建者担心将不合适的人安排到关键岗位上。因为大多数新企业都具有现金约束，而且每位团队成员都必须做出有价值的贡献，所以招募一个意愿很高但不适合某项工作的人对企业很不利。Lane15公司的创建者爱丽莎·奈斯勒（Alisa·Nessler）强调说，在创建企业的过程中，你要认识到首要问题是用错人要付出高昂的代价。在大企业，人们有时倾向于认为如果用了"意愿良好"或"态度好但行动能力差"的人，你仍能够使事情得到挽回，或许是因为在已建企业中，人们更易于忽视个人的价值增值作用。而在新创企业中，你就不能简单地这样认为。每个人都十分重要，每名团队成员的工作都必须直接影响价值，否则这个人就得离开。所以，为了准确招募到优秀的符合岗位需要的团队成员，就要从多方面进行考虑，以下几个因素值得

我们关注:

(1) 互补性

考虑互补性,即考虑创业团队成员之间能否在能力和技术上形成互补。从人力资源管理的角度来看,建立优势互补、专业能力完美搭配的"异质性"创业团队是保持创业团队稳定的关键。在创建一个团队时,不仅仅要考虑相互之间的关系,最重要的是考虑成员之间的知识、资源、能力或技术上的互补性。成员的知识结构越合理,创业的成功性越大。这种互补性既有助于强化团队成员间彼此合作,又能保证整个团队的战斗力,更好地发挥团队作用。

(2) 招募时间

考虑招募时间,即考虑招募创业团队成员的时间点。到底何时招募,用多长时间招募,需要依据新企业的具体情况而定。在有些情况下,创建者个人要先工作一段时间,企业初具雏形后,根据企业运营情况招募核心成员;而在另一些情况下,创业者由于自身能力的不足,则需要立即招揽合作者协同作战。

(3) 招募规模

适度的团队规模是保证团队高效运转的重要条件。团队成员太少则无法实现团队的功能和优势,不能承担较为复杂的企业项目,而过多又可能会产生同等特质的成员过剩,引发不良竞争,团队很可能分裂成若干小团体,进而大大削弱团队的凝聚力。一般认为,创业团队的规模控制在 2~12 人为最佳。

(4) 招募形式

创建者如何完成招募和选拔核心成员的形式因人而异。有些新企业创建者利用人际关系网来为关键岗位挑选候选者,而有些企业创建者则利用校园定向招聘、人才市场、网络招聘、媒体广告、猎头公司来招募合适的团队成员。下面重点介绍几种常见的招聘形式,大学生创业者可根据实际情况进行选择。

① 人际关系网。即利用团队招募者的熟人关系介绍来招募团队成员。这种方式的优点是招聘成本小,应聘人员和企业人员之间存在一定的关联相似性,基本素质较为可靠,可以快速找到和现有人员素质、技能相近的人员;缺点是这种方式的选择面比较窄,往往难以招到能力出众、特别优异的人才。例如,大学创业者直接找来自己的亲戚朋友或同学进入其团队,或者是团队成员推荐其亲戚朋友等。

② 校园定向招聘。即是企业与院校建立了一定的互助合作关系,学校根据企业要求制订教学计划,培养出符合企业要求的人员毕业后选择性地进入企业。这种方式的优点是校园招聘能够极大地提高企业在高校圈的知名度,为企业储备人才提供人才库,为建立良好的校企合作关系奠定基础,而且校园招聘的费用低廉,对知名企业而言有时甚至是免费入场;缺点是校园招聘虽然能够吸引众多的潜在人才,但是这类人员的职业化水平(态度、专业技能、行为习惯等)不平衡,需要企业投入较多的精力进行系统培训。

③ 人才市场招聘。即主办机构集合众多有招募需求的企业在特定的时间和地点对广大人才或应届毕业生进行双向选择的传统招聘形式。这种方式的优点是招聘人员不仅可以和求职者直接面对面交流(相当于初试),快速淘汰不合格人员,有效控制应聘者

的数量和质量,而且还可以直观展示企业的实力和风采;缺点是这种招聘形式往往受到展会主办机构宣传推广力度的影响,求职者的数量和质量难以有效保证,所以这种方式通常用于招聘一般型人才。

④ 网络招聘。即利用人才网站发布招聘信息招募人员的新的媒体招聘形式,多适用于常年招聘的企业所采纳。智联招聘、中华英才网、前程无忧等都是大家常见的招聘网站。这种方式的优点是招聘信息可以定时定向投放,发布后也可以管理,其费用相对比较低廉,理论上可以覆盖到全球。通过在知名的人才网上发布招聘信息可以快捷、海量地接收到求职者的信息,而且各网站提供的格式简历和格式邮件可以降低简历筛选的难度,加快处理简历的速度。这种形式对于白领阶层尤其实用;缺点是这种招聘形式不能控制应聘者的质量和数量,海量的信息包括各种垃圾邮件、病毒邮件等会加大招聘工作的压力,在信息化不畅通的地区效果较差。

⑤ 媒体广告招聘。即利用广播、电视、报纸、杂志刊登招聘广告的招聘形式。这种方式的优点是覆盖面比较广,目标受众接受程度较高,不仅可以在广大范围招揽人才,同时还可以通过广告有效宣传公司业务,提升企业在当地的知名度;缺点是这种招聘形式会吸引到很多不合格的应聘者,增加了人才筛选的工作量和难度,延长了招聘周期,另外这种形式的费用一般较高,特别是选择"抢眼"时段或版面。

⑥ 猎头公司。猎头是一种由专业咨询公司利用其储备人才库、关系网络,在短期内快速、定向寻找企业所需人才的招聘方式。这种方式的优点是猎头公司常年积累的人才库丰富、关系网发达、能够高效找到企业所需人才;缺点是正规的猎头公司收费比较高,通常为被猎成功人员年薪的 20%~30%。新企业选择核心成员时一般会借助猎头公司,原因有二:一是招募和挑选岗位候选者的过程花费时间较长,创业者创业初期事务较多,利用猎头公司可腾出大量时间投身其他关键工作;二是企业创建初期,核心成员的招募和选择对企业今后的成败有很大影响,创业者经验不足时,需要凭借猎头公司长年的关系网络去发掘适合的高级人才,如挑选了不合适的成员,对企业的健康运营是相当不利的。

4. 职权划分

为了保证团队成员执行创业计划、顺利开展各项工作,必须预先在团队内部进行职权的划分。创业团队的职权划分就是根据执行创业设计的需要,具体确定每个团队成员所要担负的责任以及相应所享有的权限。团队成员间职权的划分必须明确,既要避免职权的重叠和交叉,也要避免无人承担造成工作上的疏漏。此外,由于企业还处于创业过程中,面临的创业环境又是动态复杂的,会不断出现新的问题,团队成员可能不断出现更换,因此创业团队成员的权限也应根据需要不断进行调整。

5. 构建创业团队制度体系

创业团队制度体系体现了创业团队对成员的控制和激励能力,主要包括了团队的各种约束制度和各种激励制度。一方面,创业团队通过各种约束制度(主要包括纪律条例、组织条例、财务条例、保密条例等)指导其成员避免做出不利于团队发展的行为,实现对团队成员行为的有效约束、保证团队的稳定秩序;另一方面,创业团队要实现高效运作要有有效的激励机制（主要包括利益分配方案、奖惩制度、考核标准、激励措施等），这样才能使团队成员看到随着创业目标的实现，其自身利益将会得到怎样的改变，从而达到充分调动成员的积极性、最大限度发挥团队成员作用的目的。

6. 团队的调整融合

完美组合的创业团队并非创业一开始就组建完成，很多时候是在企业创建后随着企业发展逐步形成的。随着团队活动的运作，团队组建时在制度设计、人员匹配、职权划分等方面的不合理之处会逐步暴露出来，这时就需要对团队进行调整融合。由于问题暴露需要一个过程，所以团队调整融合也是一个动态持续的过程。在完成一阶段工作之后，就要针对运行中暴露出来的各种问题逐一进行调整，直至满足实践需要为止。在进行团队调整融合的过程中，最为重要的是要保证团队成员经常进行有效的沟通与协调，培养强化团队精神，提升团队士气。

需要注意的是，团队的组建过程并非一个完全严格的组建过程，即创业团队有时并不一定严格按照上述讲到的过程一步步进行组建。事实上，许多创业团队的组建过程没有明确的步骤划分，如制度体系构建、团队的调整融合很可能贯穿于新企业发展的整个过程中。创业者在组建创业团队时可根据上述程序的指导和实际情况灵活运用。

第五节　创业团队的管理

团队管理（team management）指在一个团队中，依成员工作性质、能力组成各种小组，参与团队各项决定和解决问题等事务，以提高团队生产力和达成团队目标。随着团队工作日益增多，很多工作实难靠个人独立完成，必须有赖于团队合作才能发挥力量。因此，一个创业团队若能善于团队管理，对于激发成员潜能、协助问题解决、增进成员组织认同、提升组织效率与效能具有一定的作用。

那如何实现有效的管理呢？主要可以通过以下几个方面。

一、确定成员的角色定位

团队中角色定位的不确定性往往会导致成员之间的冲突。所以，创业团队中每位成员应充分发挥所长，依据自己应承担的职责行事，充分发挥主观能动性，从而促进团队的工作协调、顺畅。

1. 领导者

在创业团队中，领导者的领袖作用很重要，他犹如大海航行中巨轮的舵手，引导着创业团队的方向，影响着创业团队的发展与运作。例如，《西游记》中的唐僧，就是一个典型的团队领导者。

2. 创新者

创新是创业团队成长、发展的源泉。创新者拥有高度的创造力，思路开阔，观念新而且富有想象力。在创业团队中，创新者的作用相当明显，一方面他可以为刚刚启动的创业团队提出新想法、开拓新思路，为创业团队获得新的商机；另一方面他也可以为团队提出富有新意的管理思路，从而促进团队高效运作。

3. 实干者

"千里之行始于足下"，任何创业团队获得成功，就一定需要通过实干者落到实处的勤奋工作来逐步实现创业目标。而且，一个健康的创业团队中，实干者应该占较大的比例。实干者非常现实，传统甚至有些保守，他们崇尚努力，计划性强，喜欢用系统的方法解决问题。实干者有很好的自控力和纪律性，对企业的忠诚度较高。其典型特征：保守、有责任感、办事守规矩讲效率。

4. 协调者

没有协调者的团队，领导力和人际关系一定比较紧张，所以协调者在团队中起到的"团队润滑剂"作用非常重要，尤其在创业团队中，拥有不同背景、不能技能的创业者虽然因为共同的梦想聚在了一起，但是每个人都有不同的个性，刚组建到一起难免会出现各种分歧和争执，所以为了让大家拧成一股绳为团队目标一起奋斗，就需要协调者从中调节。协调者为人一般比较成熟、善解人意、处事灵活，而且办事客观、不带个人偏见，除权威之外，更有一种个性的感召力，在人际交往中能够发现每个人的优势，并在实现目标的过程中能妥善运用，协调者因其开阔的心胸和视野而广受尊敬。协调者崇尚"以和为贵"的信条，有他在团队，一般团队氛围好、凝聚力强。其典型特征：冷静、公正、公平、合作性强。

5. 信息者

当今社会，信息是企业发展必备的重要资源之一。创业团队要在市场占得一席之地，就一定要有灵通的信息网络，从而获得正确而及时的信息，所以信息者在创业团队中的信息支持作用也非常重要。信息者是一个反应敏捷、性格外向的人，他的强项就是人际交往，所以信息者是天生的交流家，他喜欢聚会与交友，在交往中获得信息，而且信息者对外界环境十分敏感，一般最早能感知变化。因此，信息者在创业团队中，主要从事市场调查、外部公关和商务谈判等工作。

6. 推进者

推进者能够促进团队决策的实施，他是创业团队进一步发展的"助推器"。推进者一般是行动的发起者，他们在团队中活力四射，所以推进者多是高效的管理者。他们目标明确，主观能动性强，说干就干，办事效率极高，有高度的工作热情和成就感，遇到困难时也总能找到解决的办法。推进者大多性格外向且干劲十足，喜欢挑战别人，好胜心强，敢于独自做决定而不介意其他成员的反对，是一个具有竞争性的角色，但是不得不说，推进者也是确保创业团队快速行动的最有效成员。

7. 监督者

监督者是个严肃、谨慎、理智、冷血的人，有很强的评判能力，他们天生就不会过分热情,也不易情绪化,在外人看来,监督者是乏味而严苛的。不过在创业团队中,监督者因善于分析评判,善于权衡利弊,所以能够客观地为团队发展选择正确的决策。为此,监督者一般处在团队的战略性位置,决策团队的关键性问题。

二、制定良好的规章制度

规章制度是指用人单位制定的组织劳动过程和进行劳动管理的规则和制度的总和,也称为内部劳动规则,是企业内部的"法律"。规章制度内容广泛,包括了用人单位经营管理的各个方面。根据劳动部颁发的《劳动部关于对新开办用人单位实行劳动规章制度备案制度的通知》,规章制度主要包括:劳动合同管理、工资管理、社会保险福利待遇、工时休假、职工奖惩以及其他劳动管理规定。

对于新建的创业团队来说,因创建初期人员较少,所以大家一般能自觉地各司其职,或者通过"传帮带"的方式实现人管人的管理机制,但是一旦企业初具规模,开始广纳新人,创业团队就必须通过立规矩、建标准来实现制度管人的科学管理模式。

制定健全的规章制度,有助于企业实现科学管理,提高劳动生产率和经济效益,确保企业生产经营活动的顺利进行。良好的规章制度主要有以下几个作用。

① 规范员工言行,规范企业管理。企业如果建立了全面、完善的规章制度,内部工作有章可循,员工积极性就可得到广泛调动,企业的各项工作就能够顺利开展,企业的经济效益就会不断得到提高。公平是靠制度来体现的,效率是靠制度来促进的,效益也是靠制度来提高的。记得网上流行过一个"破窗理论":如果有人打破了一个建筑物的窗户玻璃,而这扇窗户又得不到及时修理,别人就可能受到某些暗示性的纵容去打烂更多的窗户玻璃,久而久之,这些破窗户就会给人造成一种无序的感觉。这个理论正是说明了制度对人员的规范化管理。在企业中,尤其是在新建企业中,遵守规章制度至关重要,它可以约束企业和员工的行为,使员工养成良好的工作习惯,建立企业良好的工作氛围,一旦企业出现有违规章制度的错误行径,就应及时制止,否则不良风气、违规行为就会滋生蔓延,不利于企业的健康成长。

② 赢得合作伙伴信任,赢得商业机会。俗话说:"买产品先要看设备,做生意先要看制度",完善的规章制度可以体现出企业的专业化管理、专业化经营。

③ 补充法律规定,预防和解决劳动争议。企业的规章制度不仅是公司规范化、制度化管理的基础和重要手段,同时也是预防和解决劳动争议的重要依据。鉴于劳动关系中劳动者和用人单位之间的从属关系,由于国家法律法规对企业管理的有关事项一般缺乏十分详尽的规定,事实上用人单位依法制定的规章制度在劳动管理中可以起到类似于法律的效力,因而企业合法的规章制度在一定程度上起到了补充法律规定的作用。如《最高人民法院关于审理劳动争议案件适用法律若干问题的解释》规定:"用人单位根据《劳动法》第四条之规定,通过民主程序制定的规章制度,不违反国家法律、行政法规及政策规定,向劳动者公示的,可以作为人民法院审理劳动争议案件的依据。"

④ 对接国家政策,申请项目基金。发改委要求的项目基金的申报材料中,有一项就是企业必须有非常完善的规章制度才可申请国家的项目基金支持。同理,许多项目竞标也都需要企业提供本企业的规章制度,并将其作为考核企业是否合格的标准之一。

三、营造良好的工作氛围

工作氛围就是团队的内部气氛，是内部成员在特定环境下工作的综合心理或认知程度，体现了成员对组织的普遍性态度及相应的情感反应，是构成组织文化的基本要素。可以说，优秀的团队离不开良好的工作氛围，良好的工作氛围是团队保持良性可持续发展的重要力量源泉。

工作氛围是一个看不见、摸不着的东西，其形成与发展的动力源自于成员个体，是内部成员个人品行和职业操守、职业素养和心态、思维方式和习惯的集中体现，代表着队伍内部的主流思想。工作氛围是一个团队的人文环境。工作氛围的管理是对队伍成员主观世界的改造，相对于"重规范、讲约束"的制度式管理而言，工作氛围的管理则侧重于"重情感、讲引导"，所带来的影响是长期的和潜移默化的，直接关系到成员个体的工作积极性的发挥，成员的称职行为在一定程度上取决其所处的工作氛围。良好的工作氛围就是尽可能地满足成员的心理需求，从内心深处去激发精神动力，让他们产生精神愉悦、愿意以组织为家的心理效应，从而实现管理工作上的"事半功倍"。

工作氛围也是在团队成员之间的不断交流和互动中逐渐形成的，它如一条无形的纽带一样将团队成员紧紧地维系在一起。如果成员之间协助支持、信任尊重、融洽合作、相互认同的行为蔚然成风，则能促成良好的工作氛围形成；反之，成员之间关系紧张、怀疑猜忌、钻营投机、相互拆台，一切则无从谈起。

钓过螃蟹的人或许都知道，篓子中放了一群螃蟹，是无需盖盖子的，不必担心螃蟹会爬上来，因为只要有一只螃蟹想往上爬，其他螃蟹便会纷纷攀附在它的身上，生生把其拉下来，最后导致没有一只能够出去。企业里也常有类似的人，嫉妒别人的成就与杰出表现，天天想尽办法破坏与打压，如果不予去除，久而久之，团队里只剩下一群互相牵制、毫无生产力的"螃蟹"。所以对于团队中这些不知悔改的螃蟹，一定要尽早清除。

对于一个新组建的创业团队来说，也许组建里程尚短，还没有形成成熟的企业文化和企业精神，但是相信只要团队成员共同向好的方向努力，一定可以营造出积极进取、团结向上的工作氛围，从而达成企业的宏伟目标。

当然，为了营造这种氛围，企业的管理者也需要做如下努力。

① 奖罚分明公正，对于工作成绩突出者一定要让其精神物质双丰收，对于出工不出力者则应受到相应的惩罚，如员工甲工作勤奋，超额完成了工作任务，那就应该给予奖励，员工乙工作拖拉，玩忽职守，因工作失误导致企业蒙受损失，那就应该严厉惩罚。

② 让每个团队成员承担一定的压力，管理者应适当放权，不应该成为"所有的苦，所有的累，我都独自承担"的典型。管理者应培养团队成员建立当家做主的事业心和责任感，成员越积极，管理者越轻松，说明管理得也越到位。曾有一位管理专家这样说过："一流的老板是员工拼命为你拼；二流的老板是你和员工一起拼；三流的老板是埋头苦干自己拼；四流的老板是迟早关门没得拼。"还有一个管理专家这样说过："没本事的老板做事；有点本事的老板做市；很有本事的老板造势。"

③ 在企业决策和各项问题的讨论上，要民主、要平等，不做学霸、不搞一言堂，

充分调动每个成员的积极性。

④ 在生活上,管理者也应多关心、多照顾成员的身心健康,帮助解决和缓解家庭困难,让大家都能感受到团队的温暖。

四、有效的团队沟通与激励

1. 积极沟通

团队成员在创业初期大多能够同心协力,为企业的建立和发展贡献力量。但随着企业的运营,许多矛盾、难题逐步浮出水面,在处理这些问题时,团队成员开始坚持自己的观点,由此引发了一些不必要的冲突。在这种情况下,如果成员之间不能良好沟通以形成统一的意见,难免相互埋怨,最后导致关系恶化、团队分裂。因此,团队创业者之间应重视有效的沟通,从而保证团队旺盛的生命力和健康的发展方向。

(1) 沟通的定义

沟通是人与人之间、人与群体之间思想与感情的传递和反馈的过程,以求思想达成一致和感情的通畅。一个完整的沟通过程必须具备信息源、信息、传递通道、接收者、信息反馈五个要素,其基本模式如图 6-1 所示。

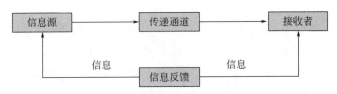

图 6-1 沟通过程的基本模式

沟通是管理的基础,任何团队的管理工作都需要沟通,沟通可以促进成员很好地交换信息、交流经验、完成任务,最终达到团队的预期目标。

(2) 沟通的渠道和意义

沟通渠道是指由信息源选择和确立的传送信息的媒介物,即信息传播者传递信息的途径。团队沟通是随着团队这一组织结构的诞生应运而生。团队沟通渠道即团队内部信息流动的通道,它的渠道主要有两种:正式沟通和非正式沟通。

① 正式沟通。正式沟通是指在企业系统内,依照企业团队正式规定的通道所进行的信息传递与交流的方式。例如召开会议、传达文件、上下级之间定期的情报交换、团体所组织的参观访问、技术交流、市场调查等。正式沟通一般都是垂直的,它遵循权力系统,并只进行与团队工作相关的信息沟通,团队重要信息的传达一般都采取这种方式。正式沟通的优点是沟通效果好,约束力强,权威性强;缺点是信息依靠团队逐级传递,比较刻板,沟通速度慢。

② 非正式沟通。非正式沟通是指正式沟通以外所进行的信息传递与交流的方式,它是通过相互间的信息回馈,以达成双方利益和目的一种方式,它不受团队监督,可以自由选择沟通渠道。例如,团体成员私下交换看法、朋友聚会、传播谣言和小道消息等都属于非正式沟通。非正式沟通是正式沟通的有机补充。在许多组织中,决策时利用的

情报大部分是由非正式信息系统传递的。同正式沟通相比,非正式沟通往往能更灵活迅速地适应事态的变化,省略许多繁琐的程序,并且常常能提供大量的通过正式沟通渠道难以获得的信息,真实地反映员工的思想、态度和动机。因此,此渠道获得的信息往往能够对管理决策起重要作用。非正式沟通的优点是沟通形式多样,直接明了,速度很快,容易及时了解到正式沟通难以提供的"内幕新闻";缺点是难于约束,信息易失真,容易导致团队中出现"小集体",影响人心稳定和团体的凝聚力。

所以,作为一名创业团队的管理者,应充分关注非正式沟通所产生的后续影响,善于对其实行合理使用和正确引导,在团队中尽量形成一个巨大的、不拘形式的、开放的正式与非正式相结合的信息沟通系统,在向员工宣扬良好的企业价值观的同时也给员工提供一个释放情绪的反馈机制。由此,管理者就可以获得更多的有效信息,在达成相互理解的同时解决潜在的危机,从而最大限度地提升团队的凝聚力。

而且,随着互联网和局域网的发展,现在很多团队都开始应用便捷而有效的网络沟通方式,MSN、QQ、飞信、微信等都成为团队公开交流的重要手段。团队成员们在这个平台上畅所欲言,不仅让团队成员获得了更多的愉悦感,更让团队在潜移默化中形成了良好的团队精神和团队氛围,从而促进了企业高效运行和健康发展。

2. 有效激励

团队激励是指企业通过设计适当的外部奖酬形式和工作环境,以一定的行为规范和惩罚措施,借助信息沟通来激发、引导、保持和规范员工的行为,以有效地实现企业及其员工个人目标的系统性活动。团队激励是保持团队士气的关键,它不仅能够增强团队归属感和荣誉感,同时也能改善团队的绩效表现。所以,作为一名创业团队的管理者,在能力范围内使团队成员得到充分的激励至关重要,为此管理者应从以下几个方面进行努力。

(1) 营造公平的环境

无论我们身处在何种环境下,权衡比较的习惯一直存在。在团队中,成员总是会把自己的贡献、报酬与一个自认为相等条件的他人相比较,当这种比值相等时,就会有公平和满足的感觉,心情就会舒畅,工作积极性也日渐高涨。所以,在团队中营造一个公平、透明的工作环境,可以让员工身心愉悦,可以让他们感受到自己的工作能够得到公正、公平的评价,并且能够得到合理的回报,进而更加积极地投入工作。反之,如果在一个不公的工作环境中,员工的努力得不到合理的回应,就会产生负面心理,进而对工作产生抵触情绪,影响工作的绩效。这种现象对于一个新创企业的成功极具破坏性。因此,团队管理者应重视公平环境的营造,并通过有效的激励手段,令团队和谐发展。

(2) 采取有效的激励手段

管理者对员工激励的方式要不断变化,新颖变化的刺激,会对员工产生较大的正面激励效果,反复多次的类似刺激,作用就会逐渐衰减。另外激励的及时性,也是影响激励效果的重要因素。如何合理选用激励措施,最大限度提高员工工作绩效,是现代企业管理者最应该认真考虑的问题。

① 目标激励有助于使团队目标与个人目标相统一。目标激励,就是把企业的需求

转化为员工的需求,使员工在工作中时刻把自己的行为与目标紧密相连。在制定目标时,要根据组织的实际情况来制定既切实可行又具有挑战性的目标。一个振奋人心、切实可行的目标,可以鼓舞士气,激励员工奋勇前进。另外,在目标激励的实施过程中,要阶段性地检查实施情况,对偏离目标的行为进行调整,对员工所取得的成绩要不失时机地给予赞扬和肯定,确保员工在享受成就感的同时沿着既定目标的方向继续前进。

② 物质激励有助于提高员工的工作状态和生活品质。激励的核心是"人的满足感"。按照马斯洛需要层次理论的说法,人必须有足够的物质基础以满足其最基本的生理和安全需求,当物质的条件达到一定程度后才会有更高层次的精神追求。因此物质激励往往是企业管理者最常用也最快见成效的激励方式之一。适时地提高薪酬、定期地发放福利或给予团队核心成员一些期权奖励都能让员工的生活水平在一定时期内得以满足,使其更加积极主动地投身工作。

③ 信任激励有助于提高员工的主观能动性。每个人都有被重视、被信任的渴望,企业敢不敢于放手用人,给员工一个施展才华的舞台与机会,是影响核心员工忠诚的一个重要方面。在对员工离职原因的调查中显示,不少核心员工辞职的主要原因就是因为领导的不信任,不肯放权、没有发挥空间等。核心员工大多具有更强的专业性、自主性和进取意识,他们迫切希望被认同和委以重任,如果对其给予信任和充分放权,他们就会充满动力,发挥更大的作用。所以,信任是一种非常有效的激励手段。作为团队的领导者,当你放手让下属在其职权范围内独立开展工作的时候,你就是在不知不觉中采用了信任激励。员工在得到你信任和重用的同时,会不自觉地表现出主人翁的意识,积极主动地处理各种问题,并创造性地做好每一项工作。

④ 心智激励有助于员工发挥潜在能力。潜能,就是人类本具有却没有被开发的能力。作为一个团队管理者,特别是一个新创企业的团队管理者,他需要的是员工的效能而不是潜能。如果员工的潜能不能被激励和发掘,那对团队来说就毫无用处。所以,要想使每位员工都能发挥所长,团队管理者就必须善于发现员工的潜能,并帮助员工将其潜能转化为实际有用的效能。而且,作为团队的领导者,一定不要吝惜鼓励员工的言语和行动。"小王,你在营销方面很有天赋。"也许这一句简单的言语就会对员工产生非同寻常的影响。因为这句话给他的员工传递出了两个信息:第一,领导很关注我,发现了我的闪光点;第二,我在这方面很有天赋,我要继续努力,创造更大的业绩。试想,当每位团队管理者都有这种善于发现员工长处,激发员工潜能的意识,每位员工的潜能都得到极大的激发,那团队的管理水平和业务水平一定会有一个质的飞跃。

⑤ 负激励可以减少员工犯错误。负激励,是指当团队成员的行为不符合组织目标或社会需要时,团队将给予惩罚或批评,使之减弱和消退,从而来抑制这种行为。负激励的具体表现主要为:警告、纪律处分、经济处罚、降级、降薪、淘汰等。对于操作岗位来说,我们可以通过设计科学合理的操作流程,细化每一个操作环节来约束员工朝被期望的方向发展。对于违反操作规程或出现错误的行为给予一定的批评教育甚至是物质惩罚,同时指引其正确的步骤和操作方法,最大限度地避免同样错误再次发生。对于从事管理与服务工作的员工来说,因这类工作缺乏定量的考核标准,所以在很大程度上是靠一种行为习惯和企业制度来约束。对于新创建的团队来说,每一个成员都需要通过相

当长一段时间去塑造和认知团队的文化。在整个认知过程中，团队管理者需对新成员的言行随时随地给予评价，这样新成员就会了解到自己的做法是否朝着被期望的方向发展。由此通过不断反复的纠正和调整，使其慢慢理解和认同这种模式，从而渐渐地将团队文化和操作规程等信息融入自己的血液中，成为自己的思维方式和行为准则。

⑥ 领导行为激励可以增加员工的忠诚度。一个成功的团队管理者，其关键在于其99%的行为魅力以及1%的权利行使。下属能心悦诚服地为他努力工作，不是因为他手中有权，权是不能说服人的，即使服了，也只是口服心不服，绝大多数原因是团队管理者有着良好的领导行为。好的领导行为能给员工带来信心和力量，激励员工，使其义无反顾地向着目标前进。

⑦ 情感激励可以提高员工的归属感。一提到"领导"这个词，很多人都会浮出高高在上的画面，如果出现这种感觉，那肯定会阻碍员工与领导之间的距离。对于一个新组建的创业团队来说，如果团队管理者能够放下身段，与团队成员打成一片，交流思想，增进了解和信任，并真诚、主动地为团队成员排忧解难，那团队成员一定能充分感受企业大家庭的温暖，自然而然产生主人翁的意识，从而心甘情愿地与整个团队同呼吸、共命运，共同为团队远大的目标而努力奋斗。

第七章　创业资金的来源与管理

大多数创业者会告诉你，创办新企业最难的地方就是筹集资金。事实上，创业者创办新企业最关注的问题就是筹资，创业过程中最希望获得的帮助也普遍是希望获得资金上的帮助。美国著名管理学家罗杰·费里兹曾说："创业者成立企业，除了一些基本工作之外，还需要创业资金。拥有的资金越多，可选择的余地就越大，成功的机会就越多。如果没有资金，一切就无从谈起。"对于广大的大学生创业者来说，创业初期最头疼的问题莫过于"如何获得自己的第一桶金"。正所谓"巧妇难为无米之炊"，对大学生创业者来说，能否快速、高效地筹集到资金，是创业成功至关重要的因素。

筹集创业启动资金是困扰大学生创业的一大难题，也是当今国家各有关部门积极探讨的焦点问题。创业是一个系统工程。财务活动的起点是筹资活动。大学生预测创业启动资金，要积极、慎重、胆大、心细，既要考虑到有利条件，也要预测到不利因素中的退守和防御。怎样快速筹集资金，怎样提高融资的成功率，下面做简单介绍。

第一节　资金来源与筹集资金的方法

对于创业的大学生而言，创业资金主要来自于个人储蓄，部分亲戚朋友的借款，以及用自己的房子和汽车作为抵押，向本地银行的企业贷款，还有少量的创业贷款。只有在你有相当大的投资吸引力的时候，外部投资人才会注意你。

一、资金来源

在创业者创业的过程中，一般最困难的事情就是创业资金要如何筹集。筹资方式是指可供企业筹措资金时所选用的具体形式。我国企业目前主要有以下几种筹资方式。

1. 自有资金

自有资金指自身的存款、亲戚朋友借款等。这一部分的钱是自己创业的基本资金。

2. 股权融资

股权融资指创业者或中小企业让出企业一部分股权获取投资者的资金，让投资者占股份，成为股东，而不是借贷，是带有一定风险投资性质的融资，是投融资双方利益共享、风险共担的融资方式，对于不具备银行融资和资本市场融资条件的中小企业而言，这种融资方式不仅便捷，而且可操作性强，是创业者与中小企业实现融资的渠道之一。

3. 债权融资

债权融资指创业者或中小企业采用向银行等金融机构贷款或者向非金融机构（民间借贷）借款的形式进行融资，在双方约定的期满后当事人必须偿还本金并支付利息。向金融机构贷款需要具备抵押、信用、质押担保等某一条件，民间借贷更多的是依靠信用和第三方担保的形式。

4. 政策性贷款

政策性贷款指政府部门为了支持某一群体创业出台的小额贷款政策，比如下岗失业人员小额贷款政策；同时也包括支持中小企业发展建立的许多基金，比如中小企业发展基金、创新基金等。这些政策性贷款的特点是利息低；微利行业政策贴息，甚至免利息，偿还的期限长，甚至不用偿还。但是要获得这些基金必须符合一定的政策条件。

5. 金融租赁

金融租赁指由出租人根据承租人的请求，按双方的事先合同约定，向承租人指定的供应厂商购买承租人指定的固定资产，在出租人拥有该固定资产所有权的前提下，以承租人支付租金为条件，将一个时期的该固定资产的占有、使用和收益权让渡给承租人。金融租赁具有融物和融资的双重功能。对承租人而言，采用融资租赁方式，通过融物的方式实现了融资的目的。

6. 风险投资

风险投资（Venture Capital，简称 VC），其实把它翻译成创业投资更为妥当。风险投资是由职业金融家投入到新兴的、迅速发展的、具有巨大竞争潜力的企业中一种权益资本。风险投资通过促使高新技术成果尽快商品化、产业化，以取得高资本收益。从运作方式来看，是指由专业化人才管理下的投资中介向特别具有潜能的高新技术企业投入风险资本的过程，也是协调风险投资家、技术专家、投资者的关系，利益共享，风险共担的一种投资方式。

这种投资方式与以往抵押贷款的方式有本质上的不同。风险投资不需要抵押，也不需要偿还。如果投资成功，投资人将获得几倍、几十倍甚至上百倍的回报；如果失败，投进去的钱就算打水漂了。对创业者来讲，使用风险投资创业的最大好处在于即使失败，也不会背上债务。这样就使得年轻人创业成为可能。

7. 天使投资

天使投资主要指具有一定资本金的个人或家庭，对具有发展潜力的初创企业进行早期投资的一种民间投资方式。天使投资是风险投资的一种，但与大多数风险投资投向成长期、上市阶段的项目不同，天使投资主要投向构思独特的发明创造计划、创新个人及种子期企业，为尚未孵化的种子期项目"雪中送炭"。它只将发明计划或种子项目"扶上马"，而"送一程"的任务则由机构风险投资来完成。

8. 其他

筹资方式除了以上几种还包括短期的典当以及供应商融资、经销商垫资等多种形式。

二、筹资方法

资金来源的方式有很多种，那么对于大学生创业，其创业资金的问题要如何解决？创业资金一般来说可以用以下几种方法来筹措，但各有利弊。

1. 存款

创业者自己的存款是新企业的一个重要的资金来源。大部分的创业者依靠自己的资金为新企业提供融资。即使具有高成长潜力的企业，在很大程度上都依赖创建者的存款提供最初的资金。大学生创业主要不是靠雄厚的资金做投资的保证，有的大学生几千元也能创业。钱多可以就做大事，钱少就从小事做起。独立投资的好处有很多，首先外部压力小；其次没有分权的隐患，如果和别人一起投资不知是谁说了算，这样一来权利就会被分散；再次是做决断可以相当迅速。个人投资比较适合很有主见的人，就个人投资而言，一般两三万元起步比较合适。

案例 7-1 从小事做起

大学生创业者王红从大一进校开始就在想将来如何创业的事情。他进入大学发现的第一个商机是新生报到都要买床上用品等日用生活品。等到他大二的时候，他就用 1000 元到批发市场买了十几套床上用品、温水瓶、脸盆、水桶等，他的卖价略低于学校的价格，于是很快就卖完了。接着他用本钱加挣到的利润又批发了一批回来，开学的几天他就赚到 1000 元，并且同批发市场的老板建立了供销关系，在之后的大三、大四新学期开始，他直接给批发市场老板打电话订货，也不用提前付款，批发市场的老板不仅送货到校门口，还售后结账。

虽然王红同学的这种销售活动不能算是创业，但他在大学期间就已经开始做商业方面的尝试。大学毕业后，王红同学在学校周边租赁了一间小铺面，销售各种小饰品。由于他对大学生需求有很清楚的了解，他开的小饰品店投资金额不大，而资金周转快，他坚持走利小量大的经营路线，因此生意一直不错。当他有了一定资金积累后，又在其他高校外连续开了几家连锁店。

2. 家人和朋友借款

也有很多创业者在资金需求不大，但自己的存款不够的情况下，向家人或是朋友借款来筹集资金。这种情况比较适合创业初期需要临时资金周转的情况，为避免不必要的麻烦，建议一般应向家人或朋友书面明确借款的金额和承诺还款的时间，甚至包括可以支付的利息。

3. 合伙投资

这种投资有四大优势，现在很多创业都是合伙创业。

① 资金上有优势，比方说每个人投资3万，五个人合伙就是15万，就可以做15万的事情。

② 设备有支持，利用合伙人的关系，可以用更少的钱办成更大的事。

③ 技术上有支持，甲懂管理，乙懂财会，丙懂销售，大家合起来的力量就大于单独一个人的力量。

④ 人际网络更广阔，每个人都有自己的人脉关系，几个人的人脉加在一起是一笔巨大的无形资产，这种合作有助于企业的成长。

但凡事有利就有弊，很多合伙人最后都是散伙为结局。主要的弊病有五个方面。

① 由于经营理念不同而出现分歧与矛盾时不能很好地解决，最终导致分裂。

② 管理思路不同，每个人在企业制度管理方面都有自己的信念，管理制度在几个人之间达不到调和的时候，分歧必然产生，最终导致分裂。

③ 合伙人之间容易因为沟通不畅、缺乏信任、缺乏透明度而产生怀疑，最终导致分裂。

④ 责权划分不清晰，最容易导致分裂。

⑤ 利润分配不均，也是最终导致分裂的原因。

所以合伙投资一定要对以上五个方面高度警惕和重视。

对于合伙投资最容易出现的是散伙情况，要如何降低合伙后产生的散伙可能呢？首先，要制定规章制度，合伙前要制定合理的规章制度或者条约。条约中要明确每个合伙人的管理权限，明确投资额以及所占的比例和利益分配，明确新增合伙人的权利和义务以及利益分配方式等。其次，在合伙之前要认真考察合伙各方，不仅考察各自可带来的各种优势、有利条件，更主要考察各自的投资理念、性格差异。再次，当合伙后，在投资各方发现问题时，要及时沟通，尽快处理问题或矛盾，并要各方做好自我检讨，尽量不要回避矛盾，尽量求大同而存小异。

4. 贷款和抵押

用贷款和抵押的方式往往可以筹措到比较多的资金，但是这种方式有一个很大的财务成本压力。更多的时候创业不完全是钱的问题，项目的好坏也相当关键，有了好的项目不愁找不到钱，借钱不如借势。要学会整合，整合大家的需求形成自己的优势。

5. 创业贷款

对于大学生创业，现在政府给予许多的扶持政策，贷款是政府对创业者的扶持之一。了解各种创业扶持政策，不同地区贷款政策略有不同，需要申请创业贷款的大学生可到创业企业注册所在地的人社局进行咨询。原则上，凡是国家普通高校毕业生，身体健康，诚实守信，有创业能力并办理《自主创业证》的，都属于贷款对象。如"YBC创业贷款"是由共青团中央、中华青年联合会、中华全国工商联合会共同倡导发起的一个旨在帮助青年创业的教育项目，该项目可为18～35岁的青年提供无息无抵押贷款，贷款总额在3万元至5万元左右。

6．参加创业比赛

目前很多大学生都在参加创业大赛，把参加创业大赛作为挑战自我和创业实战的平台。一般创业大赛的创业培训资金较丰厚，通过竞赛得到第一名的选手往往能得到10万元左右的创业培训基金，因此这种创业大赛吸引了不少想创业的大学生参加。

7．供应商赊购

从供应商那里取得的融资包括：传统的商业信贷，比如卖主在你付款之前把货送到。高明的现金管理策略应该要求供应商提供赊销条件或者对即期会计款打折，可联系多家供应商，最终获得优惠的付款条件。

8．对产品设置预先订购

当你所拥有的还只是一种产品概念或者产品原型时，外部投资者不会为你的企业投资。在这样的情况下，你需要测试和验证你的想法是否具有可销售性，需要开展预先订购。预先订购是从投资人那里得到必要的资金的一个很好的方式。

预先订购并不总是容易实现的，这说明你的产品还有待改进，或者你的成本还需要进一步降低。你可以将客户提出的各种意见和建议进行认真分析，可以利用这些有效信息打造出更适合市场需要的产品，直到你的客户开始接受你的产品时，就是你已经开始建立你的客户基础的信号，稍后的阶段你可能会真正吸引更多的资本。

当你向你的投资人出示的是你的发展愿景而不是产品时，那么你要有关于你的产品的一个清晰的愿景以及它在未来会是什么样子。特别是需要将各个发展阶段和各个时期的进度目标呈现给投资者，而不是单纯出售愿景。投资人会根据你的愿景和执行途径来判断你的项目是否像你描述的一样可行，并且因此而做出投资与否的决定。

9．发起众筹

发起众筹指用团购+预购的形式向网友募集项目资金的模式。众筹利用互联网和SNS传播的特性，让小企业、艺术家或个人对公众展示他们的创意，争取大家的关注和支持，进而获得所需要的资金援助。

现代众筹指通过互联网方式发布筹款项目并募集资金的模式。相对于传统的融资方式，众筹更为开放，能否获得资金也不再是由项目的商业价值作为唯一标准。只要是网友喜欢的项目，都可以通过众筹方式获得项目启动的第一笔资金，为更多小本经营或创作的人提供了无限的可能。

10．吸引风险投资

想要吸引风险投资，就要了解风险投资者的所思所想，任何一家投资公司都不会选择那些不具备成功条件的企业进行投资。因此创业企业必须要有独特的技术，而这种技术是竞争对手难于模仿的，能够通过知识产权制度得以保护，这样企业才能通过技术壁垒将竞争对手阻隔在市场之外，获取长期的高额利润。产品必须有足够大的市场，足够大的市场才能保证被投资企业的高成长性与增长的潜力，因此企业要积极扩展营销网络，变潜在市场为现实市场，减少风险投资人的顾虑。创业者还必须拥有一个已经组成的、具有互补性的高效率团队，一流的团队往往能够吸引风险投资人的眼球。

虽然风险投资公司很愿意投资新技术和新创意，但它们更愿意投资已经有了实际收入、具备了初步经营条件的企业。行业与区域的选择也是风险投资公司考虑的因素，因此创业者选择风险投资公司时，要考虑哪家企业距离你更近，哪家企业对你所经营产品或服务更熟悉。

此外，大多数风险投资者更偏爱小公司，这对于那些大学生创业的项目是利好消息。首先是因为小公司技术创新效率高，有更多的活力，更能适应市场的变化。其次，小公司的规模小，需要的资金量也小，风险投资公司所冒风险也就有限。而且由于规模小，发展的余地反而大，同样的投资额可以获得更多的收益。

案例 7-2　二手手机的价值

两年前，胡文杰还是一名在校的普通大学生，他爱读书、爱思考，也经常像其他学生一样，在网络上游荡，寻找自己的创业机会。

大学三年级时，他开始在淘宝上开店卖手机，由于很爱动脑子，销售业绩很好，收入基本可以满足他日常的开支，但他还是很不满足，想寻找更好的商机。经营了一段时间后，他想，中国每年有那么多人换手机，换完的手机除了少量的会作为收藏，其他的就没有什么用处了，这里面有没有什么商业价值呢？于是，胡文杰开始研究废旧手机的市场状况，结果发现，市场上收购二手手机的大有人在，有游动的商贩，有专门收购公司。这些被收购的二手手机经过分拣测试，性能良好的可以在二手市场进行销售，性能不好的将配件分拆进行重新组装，也可在二手市场销售，而且有些配件也可在手机维修点重新利用。

说干就干，他与几个同学一商量，制订了一个简单的方案。首先是寻找二手手机的收购点，很快找到了两个固定的二手手机收购点。然后就发动同学们到处去寻找二手手机，穿梭于各大写字楼，有时甚至像小贩一样街头摆摊去收手机。当时，每个月也能搜集1000多台手机，虽然一部手机最后只能挣个5元、10元，但也有个几千元的收入。

但胡文杰觉得这样不行，一是太慢了，二是效率太低，三是不规范。于是又与同学们一起进行了新的方案设计，计划建一个二手手机收购网，把地面收购逐渐转向网络收购，收购网起名"文杰收购"。还是说干就干，他们用2000元请人做了一个简单的网站就开始向外宣传，线上线下互动，没想到，效果还不错，而且吸引了一些其他地区学校收购二手手机的学生加盟，很快每月收购的二手手机达到了10000台。这时胡文杰的心更大了，在快毕业的时候，他决定自己出来创业，专门经营二手电子产品的回收。

之后的几个月，胡文杰认真研究了二手手机收购的各个环节的情况、市场分布等，还经常与收购点或再加工企业直接联系，寻找它们的关注点。最后他做出决定，重点经营文杰收购网站,将零散的收购业务规范到网络上来。不久,他写出了一份完整的商业计划书,投递给了多家风投机构,为了吸引资本投入,他不仅将自己的调研结果和收益做了说明,还将这个项目打上了环保、废旧电子产品回收的标签。最后,一家具有国企性质的风险投资公司对他的项目很感兴趣,投入了50万元。有了这笔钱,他将文杰收购网站进行彻底的改变,网站清晰介绍了收购流程、制作了透明的分类牌、制订了价格评估体系,让客户对网站的操作一目了然;同时建立了完整的内部流程管理体系和底层数据管理体系,提高了效率和准确性。在网络上达成意向的客户可以邮寄手机或由"文杰收购"的员工上门取回。在网站还开通了包括QQ、微博、微信等客服渠道,并推出了废旧手机换话费等带有营销性质的推广活动。

目前"文杰收购"已经小有名气,成为二手手机市场收购的标志性企业。胡文杰利用废物再利用创造价值和环保主张获得了风险投资,成功打造了有更大发展空间的文杰收购网站品牌。

第二节　启动创业资金

创业伊始,创业者都需要一笔启动资金,大家都知道,要想创业资金得先行,但是启动一个项目需要多少的投入您知道吗?要想清楚地估算创业资金的需求,首先要了解创业启动阶段资金的主要用途。

一、创业资金的主要用途

1. 项目本身的费用

这里所指的是付给所选定项目的直接费用。比如,你要面授或者函授某一个技术的费用,购买某种机器设备的费用,某一个项目的加盟费用。假如你是直接到项目方考查,还需要算上你的差旅费用。

2. 经营设备、工具等购置费用

这里所指的是购置在经营过程中所需要的辅助设备和工具的费用。比如,学习制作中国丸子后,还需要添置冰柜、锅、燃气等辅助工具;泡沫塑料颗粒加工,在买回机器后,还需要考虑配电机,解决生产动力电等,这些都需要资金的支持。

3. 房租及房屋装修费用

在预算这些费用时,要根据当地市场行情计算,房租一般至少要算入3个月的费用,因为现在租房至少也是一季度付一次,有时是半年或者一年付一次。房屋装修费用视其项目而定。

假如是开餐馆,要按照当地卫生防疫部门的规定装修,否则不能通过,领取营业执照就比较困难。像加盟店一类的装修,假如是经销产品,还要计算货柜橱窗的费用。流动资金根据具体情况计算。

4. 经营周转所需要的资金

运行一个项目，至少要准备能支付三、四个月的经营周转资金，包括人员工资、水电费、电话费、材料费、广告费、维修费等，如果有分期偿还的借款也要算入。一个项目在最初的运行时，至少需要经过3个月的市场培育期，这3个月内，也许赢利很少，也许亏本，因此，事先必须要有足够的资金准备。

如果是办工厂一类，除了以上的一些费用外，还需要有半成品、产成品、原材料等占用的资金。

以上几个方面是无论在哪一个领域发展都必须要有的支出，所以在创业伊始就要对这几个方面做好资金预留，只有这样创业事业才能实现快速的发展。

但到底需要多少资金作为创业启动资金呢？所需启动资金的精确核算是成功的关键。如果低估了资金需求数量，创业者会在还没开始盈利就因资金短期捉襟见肘，甚至因一时难以筹措到资金而使项目夭折。如果过高估算成本，又会让资金数额较大而筹措无力，或者因资金闲置产生不必要的浪费。

一般的人很容易忽视创业成本的问题，有可能会导致将来出现种种财务危机。虽然创业者满腔创业热忱，如果缺少理性思考和周详的计划，认为赚钱很容易，在运作上低估了成本，可能会给自己的企业带来很大危险，比如资金周转不灵。所以，创业者一定要认真计算出创业成本，要按照创业成本认真执行，不能随意改动。当然也不要把创业成本计算的过大，因为创业初期赚钱较难，成本太大，使得收回成本的机会减少，非常打击创业者的信心。

例如：我们在计算成本的时候，创业地点租金定为一个月为1000元，但在实际找时，发现一个理想的地方，租金要1350元，也许你会觉得才贵了350元不算什么，这样很容易就掉进陷阱。创业时一定要考虑到在开始一段时间很可能没有生意，如果每个月多350元租金很快就会成为沉重的负担。所以，在计算成本时一定要慎重。只有能成功控制住创业成本的人才会有收获。

另外，还有许多减少现金流出的办法。可以购买便宜的办公用品，设法寻找租金较低的房子，还可以减少人员数量和工作时间，也可以推迟雇佣员工的时间，到需要人手时再招。

在增加现金流入方面，除了想方设法提高销售之外，还可通过提高顾客的付款速度来实现，例如，让顾客10天内付款而不是30天内付款，这样就可以提前20天收回资金，加快资金周转率。

为了避免发生资金周转困难的现象，最好珍惜手上的现金，如果不是非常必要，像房屋、设备这种有折旧年限的资产就不要花巨资购买，这就是为什么有些创业者，明知房地产即将升值，在创业之初也宁可租用办公室而不买写字楼。不要为了表明自己有实力而大量购买不必要的资产，尽量留出多些现金作为创业的储备力。

另外，在宣传上的费用一定要慎重，宣传虽有必要，但企业真正成功并不是靠吹出来的，因此在创业之初不要花大量的钱搞宣传，以至拖垮企业。要知道宣传费用产生实际效益是要花很长时间的。所以，宣传只要到位就行，不要影响到资金的流转。

创业者通常容易在计算毛利上犯两个极端的错误：第一就是对自己的产品没有信心，害怕与人竞争，将定价定得很低，很可能出现商品卖光却无利可图的现象；第二就是由于不了解市场规律，希望赚得越多越好将定价定得很高，导致商品卖不出去，形成积压，由于没有生意，利润也就无从谈起。因此要恰当地掌握好收支平衡点，对自己的资金支出与收入有较清醒的认识，这样才能合理定出利润率，使自己创业成功的机会大大增加。

二、创业启动资金的估算途径

创业资金是一个创业项目启动的前提条件之一，虽然其有多少之分，但是，在开始之前，创业者还是需要储备一些资金的。对于启动资金的多少，创业者可以在开始前有一个初步的估算，但是，这个估算并不准确，甚至无法确保你完成一套完备的商业计划书。

为此，在创业启动之前，你需要对你的创业资金进行一次准确的预测，这样才能对你以后的发展提供坚实的基础。

无论启动资金的总额是 5 万元还是 50 万元，对创业者而言最重要的是计算出具体创业启动资金的数额。如果启动资金不需要 50 万元，而创业者为了避免未来在资金不足时难以为继的局面而拼命去筹措多余的资金是没必要的。创业者如何准确估算创业启动资金呢？单一的途径并不能帮助创业者了解具体创业成本的所有信息，但只要通过不断努力研究估算启动资金，你最终会算出比较接近实际的资金数额。预测创业启动资金最基础的途径有以下几种。

1. 同行

如果有些创业者与你正打算创立的企业经营类似的业务，他们应该是你获取创业成本信息的好渠道。当然，你未来的竞争对手可能不愿意为你提供帮助，但在你所处地区以外的创业者往往愿意帮助你。

2. 供应商渠道

供应商是研究创业启动成本的另一个好资源。打电话告诉对方你打算创业正在研究某一地区的成本，通常来说，他们是非常欢迎你的，因为你未来可能会成为他们的客户。

但是，不要过度依赖你最初联系的那些供应商，而是要多做一些比较，这可能会给你的启动成本带来明显的差异。询问供应商是否有设备租赁业务、大宗购买的折扣、各种信用付款条件、打包购买的优惠和其他服务选项，这些都可能会降低你的前期成本。

3. 贸易协会

与公司业主和供应商一样，行业协会也是一个极好的来源，因为这是你直接面对的特定细分市场。根据不同的行业，贸易协会可以给你提供一些创业启动成本的工作表和财务报表，以及该行业的创业者和供应商信息、市场调研数据和其他有用的信息。供应商协会也是好的资源。

4. 创业指南

从一些独立的出版公司和一些行业协会都可以得到创业指南。这些指南会成为研究创业成本的好资源，特别是在成熟的产业中。当然要确保你获得的指南没有过时，而且还要考虑到全国各地在成本上有很大的差别。当你在阅读时，要寻找那些可以帮助你降低开办企业成本的提示和建议。

5. 特许经营组织

如果你想购买特许经营权，特许授权人会给你大量关于启动公司的数据。不要认为这些数字是绝对的，因为成本也取决于你所处的位置。根据你自己的情况，测算特许授权人给你的数据，还可以打电话给现有的特许加盟者，询问他们的实际成本，看看与特许授权人提供的预测数字差距有多大。

6. 与创业起步相关的文章

报纸和杂志上的文章很少会逐项地告诉你在某个地区特定行业的创业成本。然而，通过这些文章还是可以粗略估计出总的运营成本，并帮助你逐项列出将需要调研的成本项目。请别忘记关注你所在行业的杂志，上面会有关于供应商、成本和行业趋势等信息。

7. 商业咨询顾问

合格的商业咨询顾问可以为你在创业启动成本上提供很好的咨询意见，他们甚至还做了很多适合你的调研。咨询顾问还可以帮助你将自己的调研转化为有用的财务预测和假设。

如果你决定找一名咨询顾问，那么要找一个熟悉你所在行业并且在服务初创公司和创立公司方面很有经验的人。

8. 行业专家

从行家处了解。创业者向行业中的精英人士请教非常重要，他们对行业内经营非常有经验，如已经退休的企业家等。他们可以指导你更加了解公司启动所涉及的费用和公司运作的整个流程。当然你自己也要做详细的创业计划书，行业专家可以为你指明方向，给你提一些建议，有时甚至还可以给你介绍一些优质供应商等，这些信息资源可以对创业者起到一定帮助作用。

单一的渠道来源可能无法告诉你创立一家新的企业究竟具体需要多少成本。科学细致的调研可以帮助创业者验证其创业想法是否实际可行，并能为创业者提供建议，从而提升创业成功的概率。只有创业者完成了创业启动成本的估算，并且根据这个估算做出相应的商业计划，这样才能说明你为创业做好了准备。

第八章　启动创业

对所有创业者来说，永远告诉自己一句话：从创业的第一天起，你每天要面对的是困难和失败，而不是成功。我最困难的时候还没有到，但有一天一定会到。

——马云

经过创业准备期的充分准备以后，创业进入具体启动阶段。启动创业并不是一个简单的仪式或标志性的事件，而是企业形态的形成过程，是企业工商税务登记、基本账户开立、生产销售、行政财务等基本部门和岗位设立，人员工作安排，业务流程确定，设备物品采购等一系列系统关联的具体工作的实施过程，其中很多工作带有一定的规范性甚至是强制性的要求，需要高度重视和认真对待。一个顺利的创业启动过程会为今后企业主营业务的正常开展提供有力的保障，为企业快速发展奠定坚实的基础；反之，创业启动过程如果没有得到应有的重视和详尽的安排，很可能会留下各种隐患，在企业经营过程中带来各种意想不到的问题，制约企业发展，降低运营效率，甚至导致关键机会的错失，造成令人遗憾的损失。

第一节　制订创业计划书

一、创业计划书的概念

1. 基本概念

启动创业，首先需要撰写一份完整的创业计划书。创业计划书是一份全方位的商业计划，是创业者在初创企业成立之前就公司或项目发展前景、阐述产品、市场、竞争、风险及投资收益和融资要求，向潜在投资者、风险投资公司、合作伙伴等游说以取得合作支持或风险投资的可行性商业报告。创业计划书用来描述创办一个新企业时所有的内部和外部要素以及项目涉及的市场营销、财务、生产、人力资源等内容，对项目的未来前景进行描述，清楚表达创业思路、实施项目所需的各种必要资源，寻求所需支持的过程等，为业务的发展提供指示图和衡量业务进展情况的标准，同时也是提出创业的头3年内所有中期和短期决策制度的方针。

创业计划书是用相对标准的文本格式写成的书面材料，它是直观表达创业者对创业项目的书面摘要。如果有了一份详尽的创业计划书，就好像有了一份业务发展的指示图一样，它会时刻提醒创业者应该注意什么问题，规避什么风险，并最大限度地帮助创业者获得来自外界的帮助。

2. 主要作用

一个标准的创业计划书至少需包括以下三个方面的作用。

(1) 帮助创业者自我评价，理清思路

在创业融资之前，创业计划书首先应该是给创业者自己看的。办企业不是"过家家"，创业者应该以认真的态度对自己所有的资源、已知的市场情况和初步的竞争策略做尽可能详尽的分析，并提出一个初步的行动计划，通过创业计划书做到使自己心中有数。另外，创业计划书还是创业资金准备和风险分析的必要手段。对初创的风险企业来说，创业计划书的作用尤为重要，一个酝酿中的项目，往往很模糊，通过制订创业计划书，把正反理由都书写下来，然后再逐条推敲，创业者就能对这一项目有更加清晰的认识。

(2) 帮助创业者凝聚人心，有效管理

一份完美的创业计划书可以增强创业者的自信，使创业者明显感到对企业更容易控制、对经营更有把握。因为创业计划提供了企业全部的现状和未来发展的方向，也为企业提供了良好的效益评价体系和管理监控指标。创业计划书使得创业者在创业实践中有章可循。

创业计划书通过描绘新创企业的发展前景和成长潜力，使管理层和员工对企业及个人的未来充满信心，并明确要从事什么项目和活动，从而使大家了解将要充当什么角色、完成什么工作，以及自己是否胜任这些工作。因此，创业计划书对于创业者吸引所需要的人力资源，凝聚人心，具有重要作用。

(3) 帮助创业者对外宣传，获得融资

创业计划书是管理团队和企业本身给投资方的第一印象，它对即将展开的创业项目进行可行性分析，目的是提供给投资者和一切对投资项目感兴趣的人，向他们展示投资的潜力和价值，以便投资人能对企业或项目做出评判，从而使企业获得融资。同时也在向投资商、银行、客户和供应商宣传拟建的企业及其经营方式，包括企业的产品、营销、市场及人员、制度、管理等各个方面，在一定程度上也是拟建企业对外进行宣传和包装的文件。

一份完美的创业计划书不但会增强创业者自己的信心，也会增强风险投资家、合作伙伴、员工、供应商、分销商对创业者的信心。而这些信心，正是企业走向创业成功的基础。

3. 类型特点

根据计划书编写的目的和结构篇幅，一般可将其分成以下几种类型。

(1) 争取资金投入的计划书

这类计划书通常包括以下几部分内容：计划概述、产业背景和公司概述、市场调查和分析、公司战略、项目总体进度安排、关键风险和问题、管理团队的组成、企业经济状况、财务预测、假定公司能够提供的利益。

(2) 争取他人合伙的计划书

要争取他人的合伙，就是将自己的创业思路告诉对方，达到双方心理上的高度信任与沟通，这类计划书通常包括以下几部分内容：创业机会及其商业价值描述、新创企业拟提供的产品或服务以及可能的用户群、可能的市场竞争与拟采取的市场策略、可能的市场收益、可能遇到的风险及对策、希望合伙人的参与方式及其获利预期等。

(3) 争取政策支持的计划书

这是一种类似于可行性报告的计划书，通常包括以下几部分内容：总论、团队情况、产品的市场需求预测、项目的技术可行性、项目实施方案、投资估算与资金筹措、项目效益分析、项目风险及不确定性分析、关于项目可行性的综合结论、希望政府给予的具体支持。

(4) 略式计划书

这是一种比较简明、短小的计划书，它包括企业的重要信息、发展方向以及少部分重要的辅助性材料。略式计划书的篇幅通常为10～15页。一般来说，略式计划书主要适用于申请银行贷款；试探投资者的兴趣。

(5) 详式计划书

这种计划书的篇幅一般为30～40页，并附有10～20页的辅助文件。通过这种计划书，创业者能够对整个创业思想做一个比较全面的阐述，尤其能够对计划中关键部分进行较详细的论述。详式计划书的主要作用是探索和解释企业的关键问题，也可通过它寻求大额或战略性的投资。

4. 重要意义

创业计划书的编写，是对创业活动策划进行系统的文字性描述的过程。虽然它只是一个计划，跟其他计划没有区别，但是耗费精力制订出的计划书仍然有以下几个方面的实际意义。

首先，制订创业计划是使创业者集中精力思考问题的一个有效方法。经历了这个过程之后，创业者能够明确目标，并对自己组建经营企业的能力进行一番评估；同时，创业者在进行大规模投资之前也可以利用制订计划这一过程检验创业项目的可行性。企业在初创之前一般都要准备这样的计划书。

其次，创业者通过制订相应计划，确定具体的目标和参数，并以此为尺度衡量业务的进展与盈利性。这种计划同样也是创建企业应当先做的工作，而且构成了企业可持续经营过程的一部分。

最后，由于能够完全自筹资金的创业者相对较少，大多数创业者面临的一个问题就是外部融资，或在创业起步阶段，或在后期企业扩展及成长时期。对于这些人来说，是否有一份好的创业计划书决定了他们的将来。

因此，认真准备一份明确可行的创业计划书，是创业启动过程中的一项重要工作，不能流于形式，不能敷衍了事。

二、创业计划书的基本要素

1. 事业描述

创业计划书必须描述所要进入的是什么行业，是商品贸易、制造加工还是服务业；客户对象是谁；还有进入产业生命周期是处于萌芽、成长、成熟还是衰退阶段；要用独资的方式还是合伙或公司的形态；如何能获利、成长；营业时间有多长，是否有季节性等。

2. 产品或服务

产品或服务的定义和属性，对创业者来说是非常明确的，但对其他人却不一定清楚，所以创业计划书中应提供所有与企业的产品或服务有关的细节，包括企业实施的所有调查。如产品或服务到底是什么？它的独特性怎样？谁会使用企业的产品或服务？企业营销的方法是什么？

3. 市场情况

创业计划书要给投资者提供企业对目标市场的深入分析和理解的情况。要细致分析经济、地理、职业以及心理等因素对消费者选择购买本企业产品这一行为的影响以及各个因素所起的作用。不同的市场、不同的客户都有不同的营销方式，所以还应包括一个主要的营销计划，其中应列出计划开展广告、促销以及公共关系活动的地区，明确每一项活动的预算和收益，同时还应简述一下企业的销售战略。

4. 地点

一般企业对地点的选择可能影响不那么大，但是如果要开店，店面地点的选择就很重要，这取决于主营产品的类型、特点、客户对象以及消费习惯等因素。一个合适的营业地点对于很多特定的产品或服务来说将起到至关重要的作用。

5. 竞争

创业者应当细致分析竞争对手的情况。如竞争对手是谁？他们的产品或服务是如何实现价值的？与竞争对手相比，企业的产品或服务有哪些相同点或不同点？竞争对手采用的营销策略是什么？明确每个竞争对手的销售额、毛利润、收入以及市场份额，然后再讨论本企业相对于每个竞争对手的优势，如产品或服务的差异化、性价比优势、后期服务保障等。

除了展示本企业的竞争力，同时也应阐明竞争对手给本企业带来的风险及相应对策。

6. 管理

管理者的职能是计划、组织、控制和指导公司实现目标的行动。在创业计划书中，首先应描述一下整个管理队伍及其职责，然后介绍每位管理人员的特点和才能。要建立自己的管理专业及相关背景，清楚自己的弱势，创业团队之间如何优势互补，彼此间职务及责任如何分工，职责是否界定明确，还有除了团队本身是否有其他资源可分配和取得。创业计划书中还应明确管理目标以及组织机构图。

中小企业98%的失败来自于管理的缺失，其中45%是因为管理缺乏竞争力，目前还没有明确的解决之道；20%是因为公司内部专业不均衡，这需要加强自己的专业；还有18%是缺乏管理经验，这需要找互补性的事业伙伴来弥补。另外，还有9%是没有相关产业的经验，3%是经营者掉以轻心，2%被人家诈欺背信，最后1%是来自自然或人为的灾难。

7. 人事

把一个思想转化成一个成功的企业，其关键因素就是要有一支强有力的队伍。这支队伍的成员必须有较高的专业技术知识、管理才能和相关的工作经验。这就需要考虑人事需求是什么，还需要引进哪些专业技术人才，是需要全职还是非全职的人员，薪酬福利是否有足够竞争力可以匹配，是否安排专业教育训练以及所有与人事相关的成本会是多少等。

8. 财务需求与运用

筹资/融资款项要如何运用？是要拿来营运周转还是添购设备、备料进货或是技术开发？要何时动用供货商、规格、品牌、价格、数量、运费、税金等需求如何计算？筹融资款对专业的获利有何贡献？未来3年的损益表、资产负债表和现金流量表的预估，第1年报表要以每月为基础，第2、第3年则以每年为基础。

9. 风险与应对

经营企业一定会有风险，平时就要注意。风险不是说有竞争对手就有风险，风险的缘由也可能是政策影响、技术进步带来的行业变化、客户需求的变化、成本利润的变化等，应尽可能地对所有影响因素进行预估和判断，并制订应对方案，尽量做到有备无患。

10. 成长与发展

在创业计划书中要想下一步要怎么样，3年后要怎么样，5年以后要怎么样。这个计划是要能永续经营的，所以在规划时要能够做到深耕化、多元化和全球化。

三、创业计划书的编写原则

一份好的创业计划书必须呈现竞争优势与投资者的利益，同时也要具体可行，并提出尽可能多的客观数据来加以佐证。具体编写过程中应把握以下几条原则。

1. 市场导向原则

利润来自于市场的需求，没有明确的市场需求分析作为依据，所编写的创业计划书将是空泛的、无意义的。因此，创业计划书应以市场导向的观点来编写，要充分显示对于市场现状的把握与未来发展的预测,同时要说明市场需求分析所依据的调查方法与实事证据等。

2. 文字精练原则

创业计划书中应该避免那些与主题无关的内容,要开门见山直切主题并清晰明了地把自己的观点亮出来。不论投资者还是合伙人都没有时间,也不愿意花过多的时间来阅读一些对他来说毫无意义的东西。文字精练,观点明确,能较容易引起投资者的注意和兴趣,提高了融资成功的把握。

3. 前后一致原则

因为创业计划书的内容复杂繁多,容易出现前后不一、自相矛盾的现象。如果出现这种情况,让人很难明白,甚至对计划产生怀疑。所以,整个创业计划书前后的基本假设或预估要相互呼应,保持一致。

4. 呈现竞争优势原则

编写创业计划书的重要目的之一是为投资人或贷款人提供决策依据,借以融资。因此,创业计划书中要呈现出具体的竞争优势,显示经营者创造利润的强烈愿望,并明确指出投资者预期的报酬,但同时也应该说明可能遇到的风险或威胁,不能只强调优势和机遇而忽略不足与风险。

5. 便于操作原则

创业计划书是创业者拟定的创业行动蓝图,因此,它必须具有很强的可操作性,以便于实施。特别是其中的营销计划、组织结构、管理措施、应对风险的方法和策略等,必须具有可行性和可操作性。

6. 通俗易懂原则

创业计划书中应尽量避免技术性很强的专业术语。这些术语,不是谁都可以看得明白的,而且投资者更关心计划能为他们带来多大效益,过多的专业术语会影响到读者的兴趣,让他们觉得太深奥。即使不得已要使用专业术语,也应该在附录中加以解释和说明。

7. 客观实际原则

创业计划书中的所有内容必须实事求是,即使是财务规划也要尽量客观、实际,切勿凭主观意愿进行估计,必须事先进行大量的调查和科学分析,尽量陈列出客观、可供参考的数据与文献资料。

四、创业计划书的编写步骤

创业计划书的质量,往往会直接影响创业发起人能否找到合作伙伴、获得资金及其他政策的支持。由此可以看出一份好的创业计划书对创业者创业是多么重要。如何才能写好创业计划书呢?写创业计划书一般需要经过以下几个步骤。

1. 创业计划构想细化

对自己将要开创的事业给予细致的思考,并制订细化的构思,确定明确的时间进度表和工作进程。一个酝酿中的项目，往往各方面都很不确定，创业者可以通过制订创业计划书，罗列出项目的优缺点，再逐条推敲，得到更清晰的认识。构想阶段的重点是关注与产品或服务有关的细节，例如产品处于什么样的发展阶段？它的独特性何在？销售产品的途径？消费者群有哪些？生产成本和售价如何确定？企业发展新的现代化产品的计划是什么？如何把出资者拉到企业的产品或服务中来……以上种种，都是在创业计划书撰写之前应该详细考虑的。透过创业计划书的构思和细化，有意创业者就相当于提前在理论上把创业过程演练了一遍。

2．市场调研

"没有调查就没有发言权"，制订创业计划书的第二步就是进行市场调研，了解行情。创业者要细致分析经济、地理、职业以及心理等因素对消费者选择产品和服务时的影响。具体到进行市场调研的时候，可以自行进行一些问卷调查，必要时也可求助于市场调研公司。调研者要同潜在顾客展开接触，搜集顾客购买此类产品的时间周期、谁在决定是否购买、如何防范别人模仿你的产品或服务、你的产品或服务凭什么吸引目标市场中的消费者等信息，以便制订销售策略。

市场调研还包括对竞争对手的调查，例如竞争对手都是谁？他们的产品与本企业的产品相比，有哪些相同点和不同点？竞争对手所采用的营销策略是什么？

在调查阶段，创业者还必须做好财务分析，即要量化本企业的收入目标和企业战略，详细而精确地考虑实现目标所需的资金。

3．文档制作

当各方面工作都准备充分后，就可以着手撰写和修改创业计划书了。一份完整的计划书，在上述的几项工作基础上，还要重点构思市场机遇与开发谋略、产品与服务构思、竞争优势、经营团队等。

很多创业者在撰写创业计划书的过程中，对具体的细节有很详细的描述，而忽视了综合性的把握，因此，在撰写的过程中，还必须通盘统筹，时时刻刻要回答好如下几个问题。

① 你的创业计划书是否显示出你具有管理公司的经验？
② 你的创业计划书是否显示了你有能力偿还借款？
③ 你的创业计划书是否显示出你已进行过完整的市场分析？
④ 你的创业计划书是否容易被投资者所领会？

4．检查修饰

首先，根据你的报告，把最主要的东西做成一个1～2页的摘要，放在前面。其次，检查一下，千万不要有错别字之类的错误，否则别人会对你是否做事严谨产生怀疑。最后，设计一个漂亮的封面，编写目录与页码，然后打印、装订成册。

五、创业计划书的内容

创业计划书一般包括以下几个方面的内容。

1. 封面、扉页与目录

(1) 封面

封面的设计要美观和有艺术性。一个好的封面给人留下良好的第一印象是很重要的，不过封面再好，如果缺乏实在的有价值的内容也是行不通的。封面内容包括：企业或项目名称、指定联系人、电话、E-mail、通信地址、邮编、网址、时间（年月日）。

(2) 扉页范例

保密须知：

本计划书属于商业机密，所有权属于某企业或某项目。其所涉及的内容和资料只限于已签署投资意向的投资者使用。收到本计划后，收件人应即刻确认，并遵守以下的规定：

① 若收件人不希望涉足本计划书所述项目，请按上述地址尽快将本计划书完整退回。

② 再没有取得某企业或项目所有人的同意之前，收件人不得将本计划书复制、传给他人、影印或泄漏。

③ 应像对待贵企业机密一样对待本计划书所提供的所有机密材料。本计划书不得作商业报价使用，也不得作购买时的报价使用。

商业计划编号：

授权方：

签字：

企业：

日期：

(3) 目录范例

第一章　摘要

第二章　公司介绍

第三章　产品与服务

第四章　行业和市场分析

第五章　竞争性分析

第六章　市场与销售

第七章　管理团队

第八章　财务计划与预期

第九章　风险分析

第十章　时间表与关键目标

第十一章　附录

2. 计划摘要

计划书的摘要的重点是要点突出，能使人在最短的时间内对计划书做出一个简单评判，计划书的摘要是创业计划书浓缩的精华。摘要应尽量简明、生动，显示出创业项目的与众不同。

如果摘要不能很快吸引投资者的注意，那么计划书其余部分内容写得再精彩，一般也不会发挥较大作用。所以摘要最主要的目的是刺激投资者的阅读欲望。在写摘要时，创业者必须充满激情，满怀信心，全部正面阐述，让投资者充分相信你的能力和你的判断。在摘要部分，应该重点向投资者传达这样几点信息：你的基本经营思想是正确的，是合乎逻辑的；你的经营计划是有科学根据和充分准备的；你有能力管理好这个企业，你有一个坚强有力的领导班子和执行队伍；你清楚地知道进入市场的最佳时机，并预料到什么时间适当地退出市场；你的财务分析是符合实际的；投资者的钱不会面临巨大风险。

摘要一般包括以下内容：公司介绍、公司管理、管理队伍状况、外部支持、董事会、组织、协作及对外关系、主要产品和业务范围、市场概貌、营销策略、销售计划、生产管理计划、财务计划、资金需求状况等。

3．公司介绍

对公司的所有介绍一定要简明扼要，重点突出公司理念和战略目标。使投资者用很短的时间即可对你的公司有一个概略的认识，从而做出一系列对你正确的判断。

公司的基本情况可以从以下方面进行描述。

（1）业务性质

简要介绍公司的主营业务，尽可能通过简短的描述使投资者了解公司的产品或服务。

（2）业务展望

描述公司未来业务发展计划，并指出关键的发展阶段。让投资者了解公司未来5年的业务发展方向及其变动理由。要对公司目标做简短清晰的描述。

（3）公司组织架构

主要说明公司的所有制性质，比如是股份制还是合伙制，公司注册地点、经营范围及公司名称。此外，还需要说明公司是否有相关联的公司或机构。

（4）供应商

主要介绍公司原材料或服务的供应商，以便投资者在需要的情况下联系核实公司信息。

（5）协作者或分包人

说明公司经营过程中的协作者或分包人。说明内容包括协作者名单、协作金额等，一般还需说明协作单位名称、地址及联系电话。

（6）专利和商标

对公司持有或将要申请的专利和商标进行描述。公司可以通过对专利和商标的描述来强调其独特性，或者在此列出企业的专利和商标清单，从而让风险投资人自己来判断这种独特性。

4．产品与服务

创业者必须将公司的产品或服务创意做出介绍，因为在投资评估时，投资者必须知道公司提供的产品和服务以及它们是否适应市场需求。

尽量用简洁的方式，描述你的产品或服务；注意不需要透露你的核心技术，主要介绍技术、产品的功能、应用领域、市场前景等；说明你的产品是如何向消费者提供价值的以及你所提供的服务的方式有哪些；你的产品填补了哪些急需补充的市场空白。可以在这里加上产品或服务的照片。

介绍公司的产品或服务，重点在于描述产品或服务的用途和优点、有关的专利、著作权、政府批文等。

① 产品/服务优势
② 产品/服务技术描述
③ 产品/服务独有技术简介
④ 产品/服务技术发展环境
⑤ 产品/服务研究与开发
⑥ 服务与产品的支持

作为投资者，在投资评估过程中可能关心以下问题：公司的产品或服务具有什么样的使用价值；它能为用户提供什么样的功能；它的生命周期有多长；有无新产品开发计划作为储备；市场上是否已经或即将有同类产品或服务；同其他同类产品或服务相比，你的产品是否具有独特性；你对产品的知识产权保护将采取哪些措施；你的产品价格弹性多大等。

创业者必须对这些问题做出具体的说明，要实事求是，不要随意夸大或做出不切实际的承诺。

5. 行业和市场分析

创业计划书要给投资者提供企业对行业和目标市场的深入分析和理解。

(1) 确定目标市场

企业产品只是在其中的某一个细分市场上销售。因此，对产品市场容量进行描述时，要避免将行业市场容量当成企业产品市场容量来描述。

创业者应该懂得，投资者非常想知道风险企业产品的市场容量及市场渗透度，因此需要创业者事先熟悉这个领域。

市场细分不是越细越好，要保证企业的目标市场足够大，从而使企业能够盈利。

(2) 进行市场分析

投资者或合作人不会依据一个简单的数字就相信创业者的计划。因此，需要对企业将要进入的行业和市场进行分析，以使创业者能够估计自己的产品或服务真正具有的潜力，使潜在的投资者们能够判断公司目标的合理性以及他们可能承担的风险。

首先，找到有助于创业者分析的信息。可以利用互联网、报纸、期刊、市场研究报告、贸易团体、政府机构、行业协会等资源，也可以向有关专家请教。

其次，以整个行业和目标市场作为起始点，再逐渐细化到各个单独的顾客群和他们的销售潜力。

最后，创业者应该逐渐集中自己的讨论焦点，把竞争者因素考虑进去，认清所有可能对创业者占领潜在市场构成威胁的障碍。给投资者一个关于自己将要进入的行业的全貌，讲述影响该行业发展的关键性因素。由此得出创业者所希望的该行业未来发展的趋势，解释为什么会出现这种趋势（例如技术进步、需求变化等因素）以及会对公司产生怎样的影响。

创业者的分析应该含有关于市场份额的信息、行业平均回报率、创新的重要性、进入该行业的障碍和竞争者、供应商、顾客群和分销渠道的情况等。

市场分析要回答的主要问题如下。

① 该行业发展程度如何？现在的发展动态如何？
② 创新和技术进步在该行业扮演着一个怎样的角色？
③ 该行业的总销售额有多少？回报率有多少？发展趋势怎样？价格趋势如何？
④ 经济发展对该行业的影响程度如何？受政策的影响如何？
⑤ 竞争的实质是什么？需采取怎样的策略？怎样运用分销渠道？
⑥ 进入该行业的障碍是什么？将如何克服？
⑦ 创业者的细分市场是什么？目标客户群是谁？如何打动目标客户？
⑧ 预计5年的生产计划、收入和利润是多少？
⑨ 目标市场的规模对产量的要求如何？增长率如何？潜力有多大？
⑩ 预期市场份额有多大？盈利水平和利润增长水平如何？

6．竞争性分析

在创业计划书中，创业者应细致分析竞争对手的情况。竞争对手都是谁？他们的产品是如何工作的？竞争对手的产品与本企业的产品相比，有哪些相同点和不同点？竞争对手所采用的营销策略是什么？要明确每个竞争对手的销售额、毛利润、收入以及市场份额，然后再讨论本企业相对于每个竞争对手所具有的竞争优势，要向投资者展示，顾客偏爱本企业的原因是：本企业的产品质量好、送货迅速、定位适中、价格合适等。创业计划书要使它的读者相信，本企业不仅是行业中的有力竞争者，而且将来还会是确定行业标准的领先者。在创业计划书中，企业家还应阐明竞争对手给本企业带来的风险以及本企业所采取的对策。

7．市场与销售

要对市场进行分析，包括现有和将来的竞争对手，他们的优势和劣势以及相应的本公司的优势和战胜竞争对手的方法。

营销是企业经营中最富挑战性的环节，影响营销策略的主要因素有：消费者的特点、产品的特性、企业自身的状况、市场环境方面的因素。最终影响营销策略的则是营销成本和营销效益因素。

在创业计划书中，营销策略应包括以下内容：市场计划、销售策略、适时销售方法、产品定位、销售渠道与伙伴、销售周期、定位策略、市场联络、贸易展销会、广告宣传、互联网促销、贸易刊物、文章报道、其他促销策略等。

对创业企业来说，由于产品和企业的知名度低，很难进入其他企业已经稳定的销售渠道中。因此，企业不得不暂时采取高成本低效益的营销战略，如上门推销、大打商品广告、向批发商和零售商让利或交给任何愿意经销的企业销售。对发展企业来说，这样做一方面可以利用原来的销售渠道，另一方面也可以开发新的销售渠道以适应企业的发展。

8．管理团队

对公司的重要人物进行介绍，包括他们的职务、工作经验、受教育程度等。还要介绍公司的全职员工、兼职员工人数以及哪些职务空缺等。

企业管理的好坏，直接决定了企业经营风险的大小，而高素质的管理人员和良好的组织结构则是管理好企业的重要保证。因此，投资者会特别注重对管理队伍的评估。

① 必须对公司管理团队的主要情况做全面介绍，包括公司的主要股东以及股权结构、董事和其他一些高级职员、关键雇员以及公司管理人员。对主要管理人员加以阐明，介绍他们所具有的能力，他们在本企业中的职务和责任，他们过去的详细经历及背景。

② 将公司的管理机构，包括股东情况、董事情况、各部门的构成情况等用一览表的形式展示出来。

③ 很少有人具备开创新事业所需的所有能力和经验。要让投资者感觉到企业的管理人员是互补型，而且具有团队精神、凝聚力和战斗力。公司具备负责产品设计与开发、市场营销、生产作业管理、企业理财等方面的专门人才，或者今后会在哪些位置得到加强，足以保证公司成长发展的需要。

9．财务计划与预期

创业计划书的每个部分都很重要，但肯定会受到仔细核查的是涉及财务内容的部分，这部分内容提供了有关当前的财务状况、如何使用资金等。财务计划需要花费创业者相当多的时间和精力来编写。投资者期望从财务计划中判断创业者未来经营的财务损益状况，进而判断能否确保自己的投资获得预期的理想回报。

财务计划一般要包括以下内容：创业计划书的条件假设；预计的资产负债表；预计的损益表；现金收支分析；资金的来源和使用。企业的财务计划应保证和创业计划书的假设相一致。事实上，财务计划和企业的生产计划、人力资源计划、营销计划等都是密不可分的。

(1) 预编资产负债表

对公司拥有的资产和负债等方面进行评估，将信息概括在预编的资产负债表里，以表明未来不同时期的公司财务状况。在最初的3年内，这些信息应按半年进行预期，后两年按年进行预期。

(2) 预编利润表

准备好预编的利润表以便说明基于损益的预期运营成果。这张预编利润表记录销售额、销货成本、费用、利润或亏损，并应该认真考虑销售预测、生产成本、广告成本、分销和储存成本与管理费用。第一年的利润表应该按月编制，随后两年应该按季度编制，最后两年按年度编制。简而言之，它应该提供运营结果的合理规划。

(3) 预编现金流量表

预编现金流量表应该按未来一定年限准备，它反映预期现金的流入、流出的数量和时间安排。第一年应准备按月份编制的现金流量表，随后两年按季度编制，接着按年度编制。通过突出某一特定时期的预期销售额和资本费用，这种现金流预测强调了进一步融资的需求和时机以及对营运资金的需求。

财务部分的另一个重要组成部分是盈亏平衡分析，它表明为补偿所有成本所需要的销售（和生产）水平。这应该包括随生产量变化的成本（制造、劳动力、原材料、销售额）以及不随生产量变化的成本（利息、工资、租金等）。创业者经常对他们的新企业如何快速实现盈利抱有过度乐观的看法，盈亏平衡分析对抱有这种看法的创业者是一种非常重要的现实检验，而且潜在投资者通常也非常仔细地审查盈亏平衡分析。

可以这样说，一份创业计划书概括地提出了在筹资过程中创业者需做的事情，而财务计划则是对创业计划书的支持和说明。因此，一份好的财务计划对评估风险企业所需的资金数量，提高风险企业取得资金的可能性是十分关键的。如果财务计划准备的不好，会给投资者以企业管理人员缺乏经验的印象，降低风险企业的评估价值，同时也会增加企业的经营风险。

大致来说，创业计划书的财务部分应该为潜在投资者提供一份清晰的规划蓝图，即新企业将如何使用它已经拥有的、持续经营所得的以及投资者所提供的资源，以向财务目标迈进。如果计划书中有某个部分要求创业者应该尽力将其热情和乐观保持在可控的范围之内，那么这个部分就是财务分析部分。许多投资者已经学会带着合理质疑的态度来看待创业者的财务规划。在财务计划部分，投资者十分关注未来合作项目的投资计划。它通常包括以下问题。

① 预计启动资金是多少？期望获得多少投资？是以贷款、出售债券还是以出售普通股、优先股的形式实现？
② 公司未来筹集的资本如何安排？包括全部债务情况的说明。
③ 获取风险投资的抵押、担保条件。
④ 投资收益以及未来再投资的安排。
⑤ 资金安排及财务报告的编制，包括编制种类及周期（按月、季度、半年或一年）。
⑥ 投资者介入公司的经营管理程度如何？

10．风险分析

尽管风险投资的高风险众所周知，但是投资者仍然想尽可能多地弄清可能面临的风险以及风险的大小程度、防范和应对措施等。因为创业者必须在计划书中对这类问题做出说明。创业者面临的常见风险如下。

(1) 资源不足

如果企业没有按计划进行业务活动，那么公司可能会缺乏足够的资源来维持长久经营，这是一个非常重要的潜在风险。

(2) 管理经验不足

如果管理人员比较年轻或是新手，那么对企业经营的有效管理是否能够满足要求也是一个主要问题。

(3) 市场不确定因素

要特别提及市场不确定因素可能带来的对企业经营的影响。

(4) 生产不确定因素

对任何存在的生产不确定因素都要进行描述。

(5) 清偿能力

对于公司是否有足够的清偿能力，创业者在计划书中也要做一下分析，以使投资者知道如果企业遇到麻烦，他们的投资能收回多少。

(6) 对企业核心人物的依赖

创业者应该告知投资者如果企业核心人物离开会给企业带来怎样的影响，是否有合适人选可以接替，企业该如何应对这种变化。

(7) 其他

其他风险还包括资金储备情况、市场占有率、政策变化影响等，如果有这些风险存在，都应在计划书中明确提及。

不要为了增大投资者的信心而刻意减小或隐瞒风险因素，这会造成投资者与创业者之间的不信任，对于融资没有任何帮助。实事求是、客观诚恳地对可能的风险进行分析更能获得投资者或合伙人的信赖。

11. 时间表与关键目标

计划书的最后部分应该解决如下问题：主要活动何时开始、关键目标何时达到。这个"何时"对创业者和投资人来说都非常重要。比如，新企业何时组建，何时完成产品或服务的设计，何时进入实际生产或经营业务展开，何时开始盈利等。

12. 附录

公司或项目名称的背景与机构设置、市场前景、管理层人员简历、行业关系、竞争对手的文件资料、公司现况、顾客名单、新闻简报与发行物、市场营销、专业术语等。支持上述信息的资料：管理层简历、销售手册、产品图纸等。

六、编写创业计划书要避免的几个问题

创业计划书的编写，还要注意避免以下一些问题。

① 过分乐观。对产品或服务的市场前景过分乐观，会令人产生不信任感。

② 数据没有说服力。计划书中的数据、标准与常规经验相距甚远，会使人感觉创业者缺乏常识或缺少经验。

③ 摘要太长且太过松散，没能说准要点。

④ 对竞争没有清醒的认识，忽视竞争威胁。使人感觉创业者不懂市场经济规律。

⑤ 过分简单或过度包装。使人感觉计划书不够专业，缺乏足够的支撑，或者水分太多、太过花哨。

一份好的创业计划书就是创业者准确把握投资者的关注点：一是技术和商品，公司所使用技术的创造性与独特性、产品或服务是否可以产生高利润以及具备的开发潜能；二是市场，即市场的容量，产品间的相对竞争力和潜在成长力；三是管理团队是否能胜任；四是公司财务增长预期；五是退出机制。以上内容加上出色的计划摘要，可以使投资者或合伙人清楚掌握所有关心的问题的信息，从而带来信心和信任，起到计划书应该起到的作用。

第二节　确定公司名称及地址

有了完整的计划后，就可以真正开始创业了，创业之初需要关注的事情主要是为公司起个好名字，做好公司选址。

一、公司名称的重要性

一个成功的企业，要创出自己的名牌，首先必须打出自己响亮的名称。公司的名称好比一面旗子，它所代表的是公司在大众中的形象问题。这是一个公司走向成功的第一步。名字响亮能让更多的人识别企业、了解产品；公司和产品有广泛的知名度和良好的信誉，才能吸引更多的客户，产生更大的效益。

一个公司的名字对公司的影响是很大的，比人的名字对人的影响大得多。它不仅关系到公司在行业内的影响力，还关系到公司的产品投放市场后，消费者对本公司产品的认可度。因此如果公司取一个符合行业特点、有深层次的文化底蕴、又是广大消费者熟知的名字，企业的竞争力就明显区别于行业内的其他企业，为打造知名公司奠定基础。

1. 名字也是生产力

俗话说得好："名不正则言不顺，言不顺则事不成。"对于企业经营者而言，公司名称虽只是几个汉字的组合，但表现的绝不仅仅是几个汉字所固有的含义。作为企业标识，它储存着企业资信及其产品的市场竞争力等信息，这就使其成为商誉的载体而具有财产价值。它还反映着该企业的文化品位，沉淀着特定时代、特定地域、特定群体的文化心态及其商业追求，具有潜在的文化价值。一个具有高度概括力、强烈吸引力和具有潜在文化价值的公司名称，对大众的视觉刺激和心理等各方面都会产生影响。一个设计独特、易读易记并富有艺术和形象性的公司名称，能迅速抓住大众的视觉，诱发其浓厚的兴趣和丰富的想象，能使之留下深刻的印象。

综观驰名商标，如"海尔"、"红桃K"、"娃哈哈"、"乐百氏"、"EXXON"、"SONY"、"ACER"等好品牌，它们无一不是得益于当初高度重视命名这个投资环节。世界上成功的大企业，更是无一不看重命名这个投资环节。如美国一家石油公司为设计出既符合世界各地风俗、又符合各国法律的名字，邀请各方面的专家，历时6年，耗资1亿余美元，调查了55个国家和地区，最后从设计的1万多个商标中选出一个商标，这就是著名的埃克森（EXXON），如今它的品牌价值已达到上百亿美元。其他诸如"SONY"、"ACER"等命名，也都是一笔巨大的投资，当然，其最终的回报也是相当丰厚的。

2. 名字是企业的无形资产

一般说来，公司或企业的名字既不同于厂房、机器、设备等物品，可以生产、加工出产品；也不同于被拿到市场上销售的商品，可以参与流通。公司或企业的名字并不是直接创造价值、赚取利润的有形物，但是它却可以间接创造价值，有时候，它所创造的价值甚至比那些厂房、机器、设备等有形资产所创造的价值要大得多。在当今世界上，价值连城的企业名称绝不在少数。比如，可口可乐公司、IBM公司、雀巢公司、摩托罗拉公司等，都是价值数十亿、数百亿美元的名字。一个好公司、好企业的名字是属于企业的无形资产，而它的价值尽管可以大致用有形的数字评估出来，但是，如果有人要想把其买断，则是根本办不到的。具体说来，公司或企业的名字之所以是企业的无形资产，主要表现在以下几点。

(1) 公司或企业的名字是企业参与市场的通行证

在现代社会，无论是生产商还是销售商，要想进入市场，参与市场买卖的种种活动，都必须占有一定的场地，并为这一场地起个名字。名称是企业的依托，没有名字的企业，不可能成为真正的企业，也无法去赚钱。市场要求公司或企业必须有名字，消费者也要求公司或企业必须有名字。人们去购物、去消费的时候，不可能总是"去这家"、"去那家"地说。并且，人们还喜欢去那些名字响亮、好听、能给人以享受和满足感的公司或企业去消费。因此，哪家公司或企业的名字起得好，哪家就能更好地走向市场、参与市场活动。

(2) 公司或企业的名称是老板身份与企业实力的载体

在商业活动中，公司或企业的名称代表着老板的身价，体现着企业的实力。凡是有名气的著名公司的老板，即使其穿着再随便、朴素，但也绝对不会有人小看他们。因为企业或公司的名字本身就可以说明一切，它决定了人们对老板身价和企业实力的评判。也正因如此，所以那些没有什么名气的企业老板们，总想把自己的公司的名字千方百计与有名气的企业联系起来，或者干脆投靠在那些企业的名下。这是一种提高身价、表明实力的好方法。而这样做的目的，当然也是为了更好地从事商业交易活动，实现自己的商业目的。

(3) 公司或企业的名称是企业形象的代言人

企业形象的优劣，对企业的经营活动有着非常重要的影响。能够代表企业形象和帮助企业塑造良好形象的因素有很多，比如，企业的产品质量、服务状况、对社会公益事业的关心程度等。除了这些，公司或企业的名称也是其中最重要的因素之一。公司或企业的名称之所以能够成为企业形象的代言人，原因在于企业形象来自于人们的印象，而人们对于公司或企业的名称的印象，则是对企业印象的首要的、最初的部分。公司或企业的名称好，人们即使只是听说而并没有去过、打过交道，也会产生好感，进而产生愿意去看看、打交道的想法；反之，公司或企业的名称不好，就会让人产生厌恶感和拒绝感。

3. 名字是公司财富的"吸盘"

(1) 公司或企业的名称是企业文化的凝聚物

公司或企业的名称是企业文化中十分重要的一部分。可以说，企业文化的有无和质量的高低，在很大程度上都可以依据其名称来做出判断。例如，"同仁堂"这个名字，就是一个典型的例证。它不仅可以让顾客产生好感，而且也能使企业的职工产生内聚力，共同生出"同仁""四海之内皆兄弟"的美好感觉。

(2) 公司或企业的名称是产品和服务的象征

在日常生活中，我们经常会听到一些人骄傲地说："我的上衣是××厂生产的。""我用的是××公司的手机。""我们家的热水器是××公司的。"这样说的人很可能有炫耀的心理，而他们之所以想炫耀，就是因为他们所说的"××"有值得炫耀的成分，有可供展示的价值。由此不难看出，公司或企业的名称已经成为产品和服务的象征。

(3) 公司或企业的名称决定企业的知名度和美誉度

企业知名度的高低、能否获得人们的赞美和称誉，同样取决于名字的好坏。例如，一家命名为"花容月貌"的美容院，肯定能够迅速地广为传播，获得顾客的赞美和称誉，其知名度和美誉度会迅速提高；反之，如果把美容院命名为"秋水寒天""修皮馆"等，则是任谁都无法接受的。一家公司或企业要想提高自己的知名度和美誉度，就得让人家愿意听它的名字并愿意为之传播，还要能让人产生美感，联想到美好的事物。

二、公司起名的原则和方法

好的企业名称能给人留下深刻的记忆、美好的印象，具有易记忆、易读、易写的特点。如果公司或品牌名字的识别有难度，过长，有难认的字，不利于书写，不利于记忆，往往使人产生原始性的抵抗心理，使大众的印象产生障碍。所以企业名称应具有独特、创新的特点，不容易落俗，与同行业同类产品的名字不易混淆。同时，企业名称应针对主要消费群体，满足其心理需求，如针对男性、女性、老人、小孩、文化和消费的动机等。

一个好的名字，是一个企业拥有的一笔永久性的精神财富。一个企业，只要其名称、商标一经登记注册，就拥有了对该名称的独家使用权。所以在给公司起名时，一般要注意一些基本的原则和方法。

1. 公司名称的合法性

名称的合法性是公司起名最基本的要求，也是名称最终能够使用的首要前提，国家工商行政主管部门对公司名称有基本的内容要求和规范格式，在给公司起名之前必须要对其有所了解，只有遵照这些要求，公司名称才能够在法律上得到保护。再好的名字，如果不能注册，得不到法律保护，也是没有任何意义的。

2. 尊重文化与跨越地理限制

由于世界各国、各地区消费者的历史文化、风俗习惯、价值观念等存在一定差异，使得他们对同一品牌的看法也会有所不同。Whisky是世界知名的酒类品牌，进入香港和内地，被译成"威士忌"，被认为"威严的绅士忌讳喝它"，所以绅士们自然对它有所顾忌。而Brandy译成"白兰地"，被认为是"洁白如雪的兰花盛开在大地上"，意境优美之极，自然绅士们更愿意喝它。

3. 简单易记

品牌取名要遵循简洁的原则，我们耳熟能详的一些品牌，莫不如此，如青岛、999、燕京、白沙、小天鹅、方太、圣象等，都非常简单好记。IBM是全球十大品牌之一，被誉为"蓝色巨人"。它的全称是国际商用机器公司（International Business Machines），这样的名称不但难记忆，而且不易读写，在传播上首先就给自己制造了障碍，于是，国际商用机器公司设计出了简单的IBM的字体造型，对外传播，终于造就了其高科技领域的领导者形象。

尽量让名字读起来很流畅，不要用一些生字、难字，让人根本读不出来。举个例子，如果你叫Smith，并且你经营的是早餐食品，那Smith's Spicy Sausages（Smith风味腊肠）的名字就再好听不过了。你这么做的原因就是为了配合读音，但整个名字读起来并不自然，有点生拉硬扯的感觉，这会让那些不熟悉你的消费者误解你实际销售的东西。但如果头韵押合得好，而且整体意思又通顺，就会让人过口不忘，比如Barney's Bagel Barn（一家食品公司），读起来既流利又很可爱。

4. 容易推广

例如：吉普（Jeep）汽车的车身都带有GP标志，并标明是通用型越野车，Jeep即是通用型的英文general purpose首字缩写GP的发音。但有另一种来源之说，称其来源于一部连环画中的一个怪物，这个怪物总是发出"吉——普，吉——普"的声音，非常容易发音和易于传播。

5. 能正面联想

金字招牌金利来，原来取名"金狮"，香港人一说便是"尽输"，香港人非常讲究吉利，面对如此忌讳的名字自然无人光顾。后来，曾宪梓先生将Goldlion分成两部分，前部分Gold译为金，后部分lion音译为利来，取名金利来之后，情形大为改观，吉祥如意的名字立即为金利来带来了好运，可以说，金利来能够取得今天的成就，其美好的名称功不可没。

另外，一定要注意你起的名字有没有双关语，双关语如果使用不当真是要贻笑大方。重要的是要表达出来你究竟是做什么的，双关语虽然好，但如果让人们联想到的东西与你的公司根本不挨边就不好了。

6. 暗示产品属性

有一些品牌，人们可以从它的名字一眼就看出它是什么类型的产品，例如五粮液、雪碧、高露洁、创可贴等。它们中的一些品牌，甚至已经成为同类产品的代名词，让后来者难以下手。商务通的命名，使得它几乎成为掌上电脑的代名词，消费者去购买掌上电脑时，大多数人会直接指名购买商务通，甚至以为商务通即掌上电脑，掌上电脑即商务通。需要指出的是，与产品属性联系比较紧密的这类品牌名，大多实施专业化策略。

7. 预埋发展路线

一个不好的名字可能会直接影响到你公司未来的业务发展。举个例子，假如有人投资了一家私人电台，名字也就叫作"某某电台"，可公司不断壮大发展后，又想开办一个电视台，而"某某电台"的名字就完全限制了它继续的发展。或者你起初成立的是一家食品店，名字叫作"美味"，发展到后来，你变得越来越有钱，想要投资房地产生意，可是谁喜欢住"美味"地产的房子呢。

另外，不要用当下很时髦的字眼或一些时间性名词来作为你公司的名字。当下时髦的词最终会变成老土，一些有意义的时间名词最终也不再新奇，因为随着时间的推移，一切都会成为历史，你也不想让你的公司最终成为历史吧，所以别把你的公司叫作××新纪元、21世纪××××。

所以，品牌在命名时就要考虑到即使品牌发展到一定阶段时也能适应任何需要。对于一个多元化的品牌，如果品牌名称和某类产品联系太紧，就不利于品牌今后扩展到其他产品类型。通常，一个无具体意义而又不带任何负面效应的品牌名，比较适合于今后的品牌延伸。例如索尼（SONY），不论是中文名还是英文名，都没有具体的内涵，仅从名称上，不会联想到任何类型的产品，这样，品牌可以扩展到任何产品领域而不至于作茧自缚。

8. 预留备选方案

一旦你确定了公司的名字，就别再犹豫了，赶紧敲定。同时，也应该在核准名称之前预留几个备选名称，因为很多时候你会发现自己想好的名字已经被人捷足先登注册过了。所以一旦确定了名字，就要尽快去注册，也别让别人侵害了你的权利。

三、企业的选址

企业选址是关系到企业成败的重要因素，也是创业初期涉及的几个问题之一。地址的选择是综合多方面因素统筹规划、细致考量的结果，初次创业者应该了解做出正确选址决策所需的信息和技能。

1. 企业位置的重要性

对零售商店、服装店和干洗店来说，位置选择非常重要，这类企业要靠一定量的客流来生存，想要成功就必须靠近它的顾客。

而对服务类企业以及多数批发类企业，地理位置却没有那么重要。如果出售的商品成本较高（如家具等），则可用产品招来顾客。某些服务类企业，如会计公司、税务咨询公司等，即便是位于较偏僻的地方，仍然可实现很高的营业额。

制造企业、建筑公司以及其他的一些企业，一般是通过销售人员或广告来寻找客户，因此这类企业在选址的时候，主要考虑成本、环境和原材料供应问题。

2. 企业选址的一般因素

（1）政策因素

不同地区、不同行政区划，对公司注册和经营的有关政策差别是很大的，应该认真了解区域创业的有关扶持或优惠政策，尽量加以利用，可以有效克服创业初期在土地、注册、税收、房租、人工等许多方面的问题，帮助企业尽快走上正轨。

(2) 经济因素

经济因素是指人们收入的多少决定着对产品或服务的需要,创业者需要搜集有关所选地区人们收入的信息,同时也要注意经营成本的控制,比如交通运输成本、人力资源成本、物业成本等。

(3) 人口因素

人口因素是指创业者应该对可能成为其消费者的人群有所了解,包括其年龄层的分布、数量的多少及稳定性、受教育程度、居住和消费习惯等。

(4) 竞争因素

竞争因素是指了解竞争者的相关信息,以下三种情况有利于开一家新企业:该地区内没有竞争者、竞争者的企业管理很差、消费者对该产品的需求增加。

> **案例　肯德基选址**
>
> 第一步:划分商圈——用数据说话
>
> 　　肯德基计划进入某城市,就先通过有关部门或专业调查公司收集这个地区的资料,有些资料是免费的,有些资料需要花钱去买。把资料买齐了,就开始规划商圈。
>
> 　　商圈规划采取的是记分的方法,例如,这个地区有一个大型商场,商场营业额在1000万元算一分,5000万元算五分,有一条公交线路加多少分,有一条地铁线路加多少分,这些分值标准是多少年平均下来的一个较准确的经验值。通过打分把商圈分成好几大类,以天津为例,有市级商业型(和平路等)、区级商业型、定点(目标)消费型、还有社区型、商务两用型、旅游型等。
>
> 第二步:选择地点——在最聚客的地方开店
>
> 　　商圈的成熟度和稳定度也非常重要。例如规划局说某条路要开,在什么地方设立地址,将来这里就有可能成为成熟商圈,但肯德基一定要等到商圈成熟稳定后才进入。肯德基开店的原则是:努力争取在最聚客的地方和其附近开店。
>
> 　　过去古语说"一步差三市",开店地址差一步就有可能差三成的买卖。这跟人流动线(人流活动的线路)有关,可能有人走到这就拐弯,则这个地方就是客人到不了的地方,差不了一个小胡同,但生意差很多,这些在选址时都要考虑进去。人流动线是怎么样的,在这个区域里,人从地铁出来后是往哪个方向走等,这些都要派人去掐表、去测量,有一套完整的数据之后才能据此确定地址。而且选址时一定要考虑人流动线会不会被竞争对手截住。

第三节　新企业的设立

在创业过程中,公司设立的注册手续是比较简单的,只要按照当地工商行政的相关规定,遵守各种法律条文,按照标准化流程提交材料逐步进行即可。但是,按照哪种企业形式办理注册登记手续,是创业者需要仔细考虑的。下面的部分内容第四章已有介绍,这里主要从严谨的操作层面再重新做一次梳理。

一、企业的法律形式

企业的法律形式是指企业依据不同的法律标准和条件所形成的组织形式。企业的法律形式决定了企业内部的组织结构和企业的法律地位，决定了投资者的风险责任范围。

企业的法律形式具有以下特征：它是由法律予以规定的，当事人的选择具有有限性；它是可以发展变化的；它直接宣示了企业的信用基础；它决定了企业立法的体系和结构。

1. 个体工商户

业主是一个人或家庭；无资本数量限制。成立条件简单，业主只要有相应的经营资金和经营场所就可以；个体工商户可以起字号。资产属于私人所有，自己既是所有者，又是劳动者和管理者。利润归个人或家庭所有；由个人经营，以家庭财产承担无限责任。

2. 个人独资企业

个人独资企业是指依法在中国境内设立，由一个自然人投资，财产为投资者个人所有，投资者以其个人财产对企业债务承担无限责任的经营实体。个人独资企业不是法人，它的民事权利与义务由投资者享有和承担，并且投资者还要以自己的个人财产对企业债务承担无限责任。

我国对个人独资企业的设立，在立法上采取了准则主义，即只要符合法律规定的设立条件，企业即可直接办理工商登记。

(1) 投资人为一个自然人

个人独资企业的投资人必须是自然人，法人和其他组织不能成为个人独资企业的投资人。申请设立个人独资企业的投资人应当具有相应的民事权利能力和民事行为能力。

(2) 有合法的企业名称

个人独资企业必须与其责任形式相符合，不能使用"有限责任""有限""公司"等字样。

(3) 有投资者申报的出资

法律没有限定个人独资企业的出资金额，由投资者在设立时予以申报。投资者的申报金额原则上应当与企业生产经营规模相适应，可以是个人资产出资，也可以是家庭共有财产出资。

(4) 有固定的生产经营场所和必要的生产经营条件

生产经营场所包括企业的住所和与生产经营相适应的处所。住所是企业的主要办事机构所在地，是企业的法定地址。

个人独资企业一般规模较小，设立手续简单，经营灵活，所以，从有利于个人独资企业发展出发，条件规定的比较宽松。对于投资者的范围，除法律、行政法规禁止从事盈利性活动的人外，没有其他限制性规定。但如果是外籍人士，只能成立外商独资企业。

个人所有制的显著特征是个人所有制，投资者的投资以及企业所得收益均归个人所有，投资者享有企业财产所有权，其有关权利可以依法转让或继承。同时，投资者也是企业的负责人和代表人，享有企业的经营权和管理权。

3. 合伙企业

合伙企业（一般指普通合伙企业），是指依法设立的由各合伙人订立合伙协议，共同出资、共同经营、共享收益、共担风险，并对合伙企业债务承担无限连带责任的盈利性组织。合伙企业也属于非法人企业。

(1) 合伙企业的设立条件

① 应当有两个以上的合伙人。设立合伙企业必须有合格的合伙人参与，就人数而言，至少应当有两个合伙人，这点与个人独资企业不同。

② 有合伙人实际缴付的出资。作为合伙企业的合伙人必须有具体的出资，出资的形式可以是货币、实物、土地使用权、知识产权和其他财产权。经合伙人一致同意，劳务也可以作为出资形式。合伙企业的具体出资额，法律并没有金额限制，只要合伙人认为与经营相适应即可。

③ 有自己的名称。合作企业作为市场主体之一，应当有自己的名称，该名称应符合经营特点、组织形式。

④ 有经营场所和从事合伙经营的必要条件。

(2) 合伙企业财产

合伙企业财产是合伙企业开展生产经营活动的基础，合伙企业存续期间，合伙人的出资和所有以合伙企业的名义取得的收益，均为合伙企业的财产。一般情况下，合伙人的出资意味着所有权的转移。如果合伙人出资时有特别约定，应当以其约定为准。以土地使用权或其他需要变更登记的财产出资的，应当办理变更手续；以知识产权出资时，可以通过许可方式将使用权作为出资，在这种情况下合伙人保留知识产权的所有权。若合伙人对出资财产本身不享有所有权，则其只能以其享有的权益出资，如合伙人以租赁房屋权益作为出资的，由于客观上不能转移所有权，因此此时的出资只能是房屋的使用权。以合伙人名义取得的全部收益也是合伙人经营积累的财产，任何合伙人不得擅自处分，在分配前，应当统一使用和管理。合伙人作为合伙企业责任的最终承担者，对于合伙企业财产享有权利，同时也承担相应的义务。

合伙人对合伙企业财产享有的权利如下。

① 根据合伙企业财产权利内容的不同享有共有权或共用权。合伙人对合伙企业享有所有权的财产享有共有权；对合伙企业享有他物权或其他限制权利的财产享有共用权。

② 共同支配权。合伙人对合伙企业财产的转让和处分决定，必须经全体合伙人同意，不得擅自转让和处分。

③ 利益分配权。每个合伙人对合伙企业在经营过程中的利润，均享有分配的权利。

合伙人对合伙企业财产承担的义务如下。

① 合伙人应当按照合伙协议约定的期限、数额和方式缴纳各自的出资。

② 合伙企业存续期间，合伙人不得请求分割合伙企业的财产。

③ 合伙人不得擅自处分合伙企业财产，包括转让、赠与、对外出资等。

④ 合伙人的个人债务应当以其他个人财产优先清偿，不得直接以对合伙企业财产享有的权益抵消或清偿债务。

4．有限责任公司

有限责任公司是指由一定人数的股东组建的，股东以其出资额为限承担责任，公司以其全部财产承担责任的企业法人。

(1) 有限责任公司的设立条件

① 具有符合法律规定的股东人数。有限责任公司由50个以下股东出资设立。一个自然人或一个法人可以投资设立一人有限责任公司，一个自然人只能投资设立一个一人有限责任公司。一人有限责任公司应当在公司登记中注明自然人独资或者法人独资，并在公司营业执照中载明。

② 有公司章程、符合规定的公司名称以及具备生产经营条件且符合法律规定的场所。

(2) 组织机构

完整的公司机构应当包括股东会、董事会和监事会。股东会是有限责任公司的权利机构，是由全体股东组成的表达公司意思的非常设机构。股东会对外不代表公司，对内不执行业务。董事会是有限责任公司的执行机构，是由股东会选举产生，对内执行公司业务，对外代表公司的常设机构。股东人数少和规模较小的公司可以不设董事会，仅设一名执行董事。职工代表由公司职工民主选举产生。有限责任公司股东人数较少和规模较小的，可以设一到两名监事。董事、经理及财务负责人不得兼任监事。

(3) 股东的权利和义务

股东的权利通常简称为股权，是指股东基于其出资在法律上对公司所享有的权利。股东的权利分为自益权和共益权。自益权是从公司得到经济利益的权利；共益权是股东参与公司经营管理和监督的权利。股东在行使共益权时，同时也是实现或保障股东自身的权益。

此外，企业法律形式还有一种，称为股份有限公司，由于初创企业较少选择股份有限公司，所以在此不做介绍。

二、新企业注册成立

设立企业从事经营活动，必须到工商行政管理部门办理登记手续，领取营业执照，如果从事特定行业的经营活动，还须事先取得相关主管部门的批准文件。

我国实行法定注册资本制。如果创业者不是以货币资金出资，而是以实物、知识产权等无形资产或股权、债权等出资，创业者还需了解有关出资、资产评估等法规规定。

企业设立后,需要办理税务登记,需要会计人员处理财务,这其中涉及税法和财务制度,创业者需要了解相关规定。

1. 新企业名称核准

创业者在企业正式成立之前,必须进行企业名称核准,这是新企业注册的第一步。

企业名称,通常是该类产品某一企业的专有名称,是用文字形式表示一个企业区别于其他企业或组织的特定标志。企业名称一般由以下四部分依次组成:企业所在地行政区划名称、字号(商号)、行业(或经营)特点、组织形式。企业只准使用一个名称,在某一个工商行政管理局辖区内,冠以同一行政区划名称的企业不得与登记注册的同行业企业名称相同或近似。

我国在公司登记工作中实行公司名称预先核准制。申请公司名称预先核准时应由创建公司的代表或其委托的代理人向登记主管部门提出名称预先核准的申请,提交公司登记机关要求的各项材料,由指定的代表或委托的代理人向工商行政管理局申请名称预先核准。

2. 工商税务登记的一般程序

① 领取并填写工商注册登记表,提交相关文件、材料,办理入资手续,经主管机关受理、审查、核准、发照的环节之后,领取工商营业执照。营业执照分正本和副本,正本为悬挂式,用于企业亮证经营;副本为折叠式,用于携带外出办理各项事务。

② 新企业在办理工商注册登记之后,再到技术监督部门按要求提交各种材料和证明,申请办理组织机构代码证。

③ 新企业在发照后的规定时间内,要分别到国税和地税的办事窗口按要求提交各种材料和证明,申请办理税务登记证。税务登记证分正本和副本,正本为悬挂式,用于企业亮证经营;副本为折叠式,用于携带外出办理各项事务。

④ 由具有有关资质的单位刻公章。

上面介绍的只是一般的企业注册程序,企业法律形式不同,登记需要的材料和手续也各不相同。

3. 其他登记备案事项

(1) 银行开户

企业可以在银行申请基本存款账户、一般存款账户、临时存款账户、专用存款账户。

① 基本存款账户。这是企业办理日常结算和现金收付的账户,企业的工资和资金等现金的支取,只能通过基本存款账户办理。企业的基本存款账户只能选择一家银行的一个营业机构开立,不得在多家银行机构开立。

② 一般存款账户。这是企业在基本存款账户以外的银行存款转存账户,是与基本存款账户的企业不在同一地点的附属非独立核算单位的账户。企业可以通过本账户办理转账结算和现金缴存,但不能办理现金支取。

③ 临时存款账户和专用存款账户是企业因临时经营活动需要开立的账户,企业可

以通过本账户周转。

（2）社保和公积金

新企业注册后还应该按照有关法律法规，到企业所在行政区划的办事机构，按要求提交相关资料和证明，申请开立社会保险和住房公积金登记开户。

按照以上流程办理各项登记注册和开户手续，领取所有的证照公章，企业的设立工作就算基本完成了，自此企业便可以开展各项经营活动和正常收付了。

第九章 新企业的管理

弗拉姆豪茨和兰伊尔在《企业成长之痛——创业型公司如何走向成熟》中将企业的生命周期分为七个阶段：新创期、成长期、规范期、成熟期、多元化期、调整期、衰退期和再创业期。就新企业而言，关注的重点在企业的生存阶段和成长阶段，在这个阶段，创业者需要通过创业行为去检验他的创业设想是否具备可行性，是否能够转化为客观的商业价值，而这些都需要依托实体企业的经营运作。在这个阶段，新企业的灵活性最强，同时可控性最差，企业员工的创新精神和冒险精神最强，同时抗击打的能力也最弱。因此，创业者要充分了解新企业管理的特殊性，认知新企业存在的主要风险，通过有效的市场营销管理、财务管理、人力资源管理等手段规避和化解风险，确保企业顺利平稳的进入快速发展期。

第一节 新企业管理特点

新企业在创立成功后进入新创期，这个阶段的时间长短因新企业的项目及产业不同而有所差异。在这一阶段，企业管理具有特殊性，主要表现为以下几个方面。

一、新企业的特征

1. 新企业管理以生存为第一要务

新企业要得以持续发展，生存是主要目标，企业面对的首要任务是确保产品或服务能够被消费者接受，产生良好的销售业绩，能让企业的利益相关者确信新企业值得信赖。因此在这一时期，创业者并不太关注内部的制度建设和流程规范，而是把精力更多地放在产品研发、市场开拓、促销增收上，实施以销售业绩为目标导向的发展策略。

2. 新企业管理主要依靠自有资金维持经营

新企业由于刚刚创立,信用记录不足,从银行借贷比较困难,企业只能依靠自筹资金创造自由现金流保证企业正常的生产经营。自由现金流是指不包括融资、资本支出以及纳税和利息支出的经营活动的净现金流。新企业通过提高现金流,能避免企业运营过程中的现金危机,避免受到债权人或投资人的支配。因此,创业者必须高度重视资金流转的真实情况,准确了解企业的现金状况、应收账款、收入和开销等情况;同时注意增收节支,加速资金周转,以避免资金风险。

3. 新企业管理主要体现为创业者靠个人能力和魅力维系的管理模式

新企业创立之初,创业者往往会亲自深入企业运作的各个阶段,亲力亲为:亲自拉关系谈项目,亲自下车间监督订单完成进度,亲自策划营销活动,亲自去银行谈借款,亲自招聘等。创业者全程参与的工作状态,在经营上可以帮助创业者了解企业生产状况的第一手资料,及时发现存在的问题并加以解决,利于新企业发展。在管理上,尤其是在各项制度建设不完备的情况下,企业的运行和秩序维护还主要依靠创业者的个人能力和个人魅力来激发企业员工的主动性和自觉性。因此,创业者的业务能力、领导魅力、管理能力以及创业团队的协调合作、沟通交流能力等决定着企业的生存发展。

4. 新企业管理是充分调动"所有人做所有事"为主的群体管理

创业初期,在新企业中常会看到这样的现象:一旦企业需要完成什么事情,团队所有人会一同参与完成,看似混乱实则是高度有序的状态。这就是常说的"所有人做所有事"的群体管理,虽然企业的内部管理流程和机制尚待建立,但企业员工都有比较强烈的工作热情和团队精神,企业的亲和力、凝聚力强,员工之间职位区别不明显,大家都清楚企业的发展目标和自己应当为企业目标实现而做的努力与贡献,因此不计较个人得失,齐心协力,共同完成。

二、新企业的优势与不足

1. 新企业的优势

① 富于强烈的创新精神和冒险精神。创业者一切从零开始,没有成功带来的包袱,轻松上阵,而大企业经过几十年的发展积累,或多或少会形成墨守成规的做法,有时甚至惧怕创新与变革。例如,互联网运营时代的到来给传统经营企业带来巨大的冲击,在新浪潮下,一些传统大企业因循守旧、害怕变革,导致销售量锐减,面临生存危机;而一批中小企业善于接受和学习新生事物,借势发展,觅得商机,开创新天地。

② 领导与员工上下协同,组织运行效率高。创业团队拥有共同愿景和目标,人员精干,组织结构简单,通常一个项目从策划、立项到上马,一般只需要较短的时间就能完成,工作效率高;而一些大企业结构冗余,部门之间为利益互相掣肘,导致决策失误的事情时有发生。

③ 新企业对市场环境变化、客户需求变化感知更加敏锐,行动更加迅速,能及时响应和满足新的市场需求。例如,当有些大公司和跨国企业在世界经济不景气的情况下

不得不压缩生产规模的时候,中小企业却发挥出"小"、"灵"、"快"的特点,不断调整经营方向和产品结构,从中获得新的发展。

2. 新企业的不足

① 市场资源缺乏。新产品或服务从客户认知到接受需要一个时间过程,尤其是在原有行业的品牌忠诚度较高、市场饱和度较高、新企业产品差异化程度不高时,新企业较难迅速打开市场,竞争能力弱,较难在消费者心中树立起企业形象和品质知名度。

② 流动资金缺乏。现金流是企业初创时期生产经营活动的第一要素,是新企业生存的生命线。很多企业在创业之初都面临着资金紧张的问题,或是过多的资金投在企业的固定资产等方面导致处于起步阶段的新企业缺乏流动资金。一旦出现赤字,企业就将发生偿债危机,导致破产。

③ 日常管理缺乏。在企业的起步阶段,企业人员所承担的责任和义务往往是交叉、重叠的,团队成员人数有限,往往一些能力强的人会身兼数职,这时企业是因人设岗,而不是围绕工作本身进行组织。在这样的情况,如果员工的岗位职责、岗位关系、岗位权限不明确,很可能影响甚至破坏企业的正常生产经营活动。

④ 管理制度和业务流程不规范。新企业由于缺乏管理经验,一些制度和业务流程简单复制,而没有考虑到企业自身的差异性,因此常会出现水土不服、克隆失败等问题。企业要在成长过程中结合企业的实际去设计、制定管理制度,需要在不断解决问题的过程中摸索和完善。渐进的标准化才能使得企业的日常管理工作成为常态,企业管理模式才能从"人治"自然过渡到"法治"。

第二节　新企业市场营销管理

新企业在初创和成长期,营销的首要任务是快速进入市场,获得消费者的认同。新企业在没有任何基础条件的情况下,采取何种策略将技术或创意变为消费者愿意购买的产品,是新企业面临的首要问题。

一、市场营销的基本概念

市场营销是通过创造并交换产品和价值,从而使个人或组织满足需求和欲望的一种社会管理过程。创业营销是市场营销的一种特殊情形,是创业企业家凭借创业精神、创业团队、创业计划和创新成果,获取企业生存发展所必需的各种资源的过程,它实际上是一种崭新的创业模式。今天,对于大多数年轻的创业者来说,既缺乏资金和社会关系,又缺乏商业经验,所拥有的只是创业激情和某种新产品的原始构思或某种新技术的初步设想。如何让创业激情和初步设想与现实的市场需求有机的结合,需要认真考虑以下要素。

1. 市场

按照广义的概念,市场是一定时间、地点条件下商品交换关系的总和。是企业最终实现利润的场所，因而也是企业所有经营活动的最终目的地，同时也是企业从事各种活动的起点。

2. 需求

需求是指人们有支付能力并愿意购买某个具体产品来满足的欲望。营销者应该知道多少人需要某种产品，并且知道有多少人有能力购买这种产品。企业的营销活动不能创造需求，只能影响顾客的需求，并尽力去满足这种需求。

3. 交易

交易是交换的基本组成单位，是交换双方之间的价值交换。建立在交易基础上的营销称之为交易营销。为使企业获得比交易营销所得到的更多，就需要关系营销。关系营销可以节约交易的时间和成本，其宗旨从追求每一次交易利润最大化转向追求与顾客和其他关联方共同长期利益最大化，即实现"双赢"或"多赢"。

二、市场营销活动要素

市场营销过程一般可分为市场定位、产品开发、渠道建设、价格制定和推广促销等。

1. 市场定位

美国学者温德尔·斯密提出了市场细分的概念，他认为顾客总是有差异的，他们有不同的需求、欲望，并寻求不同的利益。企业应该对市场细分，而不能仅停留于产品差异化。细分消费者市场的依据有两类：一类依据消费者特征如地理因素、人口因素和心理因素等；另一类依据消费者的反应，主要指各种行为因素，包括购买者的购买时机、使用情况、忠诚度以及期望价值等。行为因素是最为直接的市场细分标准。事实上，在进行市场细分时，并不是单一地考虑某一种因素，往往是需要综合考虑多种因素，因此，在实际营销策划中，要结合实际情况灵活应用细分要素。通过市场细分，可以帮助企业从市场共性中看到市场细分后的差异性，新企业可以根据自己的实际情况有选择地进入其中一个或多个细分市场。

常见的市场定位有四类。

① 缝隙市场定位。这种定位主要是服务于一个狭小的市场，通常是大企业没有顾及或因市场规模太小而不适合于大企业运营的。

② 配套市场定位。这种定位是为一家大企业进行配套。例如，一些小企业专门为大型汽车公司制造小型的汽车配件。

③ 群聚市场定位。这种定位是参与一个企业集群，众多小企业共同合作生产一件最终产品。如在我国南方一些小企业共同生产箱包制品，每个企业只生产箱包中的一部分，如拉链、拉杆、轱辘等。

④ 创新市场定位。这种定位是要创新一个新市场。通常适用于科技型企业。

2. 产品开发

新产品开发是指从研究选择适应市场需要的产品开始到产品设计、工艺制造设计，直到投入正常生产的一系列决策过程。从广义而言，新产品开发既包括新产品的研制也包括原有的老产品改进与换代。新产品开发是企业研究与开发的重点内容，也是企业生存和发展的战略核心之一。

新企业对产品进行初次定位，可以采取以下两种方法：针对式定位法和创新式定位法。针对式定位是指选择靠近竞争者或与其有重合处，以相同或相近的特色争夺目标客户，而在彼此的产品、价格、销售及促销等方面稍有不同。一般来说，企业要考虑：①能否生产比竞争者更优或成本更低的产品；②自己是否拥有比竞争者更多的资源等。创新式定位则是避开竞争者的直接对抗，定位于某处缝隙，发展目前市场上没有的某种特色。此时，企业需要明确自己的产品特色在技术上、经济上是否可行，有无足够顾客偏好这种定位。

3．渠道建设

销售渠道是指连接生产企业与消费者，使产品更为顺畅地从企业流向消费者的组织。大多数情况下，营销渠道可以帮助新企业突破资源闲置、提高销售效率。在新企业财力有限、市场认可度低的情况下，完全依靠自己的力量构建营销网络是不现实的，这个时候一些有实力的中间商，可以帮助新企业的产品进入市场，为创业者分担营销压力。

根据渠道的级数不同，可以将营销渠道分为直销渠道和分销渠道。直销渠道存在于企业自行直接销售产品的情况，中间商的角色将由企业自身扮演。例如，在那些营销渠道成本较高，而且建设环节繁琐的情况下，对于新企业而言，自建渠道的成本是不小的负担，因此，大多数情况下，分销渠道是一个较为可行的方案。分销渠道可分为一级、二级、三级与多级渠道，新企业要根据自身情况，合理地选择渠道的构建方式，确保产品尽快推向市场。

4．价格制定

在销售、购买活动中，价格往往是消费者购买决策的重要影响因素。对于初次进入市场的新企业来说，价格也是最有力的竞争工具。价格制定的方法包括如下。

成本导向定价法以产品的总成本为中心，分别从不同的角度制定对企业最有利的价格。成本导向定价法是企业最基本、最普遍和最常见的定价方法，它又分为以下四种：单位成本定价法、变动成本定价法、边际成本定价法和临界点定价法。

需求导向定价法是指企业根据市场需求大小和消费者反应的不同，分别确定商品价格。

竞争导向定价法是指通过研究竞争对手的商品价格、生产条件、服务状况等，以竞争对手的价格为基础，确定同类产品的价格。

价格制定方法的选择主要取决于创业者的经营目标。如果创业者秉持利润导向的经营目标，就会坚持价格充分反映企业的生产和经营成本，并且有一定的盈利空间；反之，如果创业者希望尽快进入市场打开局面，就会选择比较低的价格，希望通过价格优势吸引更多的消费者。因此，创业者的经营目标决定了产品价格制定的总体设计原则。

5. 推广促销

促销是企业通过人员与非人员方式，在企业和消费者之间进行信息沟通，引发和刺激消费者需求，从而促进消费者购买的活动。促销方式一般分为两大类：人员促销和非人员促销。非人员促销具体又包括广告、公共关系和营业推广。促销方式的选择与运用，是促销策略中需要认真考虑的重要问题。促销策略的实施，也是各种促销方式的组合和运作。

人员促销是推销人员与顾客沟通并说服其购买产品的过程。它比广告更具有针对性，但是人员推销成本高，而且对推销人员的素质要求较高。

广告一般采用非人际的方式传播，传播媒介包括电视、广播、报纸、杂志等。有效的广告不仅要传递产品的信息，还要积极传递企业信息，在促进产品销售的同时提升企业知名度。

公共关系是指企业为改善与社会公众的联系状况，增进公众对组织的认识、理解与支持，树立良好的组织形象而进行的一系列活动。公共关系可以树立企业形象，提高声誉，为企业的长远发展打下良好的基础。

营业推广是指短期内就能刺激需求的营销活动。营业推广成本小、见效快，不过使用不好容易引起消费者的反感，因此，营业推广与其他促销方式结合使用，效果更好。

三、新企业的市场营销策略

1. 找准市场的切入点

新企业营销管理的核心是市场定位。要想让产品一鸣惊人，就需要在市场分析上做足功课。放开视野，拓宽思路，对消费市场有准确而深入的了解。创新市场需求，从满足需求的角度去认识产品，创新产品价值。找到属于自己企业的蓝海后，要结合企业自身的情况特点，制订适宜的产品策略。在制订产品策略时不宜冒进，要进行科学的规划，建立清晰的产品开发思路，并且做好应对困难与危机的准备。产品设计初期，作为新企业必须集中所有的优势和资源，力求在个别产品上打开市场缺口。这就要求新企业了解消费者更深层次的需求，创造更优于竞争对手的产品。

站稳市场脚跟后，企业要注意企业品牌的打造。经营实践证明，品牌可以帮助企业产品或服务提高附加值，是企业产品或服务建立差异化竞争优势的有力手段。新企业应把品牌定位提升到战略高度，作为企业成长管理中的一个重要内容，避免品牌培育或定位错误而影响企业成长。百事可乐在推动自己的新产品上市过程中很好地利用自己的文化定位，成功实现了与老牌劲旅可口可乐的区别。在市场调研中，百事可乐发现，可口可乐更多为中老年人群所接受，对年轻一代的吸引力越来越小，百事可乐敏锐地抓住了可口可乐的品牌盲点，迅速推出了符合美国年轻一代特征的文化定位"年轻一代的选择"，运用美国文化素材展开了争夺年轻一代消费者的战役。结果是，百事可乐成功崛起，形成了与可口可乐平分可乐市场的战略格局。

2. 适度进行市场细分

市场细分对于产品的准确定位无疑是非常必要的，然而不是越细越好。一般来说，细分过多的细分市场是没有实际意义的，除非企业打算实施定制营销。但若细分市场过少，导致每个细分市场太大，实际上并没有达到细分的目的，因此，新企业在考虑市场细分时要结合企业资源、企业能力等，还要有一定的消费需求作支持，规模要适度。在汽车行业中，家用轿车市场是竞争最为激烈的，每款新车上市，厂家都会挖苦心思，为它找个新卖点，会宣称是为某个"细分市场"设计的，厂家的"格外用心"，市场却不一定买账。例如，上海华普汽车推出号称"中国第一款女性车"——海炫，公司的产品定位于女性，因为几乎一半的消费者为女性，为她们量身定做一款车，以彰显女性特性，这个另辟蹊径的做法是值得肯定的。然而，"海炫"推出后，并没有收到厂家预期的销售效果，究其原因，女性消费者的需求是很复杂的，不同收入、年龄和文化程度的女性对汽车的理解是不同的，如果仅用一款车型来满足所有女性的需求，明显是不切实际的。

第三节 新企业财务管理

细致的财务分析可以使企业的财务状况、发展动态和存在问题像细胞在显微镜下一样清晰。通过财务分析，管理者可以全面、客观地评价并提高企业财务活动的业绩。

——美国管理顾问梅内茨·罗斯柴尔德

财务管理是组织企业财务活动、处理与企业相关的各种经济利益关系的总称。简言之，财务管理是运筹、调配和使用企业资金的一项经济管理工作。

一、财务管理基本概念

1. 财务管理的基础观念

（1）资金时间价值观念

资金时间价值是指资金随着时间的推移而发生的增值，是资金周转使用后的增值额，也称为货币时间价值。从经济学的角度而言，现在的一单位货币与未来的一单位货币的购买力是不同的，前者一般要比后者的经济价值大。因为现在的1元钱可以立即用于投资，一年后可获得一定的投资收益，使资金总额大于当初的投资总额。所以有人开玩笑地说，美国有史以来最合算的投资是1626年荷兰人彼得·米纽伊特只花了24美元从印第安人手中买下曼哈顿岛。

资金时间价值可以用绝对数表示，也可以用相对数表示，即以利息额或利息率来表示。但是在实际工作中资金的时间价值对这两种表示方法并不做严格的区别，通常以利息率进行计量。利息率的实际内容是社会资金利润率。各种形式的利息率（贷款利率、债券利率等）的水平，就是根据社会资金利润率确定的。但是，一般的利息率除了包括资金时间价值因素以外，还要包括风险价值和通货膨胀因素。资金时间价值通常被认为是没有风险和没有通货膨胀条件下的社会平均利润率，这是利润平均化规律作用的结果。

资金时间价值是评价投资方案是否可行的基本依据。因为资金时间价值是扣除风险和通货膨胀等因素后的社会平均资金利润率，作为投资方至少要取得社会平均资金利润率，否则该投资方案就是不可行的。资金时间价值是评价企业收益的尺度。企业作为营利型组织，其财务目标是实现企业价值的最大化，为此，经营者要利用和调动一切经济资源去实现预期的收益，这个预期的收益水平是以社会平均资金利润率为标准，因此资金时间价值就成为评价企业收益的尺度。

（2）风险价值观念

企业成立初期，财务人员对财务的控制能力相对较弱，对财务风险缺乏一定的警惕性，这就使得风险成为新企业财务管理的一个重要特征，在新企业财务管理的每一个环节都要非常重视风险的出现。

风险一般是指在一定条件下和一定时间内可能发生的各种结果的变动程度。从财务管理的角度来看，风险就是企业在各项财务活动中，由于各种难以预料和难以控制的因素作用，使企业实际收益与预期收益发生背离，从而蒙受经济损失的可能性。

人们从事风险活动的实际结果与预期结果会发生偏离，这种偏离有可能是不利的，也有可能会取得成功。因此，风险意味着危险与机遇，而且风险越大，失败后的损失越大，而另一方面一旦成功，收益也是巨大的。这种因为风险投资而获得的更多的额外收益，被称为风险价值或风险报酬。因此，新企业的决策者要树立风险意识，在进行财务管理时，如果风险已定，则应尽可能选择收益高的方案；如果收益已定，则要尽可能选择风险小的方案，使可能的损失降到最低。

（3）现金至上观念

一家著名的风险投资机构在写给企业 CEO 们的信里强调："现金比任何事情都重要！""当面对金融海啸时，手上拥有一定的现金，远比其他各式难以变现的资产更为重要。"可见，现金在企业经营活动中的重要性。企业的现金流动是否顺畅，无疑会关系到企业的生命。作为新企业，现金无疑是其生存和发展的关键。

现金流是现代企业财务管理的核心之一，尤其对于初创期的企业，现金就是一切。创业者必须确立现金流管理的重要地位，因为现金是稀缺资源，企业不是任何时候都能筹集到资金的。会计利润只是账面上的反映，没有实际变现为手中的货币，有利润而缺现金，企业将面临破产的风险；而无利润有现金，企业则可以坚持改善经营而谋求长远发展。因此，对于新企业解决生存问题时，要从关注利润转而关注现金流，新企业拥有良好现金流更为重要，应当树立现金至上的财务观念。

2．现金管理

"现金为王"一直以来都被视为企业资金管理的中心理念。企业现金流量管理水平往往是决定企业存亡的关键所在。在面对日益激烈的市场竞争，企业面临的生存环境复杂多变，通过提升企业现金流的管理水平，可以合理地控制营运风险，提升企业整体资金的利用效率，从而不断加快企业自身的发展。

企业是以盈利为目的的，当前不乏有一些企业刻意地追求高收益、高利润，因此往往会有这样一种错误的思想，认为企业利润显示的数值高就是经营有成效的表现，从而在一定程度上忽略了利润中所应该体现出来的流动性。作为企业的资金管理者应当充分、正确地界定现金与利润之间的差异。利润并不代表企业自身有充裕的流动资金。流动资金也就是我们俗称的现金流，对于企业的健康发展有着重要的作用。

现金流是指一段时间内企业现金流入和流出的数量。企业在销售商品、提供劳务、或是出售固定资产、向银行借款的时候都会取得现金，形成现金的流入。而企业为了生存、发展、扩大需要购买原材料、支付工资、构建固定资产、对外投资、偿还债务等，这些活动都会导致企业现金流的流出。如果企业手头上没有足够的现金流来面对这些业务的支出，其结果是可想而知的。从企业整体发展来看，现金流比利润更为重要，它贯穿于企业的每个环节。在现实生活中我们可以看到，有些企业虽然账面盈利颇丰，却因为现金流量不充沛而倒闭；有的企业虽然长期处于亏损当中，但其却可以依赖着自身拥有的现金流得以长期生存。企业的持续性发展经营，靠的不是高利润而是良好、充足的现金流。传统意义上的现金管理主要涉及企业资金的流入流出，然而广义上的现金管理，其所涉及的范围就要广得多，通常包括企业账户及交易管理、流动性管理、投资管理、融资管理和风险管理等。

企业现金管理主要可以从规划现金流、控制现金流出发。规划现金流主要是通过运用现金预算的手段，并结合企业以往的经验，来确定一个合理的现金预算额度和最佳现金持有量。如果企业能够精确地预测现金流，就可以保证充足的流动性。企业的现金流预测可以根据时间的长短分为短期、中期和长期预测。通常期限越长，预测的准确性就越差。到底选择何种现金流的预测方式就要纵观企业的整体的发展战略和实际要求。同时企业的现金流预测还可以现金的流入和流出两方面出发，来推断一个合理的现金存量。

控制现金流量是对企业现金流的内部控制。控制企业的现金流是在正确规划的基础上展开的，主要包括企业现金流的集中控制、收付款的控制等。现金的集中管理将更有利于企业资金管理者了解企业资金的整体情况，在更广的范围内迅速而有效地控制好这部分现金流，从而使这些现金的保存和运用达到最佳状态。

3. 成本核算

成本核算是指把一定时期内企业生产经营过程中所发生的费用，按其性质和发生地点，分类归集、汇总、核算，计算出该时期内生产经营费用的发生总额和分别计算出每种产品的实际成本和单位成本的管理活动。其基本任务是正确、及时地核算产品实际总成本和单位成本，提供正确的成本数据，为企业经营决策提供科学依据，并借以考核成本计划执行情况，综合反映企业的生产经营管理水平。

一个成功创业者的理想原则是"正视经济成本，考虑社会成本"，期求二者的最佳组合，计算成本应遵循的原则，主要有以下几条。

① 合法性原则。指计入成本的费用都必须符合法律、法令、制度等规定。不合规定的费用不能计入成本。

② 可靠性原则。包括真实性和可核实性。真实性就是所提供的成本信息与客观的经济事项相一致，不应掺假，不应人为提高或降低成本。可核实性指成本核算资料按一

定的原则由不同的会计人员加以核算,都能得到相同的结果。真实性和可核实性是为了保证成本核算信息的正确可靠。

③ 相关性原则。包括成本信息的有用性和及时性。有用性是指成本核算要为管理当局提供有用的信息,为成本管理、预测、决策服务。及时性是强调信息取得的时间性。及时的信息反馈,可及时地采取措施、改进工作。

④ 分期核算原则。企业为了取得一定期间所生产产品的成本,必须将川流不息的生产活动按一定阶段(如月、季、年)划分为各个时期,分别计算各期产品的成本。成本核算的分期,必须与会计年度的分月、分季、分年相一致,这样便于利润的计算。

⑤ 权责发生制原则。是指以取得收到现金的权利或支付现金的责任权责的发生为标志来确认本期收入和费用及债权和债务。

⑥ 实际成本计价原则。指对会计要素的记录,应以经济业务发生时的取得成本为标准进行计量计价。按照会计要素的这一计量要求,资产的取得、耗费和转换都应按照取得资产时的实际支出进行计量计价和记录;负债的取得和偿还都应按照取得负债的实际支出进行计量计价和记录。

⑦ 一致性原则。成本核算所采用的方法,前后各期必须一致,以使各期的成本资料有统一的口径,前后连贯,互相可比。

⑧ 重要性原则。对于成本有重大影响的项目应作为重点,力求精确;而对于那些不太重要的琐碎项目,则可以从简处理。

二、新企业财务管理对策分析

1. 树立人本化理财观念

重视人的发展和管理,是现代管理的基本趋势。企业的每项财务活动都是由人发起、操作和管理的,其成效如何主要取决于人的知识、智慧和努力程度。因此,在财务管理中要树立"以人为本"的思想,摒弃"以物为中心"的观念,要理解人,尊重人,规范财务人员的行为,建立责权利相结合的财务运行机制,强化对人的激励和约束,其目的就是要充分调动人们科学理财的积极性、主动性和创造性。

2. 建立企业内部控制机制

建立企业内部控制机制目的是保证生产经营活动有序、高效的运行,保证企业资产的完整与安全,防范各种经营风险,及时防止和纠正错误与弊端,保证会计资料的真实完整,经营运作信息的及时准确。内部会计控制制度的基本内容包括内部会计控制体系、会计人员岗位责任制度、账务处理程序制度、内部牵制制度、稽核制度、原始记录管理制度、定额管理制度、计量验收制度、财产保护制度、预算控制制度、财务收支审批制度、成本核算制度和财务会计分析制度。企业建立哪些内部会计控制制度以及各项内部会计控制制度包括哪些内容,主要取决于企业内部的经营管理需要。不同类型的企业对内部会计控制制度有不同的选择。

3. 加强资金管理

提高资金的营运效率，形成合理的资金结构，确定合理的负债比例，使资金应用得到最佳的效果。在改善资金结构的同时要维持一定的付现能力，以保证日常资金运用的周转灵活，预防市场波动和贷款困难的制约，确定最佳的现金持有量。一方面压缩成品资金占用，搞活资金；另一方面加强应收账款的管理。应收账款发生后，企业要采取各种措施，尽量按期收回款项，否则会因拖欠时间过长而发生坏账，使企业蒙受损失。

4. 加强成本控制

在当前竞争激烈的市场条件下，企业要想生存、发展、壮大，除了拥有先进的研发、生产技术和雄厚的资本实力外，企业管理水平的高低在生产经营过程中起到的作用将会越来越大，尤其成本管理环节的控制作用更是至关重要。成本管理不仅要控制成本消耗的中间过程，还要树立成本管理提前的理念。成本控制可以从以下几个方面考虑：加强前端的采购成本管理控制；加强物资采购环节的控制管理；加强材料消耗控制管理；加强工资薪酬的控制管理；加强期间费用管理；控制不合理支出。

案例 9-1 一个小企业的财务管理之道

北京某设备公司是家员工只有 20 余人的小企业，2004 年成立之初，注册资金只有 200 多万人民币，然而就是这样的一个小公司却在激烈的市场竞争环境中生存下来，不断发展，一直保持较高的盈利水平，该公司的财务管理经验值得借鉴与学习。

首先，该公司采取多种方法有效控制经营成本。例如，该公司并没有设立专门的设备售后服务团队，而是采取这样的方法：针对少量终端用户的设备安装服务，他们将设备安装外包给熟悉的工程队；对于机器的日常小维护，公司的业务员经过基本的技术培训就可以完成；针对一些高端机器的紧急处理，他们则采取和上游厂家签订维护协议的方法加以解决。这样在没有投入太多成本的情况下，很好地解决了设备维护修理的附加值服务。

第二，在销售管理上，他们对每月的销量进行细致的统计记录，并结合管理软件中对产品库存进行管理，一旦存货低于警戒水平，系统就会提示补货。动态科学的销售和库存管理办法为该企业省出了大量的设备购置占用资金。另外，对于一些突发的小设备需求浮动，他们采用向同行调货的方式加以解决，虽然调货价格要高于向厂商直接购买，但是因为次数少，相比起来比囤积大量库存占用流动资金要合算得多。

第三，该公司推行人人参与财务管理的模式，加强对公司整体财务工作的管理与监控。每周财务人员都会更新每个业务员的销售和回款情况，将这个情况通过板报的形式张贴出来，供销售人员及时了解情况，同时，也让销售主管很直观地了解不同二级经销商的回款情况。因为公司将销售人员的奖金与应收货款相挂钩，这样就有效防范了应收账款拖欠的风险，保证了资金的及时回笼。

正是该公司在成本控制、库存管理、收入管理上采取有效的手段进行监控管理，提高了企业现金流的运转速度,保证了公司的健康持续稳定发展。

第四节 新企业人力资源管理

一、人力资源管理基本概念与职能

1. 人力资源管理的基本概念

人力资源管理是指根据企业发展战略的要求,有计划地对人力资源进行合理配置,通过对企业中员工的招聘、培训、使用、考核、激励、调整等一系列过程,调动员工的积极性,发挥员工的潜能,为企业创造价值,给企业带来效益。

2. 人力资源管理的职能

一般而言,人力资源管理的职能主要体现在四个方面:吸纳、激励、开发和维持。在企业的人力资源管理实践中,这四项职能通常被概括为"选人、用人、育人、留人"八个字。

(1) 吸纳

吸纳主要指吸收并让优秀的人才加入本组织,也就是为本组织挑选合适的人力资源。吸纳功能是基础,为其他功能的实现提供了条件。

(2) 激励

激励是指最大限度的使用已有的人力资源,让员工在现有的工作岗位上创造出优良的绩效,为组织的价值创造出贡献。

(3) 开发

开发是指不断地培育员工,使其工作能力不断提高,让员工保持能够满足当前及未来工作需要的知识和技能。开发功能是手段,只有员工掌握了相应的工作技能,激励功能的实现才会具备客观条件。

(4) 维持

维持是指采用各种方法将已经加入的优秀的人力资源留在组织中。维持功能是保障。

学术界一般把人力资源管理分为六大模块:人力资源规划、招聘与配置、培训与开发、绩效管理、薪酬管理、劳动关系管理。

① 人力资源规划。又称人力资源计划,它必须适应企业总体规划。企业规划的目的是使企业的各种资源(人、财、物)彼此协调并实现内部供需平衡,由于人(或人力资源)是企业内最活跃的因素,因此人力资源规划是企业规划中起决定性作用的规划。人力资源规划的总目标是:确保企业各类工作岗位在适当的时机,获得适当的人员(包括数量、质量、层次和结构等),实现人力资源与其他资源的最佳配置,有效地激励员工,最大限度地开发和利用人力资源潜力,从而最终实现员工、企业、客户、社会利益一致基础上的企业经济和社会效益最大化。

② 招聘与配置。是组织根据战略目标和人力资源规划，从组织内部和外部选拔优秀人才，并进行组织内部人力资源配置的过程。该职能是"选人"和"用人"职能的体现。

③ 培训与开发。指组织通过各种方式使员工具备完成现在或将来工作所需要的知识、技能，改变他们的工作态度和价值观，以改善员工在现在或将来职位上的工作绩效，并最终实现员工与组织同步成长的一种计划性和连续性的活动。它是"育人"职能的重要体现。

④ 绩效管理。代表着对于企业绩效相关问题的系统思考，其根本目的是为了持续改善组织绩效和个人绩效，最终实现企业的战略目标。它包括绩效计划、绩效沟通、绩效考核、绩效反馈以及绩效结果应用五个环节。

⑤ 薪酬管理。是在企业长远发展战略的指导下，对员工薪酬支付原则、薪酬策略、薪酬水平、薪酬结构、薪酬构成进行确定、分配和调整的动态管理过程。薪酬体系设计主要是薪酬水平设计、薪酬结构设计和薪酬构成设计。薪酬日常管理是由薪酬预算、薪酬支付、薪酬调整组成的循环，这个循环可以称之为薪酬成本管理循环。

⑥ 劳动关系管理。是以促进组织经营活动的正常开展为前提，以缓和与调整组织劳动关系的冲突为基础，以实现劳动关系的合作为目的的一系列具有组织性和综合性的措施和手段，对劳动关系进行规范的所有管理活动的总称。劳动关系管理主要包括劳动合同管理、劳动争议管理、预防处理突发事件、集体谈判和集体合同管理、劳动监察和劳动关系预测等。

二、新企业人力资源管理存在的问题

新企业由于处在企业发展的特定阶段，以上所述的人力资源管理内容会有一定的缺失，也存在不太完善的状况。比如工作设计，由于企业自身的组织架构还不健全，岗位界定也还不够清晰，有些岗位专业化程度不够高，有可能无法为员工确定非常明确的岗位职责和岗位任务；培训工作也以主要适应岗位要求、很快进入工作岗位为目的，培训项目相对简单，主要表现为岗位培训、公司制度培训，员工技术培训等；薪酬激励也不够规范，激励以短期激励为主，有些新企业没有建立起规范合理的薪酬体系，随意性较大。

1. 对人力资源管理的重要性认识不够

新企业在创业初期，由于主要精力放在市场开拓上，对人力资源管理无暇顾及。创业者没有充分认识到人力资源管理在现代企业管理中的核心地位，没有从战略的高度来部署人力资源管理工作。他们认为人力资源管理等同于传统的人事管理，其职能无非是制订人员调配、晋升、培训等方案。对人力资源管理投入的力量不足，除了表现为用于员工培训的资金投入少外，还表现为没有能力聘请高素质的职业经理人来运营企业，要企业拿出大比重的资本来引进这些高层人才，也会为企业的运营带来较大风险。

2. 关键性核心人才缺乏

新企业由于缺乏企业知名度以及产品的品牌形象、技术资金实力以及缺少稳定的发展前景等，使得它与成熟的大企业相比在关键人才的引进上缺乏吸引力。为此，有些新企业可能会通过夸大企业的实力和业绩，给予求职者过高的承诺等不规范的手段来吸引人才，不惜以牺牲企业的信用为代价。这种短视行为将给企业人才流失埋下隐患。

3. 人力资源管理制度不健全

运行初期，新企业的管理常会出现这样几类情况，如管理中过分依赖创业者个人能力、经验、魅力和威望，常借助于传统的家族式、命令式、随意性管理。制度的执行过程不规范，当创业者意见与规章制度冲突时，制度往往让位于企业主意见，大大降低了制度的权威性和效应，制度适用在家族成员与雇员时执行偏差大，造成对其他管理措施的冲击等问题。

4. 缺乏明确的发展战略

新企业的首要任务是解决生存然后考虑发展，缺乏长远的企业发展战略构想，因此在人力资源管理方面也不可能有明确的计划，只能是走一步看一步。在缺少合格人员时才考虑招聘，在人员素质不符合企业发展需要时才考虑培训。招聘公司急缺人才时，任意调整公司薪酬制度，提高薪酬水平，吸引人才。有闲置人才时又找借口，任意降低薪酬，减少经营风险。由于缺少规划导致人力资源管理上存在较大的随意性，使得人员流动性较大，最终影响了企业正常的生产经营。

5. 绩效考核体系不科学，激励机制不完善

企业员工的评价与考核，主要指从员工的能力和业绩贡献进行全面考察和综合评价，是员工队伍建设和管理工作的一项重要内容，也是实行员工晋升的基础，量化考核正是为解决这一问题而设定的一种考核标准。但是在绩效考核指标制定时的不科学、考评人员在考评过程中的不严格以及对考核结果的使用不规范等，使员工的能力不能够得到科学的评价，同时缺乏全方位的激励，对充分发挥员工的积极性、主动性和创造性及潜能的发展产生了不利影响。

三、新企业人力资源管理策略

1. 重视对人力资源建设的投入

新企业在对待人力资源问题上会有这样的顾虑，舍不得对员工进行再教育与培训，把人力资源开发当作成本而不是资本看待，患了短视症，有的则担心为别人做嫁衣。然而在海信集团总裁周厚健眼中"一个成功的企业，首先生产的应该是人，其次才是产品。"企业不应把人才当作不断燃烧的蜡烛，而应将其视为一个蓄电池，在不断放电的同时，也应不断地充电。有资料表明，一些国家的工人，普通教育水平每提高一个等级，机器制造部门的劳动生产率将平均增长 1.5%～2.2%，轻工业部门将平均增长 1.1%～2.1%。

2. 制订有利于企业战略发展和员工自我实现的人力资源规划

新企业可以根据企业的发展战略和经营目标，通过分析企业人力资源的外部机遇与

威胁以及内部优势和劣势，制订必要的人力资源政策和措施。人力资源规划首先要开展调研工作，摸清企业决策和经营环境以及企业内外部人力资源的状况。在调研的基础上，对企业人力资源需求与供给进行分析，预测企业人力资源的需求和供给的数量、质量和层次结构，进而制订人力资源管理与开发的总体计划和业务计划。最后，对人力资源计划的执行过程进行监督和评价，确保企业整体目标的实现。

新企业还要重视对员工职业生涯规划的设计，针对环境、观念和需要的改变，企业要在尊重员工的前提下，帮助员工确定个人职业发展目标，并给员工提供在工作中提高职业技能的机会，使企业发展目标和员工个人发展目标一致，建立企业与员工间的双赢关系。

3. 建立多样化的激励机制

新企业建立初期，员工激励政策多以完成任务额进行物质奖励为主，虽然这种激励方法直接有效，但是过于强调员工工作的动机就是为了获取物质报酬这一实用主义观念。人的需要是多样化的，因此激励的措施也应该是多样化的。企业人力资源的激励应该保持物质保障和精神刺激相结合。建立把员工和企业紧密联结在一起的经营方式，例如，通过合同或契约把实现企业的生产经营目标和提高员工收入、改善劳动条件、增加福利要求等措施具体化，形成人人关心企业命运、共谋企业发展大计的局面。还可以建立员工全方位、多渠道参与管理决策的民主制度，鼓励员工为企业发展献计献策，沟通上下关系，协调经营者与生产者之间的情感，正确处理维护员工利益与发展生产之间的关系。通过物质激励和精神激励的综合作用，使员工和企业真正形成命运共同体。

4. 加强企业文化建设，为人力资源管理提供一个良好的环境

有不少人认为，没有企业文化，企业不是还照样赚钱吗？这点似乎没错。可是，纵观国内外的企业发展，凡是能够长久生存发展起来的企业都有自己的企业文化。企业文化作为现代企业管理的重要内容，对企业经营业绩的促进作用是非常重要的，也是企业获得竞争优势的基础。企业文化是企业最宝贵的无形资源之一，也是企业获得竞争优势的基础。企业的发展源自核心竞争力，核心竞争力来自于技术，技术来自于管理，而管理靠的是企业文化，因此，创业者要重视并有意识地逐步建立自己独特的、竞争对手难以模仿的企业文化。现代企业文化的核心是以人为本，即企业即人、企业为人、企业靠人。企业是船，员工是水，"水能载舟，亦能覆舟"，因此，只有切切实实地尊重人、理解人、关怀人、成就人，才有可能让员工认同公司的企业文化，并将自己的理想与公司发展壮大的目标融合在一起，使公司的企业文化成为吸引人才的无形的向心力。

> 💡 **案例 9-2　海尔集团的用人机制**

海尔集团的前身是青岛电冰箱总厂，一家濒临倒闭的集体小厂，经过几十年的创业创新发展与经营，一跃成为中国家电行业领军角色的企业，其成功与良好的用人机制密切相关。在海尔领导集体看来，企业不缺人才，人人都是人才，关键是将每一个人所具备的最优秀的品质和潜能充分发挥出来。正如总裁张瑞敏所说："你能翻多大的跟头，我就给你搭多大的舞台。"这无疑给每个员工提供了一个任其充分发展的广阔空间。海

尔集团用人机制归结为两大理论:"斜坡球体人才发展论"和"变相马为赛马"。

①"斜波球体人才发展论"。海尔认为,每一个人恰在斜坡上上行的球体,市场竞争越激烈,企业规模越大,这个斜坡的角度越大。员工的惰性是人才发展的阻力,只有提高自己的素质,克服惰性不断向目标前进,才能发展自己,否则只能滑落和被淘汰。止住人才在斜坡上下滑的动力是人的素质。在海尔谈到素质,人们都认同这样一种理念:在一点一滴中养成,从严格的管理中逼出。

②"变相马为赛马"。海尔认为,企业不缺人才,人人都是人才,关键是企业是不是将每一个人所具备的最优秀的品质和潜能充分发挥出来了。为了把每个人最为优秀的品质和潜能充分开发出来,海尔人"变相马为赛马",并且在全体员工高度认同的情况下,不断实践、提高。具体表现为:在竞争中选人才、用人才,就是要将人才推到属于他的岗位上去赛,去发挥最大的潜力,去最大限度地选出优秀人才。这是有利于每一个人充分发挥自己特长的机制,使每一个人都能在企业里找到适合自己价值的位置。这一机制最初体现在公司内部实行"三工转换制度"。该制度是将企业员工分为试用员工—合格员工—优秀员工,三种员工实行动态转化。通过细致科学的赛马规则,进行严格的工作绩效考核,使所有员工在动态的竞争中提升、降级、取胜、淘汰。努力者,试用员工可以转为合格员工乃至优秀员工;不努力者,就会由优秀员工转为合格员工或试用员工。更为严格的是,每次考评后都要按比例确定试用员工,如此一来,人人都有危机感。这里的"赛马",遵循着"优胜劣汰"的规律。任何人,不能满足于已有的成绩,只有创业,没有守业;谁守业,不进取,谁就要被严酷的竞争所淘汰。

海尔集团一直在践行着这样的用人机制,因为海尔的管理者认为:当下缺的不是人才,而是出人才的机制。管理者的责任就是要通过搭建"赛马场"为每个员工营造创新的空间,使每个员工成为自主经营的 SBU(战略事业单位)。

第五节　新企业风险识别与防范

创业意味着风险,所有创业的人都会承受一定的风险,关键是谁能通过风险。这有如古代神话中所讲述的,如果你要拿到山上的宝葫芦,你就要通过多少关,打败多少妖怪。在穿梭风险的过程中,有的人积累了知识,有的人积累了经验,但我认为更重要的是积累了心理的素质。

——零点调查集团董事长　袁岳

一、新企业风险识别

风险是指一定环境、一定时间段内,影响决策目标实现的不确定性,或是某种损失发生的可能性,是偏离理想结果而出现不利的可能性。新企业在生存与成长阶段,容易受到来自外部和内部各种风险的影响,例如,因外部政策环境变化给企业带来的损失,管理团队的意见分歧造成的人才流失,新产品研发失败等。因此,创业者要树立风险意识,尤其在创业初期,了解新企业成长发展中可能遇到的创业风险,是企业提高自身风险控制与化解能力、制订正确的危机管理策略的重要前提。

企业可能遇到的风险是方方面面的，从表现形式上看，可分为环境风险、市场风险、人力资源风险、技术风险、管理风险和财务风险等。

1. 环境风险

环境风险是指由于创业活动所处的社会、政治、经济、法律环境等变化或由于意外灾害导致创业者或企业蒙受损失的可能性。国家针对一些经营领域实施限制政策必然导致该领域内企业的经营行为面临巨大调整。2008年突如其来的世界经济危机导致我国很多外向型中小企业破产倒闭。

2. 市场风险

市场风险是指由于市场情况的不确定性导致创业企业损失的可能性。市场风险包括产品市场风险和资本市场风险两大类。例如，市场供给与需求发生变化、产品定位不准确、市场战略制订错误、同行业竞争加剧等都会给企业经营带来一定的风险。

3. 人力资源风险

人力资源风险是指由于人的因素对企业经营活动产生不良影响或偏离经营目标的潜在可能性。创业者由于自身的能力或水平有限、团队成员知识或技能水平参差不齐、一言堂的企业管理模式、业务骨干离职等因素是人力资源风险的主要诱因。

4. 技术风险

技术风险是指由于技术方面的因素及其变化的不确定性而导致经营失败的可能性。新技术开发成功的不确定性、技术应用效果的不稳定性、技术成果转化的不确定性等都会产生技术风险。

5. 管理风险

管理风险是指管理运作过程中因信息不对称、管理不善、判断失误等影响管理水平造成的风险。例如，企业内部权力分配不合理、家族式管理缺乏规范的监督机制等。

6. 财务风险

财务风险是指创业企业在理财活动中存在风险。创业企业本身抵御财务冲击的能力有限，一旦出现意外波动，如短期融资出现问题或银行调整贷款利率等，都会形成一定的财务风险。例如，在经营活动中，应收账款逾期或大量呆账等都会给企业带来一定的财务风险。

二、新企业风险防范与化解

机遇与风险并存，新创企业在抓住市场机遇的同时，要时刻保持清醒的头脑，具备风险防范意识。在特定条件下，某些风险一旦达到某个程度并被触发，就可能转化为危机，有时甚至是致命性危机。因此，创业者要注意查找并确认企业可能存在的各种风险，制订并执行各种有效应对风险的对策，把风险损失控制在企业所能承受的最小范围内。

1. 环境风险与市场风险的防范

通常，环境风险与市场风险是由某种全局性的共同因素引起，新企业本身无法控制，并难以采取有效方法进行消除。针对这类风险，创业者可以通过以下方法做好风险防范。首先，创业者可以采用层次分析法逐层细化，对企业经营的宏观环境、行业环境、地区环境等进行深入了解，合理评估，树立对创业环境的正确认识。然后，采用科学的方法进行正确的风险预测，可以通过团队成员相互探讨、聘请外部专家参与测评等方法来预测环境和市场变化有可能给企业带来的风险，尽量做到心中有数。而后制订合理的应对措施，巧妙规避并尽可能降低风险对企业的不利影响。

2. 人力资源风险的防范

人力资源是企业活动中最重要的资源，创业者一定要予以充分关注。首先，创业者应不断充实自己，提高个人素质与技能水平，以适应企业发展的需要。其次，要建立和完善人事管理制度，如员工考勤制度、业绩考核制度、薪酬分配制度、奖励惩罚制度等，有效调动员工参与新企业生产经营的创造性和积极性。建章立制，育人用人，完成从一人决策的创业型公司向组织型、团队型公司的转变。

3. 技术风险的防范

技术风险对于高技术创新企业尤其要特别注意。高新企业创业过程中必然涉及新技术研发、技术整合、批量化生产中技术控制等不确定性因素，因此在经营实践中要通过加强自身能力建设或建立创新联盟等方式减少技术风险发生的概率。第一，加强对技术创新方案的可行性论证，建立灵敏的技术信息预警系统；第二，可通过组建创新技术联盟等方式分散技术创新的风险；第三，重视专利申请等保护措施的采用，通过法律手段保护公司核心技术，避免知识产权纠纷的发生。

4. 管理风险的防范

随着企业经营走向正轨，核心团队管理水平成为影响企业发展的瓶颈。第一，要加强对核心创业人员个人能力的培养和提高，搞好领导层的自身建设；第二，根据企业既定的发展目标与发展阶段，更新与变革组织管理机构，完善用人制度；第三，实行民主决策与集权管理的统一，建立监督机制，避免不规范的家族式管理；第四，完善决策机制，减少决策失误。

5. 财务风险的防范

首先，企业管理者一定要遵循财务规律进行经营生产，决不能违背财务规定铤而走险。其次，企业要建立和完善财务管理制度，要建立财务预算、成本控制、资金使用效益的监督机制等，注意资产平衡，减少资金占用；建立财务管理激励机制与评估体系，加强对流动资金的管理；同时随着企业经营活动和范围的不断扩大，要注意建立健全财务监控机制，加强对财务执行情况的评估决策和有效监督。

练 习

在创业设计与实践过程中需要一些相关分析测试与练习操作,下面提供一些样例供参考选择。

一、你是否适合创业?

问 题	回 答
1. 你是否有承担责任的心理准备?	
2. 你是否准备十分努力地工作?	
3. 你是否能忍耐项目施加给你带来的压力?	
4. 你是否: (1)容易接受新观点? (2)尊重他人的见解? (3)迅速做出决定?	
5. 你是否准备花时间分析问题并找出答案?	
6. 你是否准备打持久战?	
7. 你有足够的资金后援吗?	
8. 你善于专注并解决细节问题吗?	
9. 你是否已准备好坐下来写创业计划书?	
10. 你骨子里是不是一个乐观主义者?	

资料来源:莉莲·维尔农. 赢家观点:我如何建成了美国最伟大的直邮公司.

二、你是否已做好创业准备了?

问 题	√	×
1. 你已做出决定出售什么产品或提供什么服务?		
2. 清楚你的客户在哪里?		

续表

问 题	✓	×
3. 清楚你的客户是谁?		
4. 清楚你的客户的消费特点?		
5. 对你的产品或服务做了初步的市场调查?		
6. 清楚你的产品或服务的优缺点?		
7. 清楚你的产品或服务最吸引人的地方?		
8. 清楚你的竞争对手的产品或服务的优缺点?		
9. 已经初步组建了创业团队?		
10. 你的创业团队里包含了各方面的人才?		
11. 了解各类企业的架构、特点及优势、劣势?		
12. 知道办理营业执照和许可证的步骤、方法和费用?		
13. 你已初步确定了自己的企业类型?		
14. 了解各种商业模式的特点及行业适应性?		
15. 你已经初步选定了自己的商业模式?		
16. 很清楚所选择项目的行业动态?		
17. 了解创业政策中哪些对自己有帮助?		
18. 已经选好创业地点?		
19. 已初步选定投资合伙伙伴?		
20. 了解融资方式和渠道?		
21. 了解如何申请创业贷款?		
22. 预测企业启动资金能够保证企业半年的运行?		
23. 了解自己的产品或服务的销售模式、销售渠道?		
24. 已初步给产品或服务进行了价格定位?		
25. 已有差异化的营销方案?		
26. 准备好了能够抓住客户的宣传语?		
27. 已初步预测第一年的销售量及销售收入?		
28. 能初步预测第一年的成本计划和利润计划?		
29. 对企业今后三至五年有一个初步的预期?		
30. 已初步确定需要的员工及岗位?		
31. 已初步了解风险管理及应对措施?		
32. 已准备好写创业计划书的各种资料?		

评分结果及结论

"×"的数量	评分结论
0	你已准备得很好,可以开始创业,下一步是要做好商业计划书
1~10个	在创业准备中已做好部分工作,但仍有步骤细节需加强
11~20个	创办企业风险较大,需重新评估,认真做好创业前的各项准备
21个以上	完全不具备创业条件,若要创业请从头开始做创业准备

三、分析创业项目的SWOT分析表

创业者要对创业企业所在的行业、市场环境、竞争对手做充分了解。分析优势劣势会用到SWOT表。该表填写越详细,表明你对企业、所在行业情况越清晰,能为你做判断提供更好支撑。

	优势(strength)	劣势(weakness)
内部条件		

	机会(opportunity)	威胁(threat)
外部条件		

四、目前你可能拥有的创业资金

项目	金额/元
现有资金(存款、其他收入)	
亲朋好友能支持的资金	
可取得的创业贷款资金	
合伙人投资资金	
股权融资资金	
债权融资资金	
金融租赁	
风险投资	
供应商融资	
经销商垫资	
众筹资金	
……	
合计	

五、启动资金的准备

固定资金

项　　目	金额/元
设施、设备	
交通工具	
办公家具和物品	
厂房、土地	
……	
合计	

流动资金

项　　目	金额/元
原材料、包装	
工资	
租金	
办公经费	
登记注册费	
……	
合计	

六、成本预测

成本分为固定成本和变动成本两类，固定成本中还包含一种特殊成本是折旧。此外还有一些费用如营业税金及附加、销售费用、管理费用、财务费用等也应记入成本预测中。

固定成本预测

项　　目	金额/元
生产设备	
交通工具	
办公家具与设备	
固定资产折旧	
……	
合计	

变动成本预测

项　　目	金额/元
产品原材料	
包装	
租金	
工资	
营销费	
办公费	
……	
合计	

七、编制利润计划

仅仅知道销售收入与成本支出是不够的，要了解企业是否盈亏就一定要会做利润计划，要会预测每一个月的利润、经营情况。编制利润计划表和资产负债计划表就必不可少。

预计利润表

项　　目	金额/元
销售收入	
减:营业成本	
营业税金及附加	
销售费用	
管理费用	
财务费用	
利润总额	
减:所得税	
净利润	

资产负债计划表

资　　产	金额/元	负债与所有者权益	金额/元
货币资金		应付账款	
应收账款净额		应交税金	
存货		长期负债	
固定资产净值		实收资本	
无形资产		未分配利润	
资产合计		所有者权益合计	

八、市场调查（一）——顾客调查

在你的目标顾客群进行随机调查300～1000人。

顾 客	情况描述
年龄层次	
性别	
工资收入情况	
希望购买你的什么产品或服务	
第一次购买的原因	
是否还想再次购买	每月_____,每年____次
曾经购买的同类产品或服务有哪些	
是否喜欢其他同类产品或服务	

九、市场调查（二）——与竞争对手的比较

竞争对手 比较项目	A(我)	B(对手)	C(对手)	D(对手)
质量				
价格				
性价比				
顾客接受度				
成本				
利润				
供应商				
技术				
售后				

十、促销计划的制订

促销是市场营销必不可少的手段之一，通过促销让顾客了解产品或服务，扩大企业知名度，选择适合你企业的促销是很重要的。

促销的方法与手段	时　　间	涉及经费

十一、撰写商业计划书

对初创企业来说，商业计划书的作用尤为重要，一个酝酿中的项目，需要通过制订商业计划书来把正反理由罗列清楚，然后逐条推敲，最后让项目有一个清晰直观、条理明晰的说明。同时，商业计划书的好坏，往往决定了投资交易的成败。

商业计划书主要包含以下几方面内容。

1. 计划摘要_____

_____

2. 产品或服务简介_____

_____

3. 人员及组织结构_____

_____

4. 市场预测_____

_____

5. 营销策略_____

_____

6. 生产（服务）计划_____

_____

7. 财务规划_____

_____

十二、商业计划书的计划摘要

计划摘要应写在商业计划书最前面，是商业计划书浓缩的精华。它涵盖了商业计划书的所有要点，使投资者对商业计划书一目了然。计划摘要的撰写特点：简明、生动。需要特别强调自己企业或项目与其他企业或项目之间的不同之处，阐明自己企业或项目能获得成功的主要因素。

计划摘要撰写内容如下。

1. 公司简介（企业经营范围及性质）_____

_____

_____

_____

2. 主要产品或服务_____

_____

_____

3. 市场概括（市场在哪？顾客是哪些人？顾客需求？）_____

4. 营销策略（竞争对手？针对性的营销计划？）_____

5. 生产或销售计划_____

6. 管理者及其组织形式_____

7. 财务计划_____

8. 资金需求_____

9. 企业合伙人、投资人_____

十三、企业产品或服务介绍

投资人最关心问题之一就是所投资的企业产品或服务的市场需求程度，产品以及服务有何特点、特色。项目投资评估结果直接影响投资人的投资策略。

介绍企业产品或服务时要包含如下内容。

1. 顾客希望得到什么样的产品或服务_____

2. 本产品或服务与竞争对手的优缺点比较＿＿＿＿＿＿＿＿＿＿＿＿＿＿＿＿＿
＿＿＿＿＿＿＿＿＿＿＿＿＿＿＿＿＿＿＿＿＿＿＿＿＿＿＿＿＿＿＿＿＿＿＿＿
＿＿＿＿＿＿＿＿＿＿＿＿＿＿＿＿＿＿＿＿＿＿＿＿＿＿＿＿＿＿＿＿＿＿＿＿

3. 本产品或服务是否拥有专利、许可证或其他协议＿＿＿＿＿＿＿＿＿＿＿＿
＿＿＿＿＿＿＿＿＿＿＿＿＿＿＿＿＿＿＿＿＿＿＿＿＿＿＿＿＿＿＿＿＿＿＿＿
＿＿＿＿＿＿＿＿＿＿＿＿＿＿＿＿＿＿＿＿＿＿＿＿＿＿＿＿＿＿＿＿＿＿＿＿

4. 本产品或服务获得利润的依据＿＿＿＿＿＿＿＿＿＿＿＿＿＿＿＿＿＿＿＿
＿＿＿＿＿＿＿＿＿＿＿＿＿＿＿＿＿＿＿＿＿＿＿＿＿＿＿＿＿＿＿＿＿＿＿＿
＿＿＿＿＿＿＿＿＿＿＿＿＿＿＿＿＿＿＿＿＿＿＿＿＿＿＿＿＿＿＿＿＿＿＿＿

5. 后期还将对本产品或服务进行哪些提升或改进＿＿＿＿＿＿＿＿＿＿＿＿＿
＿＿＿＿＿＿＿＿＿＿＿＿＿＿＿＿＿＿＿＿＿＿＿＿＿＿＿＿＿＿＿＿＿＿＿＿
＿＿＿＿＿＿＿＿＿＿＿＿＿＿＿＿＿＿＿＿＿＿＿＿＿＿＿＿＿＿＿＿＿＿＿＿

十四、企业的人员构成和组织结构

企业的好坏与企业所具备的人员有密切关系，一支好的团队能让企业拥有很强的竞争力，能使企业渡过难关。所以，投资人对企业团队是相当关注的。

企业人员构成和组织结构包括以下内容。

1. 公司的股东名单＿＿＿＿＿＿＿＿＿＿＿＿＿＿＿＿＿＿＿＿＿＿＿＿＿
＿＿＿＿＿＿＿＿＿＿＿＿＿＿＿＿＿＿＿＿＿＿＿＿＿＿＿＿＿＿＿＿＿＿＿＿

2. 公司股东成员介绍＿＿＿＿＿＿＿＿＿＿＿＿＿＿＿＿＿＿＿＿＿＿＿＿＿
＿＿＿＿＿＿＿＿＿＿＿＿＿＿＿＿＿＿＿＿＿＿＿＿＿＿＿＿＿＿＿＿＿＿＿＿

3. 管理人员：
（1）负责产品设计、开发的人员介绍＿＿＿＿＿＿＿＿＿＿＿＿＿＿＿＿＿
＿＿＿＿＿＿＿＿＿＿＿＿＿＿＿＿＿＿＿＿＿＿＿＿＿＿＿＿＿＿＿＿＿＿＿＿

（2）市场营销人员介绍＿＿＿＿＿＿＿＿＿＿＿＿＿＿＿＿＿＿＿＿＿＿＿
＿＿＿＿＿＿＿＿＿＿＿＿＿＿＿＿＿＿＿＿＿＿＿＿＿＿＿＿＿＿＿＿＿＿＿＿

（3）生产（服务）人员介绍＿＿＿＿＿＿＿＿＿＿＿＿＿＿＿＿＿＿＿＿＿
＿＿＿＿＿＿＿＿＿＿＿＿＿＿＿＿＿＿＿＿＿＿＿＿＿＿＿＿＿＿＿＿＿＿＿＿

（4）财务人员介绍＿＿＿＿＿＿＿＿＿＿＿＿＿＿＿＿＿＿＿＿＿＿＿＿＿
＿＿＿＿＿＿＿＿＿＿＿＿＿＿＿＿＿＿＿＿＿＿＿＿＿＿＿＿＿＿＿＿＿＿＿＿

4. 企业组织结构＿＿＿＿＿＿＿＿＿＿＿＿＿＿＿＿＿＿＿＿＿＿＿＿＿＿＿
＿＿＿＿＿＿＿＿＿＿＿＿＿＿＿＿＿＿＿＿＿＿＿＿＿＿＿＿＿＿＿＿＿＿＿＿
＿＿＿＿＿＿＿＿＿＿＿＿＿＿＿＿＿＿＿＿＿＿＿＿＿＿＿＿＿＿＿＿＿＿＿＿

十五、简易企业组织结构图

1. 企业组织结构图

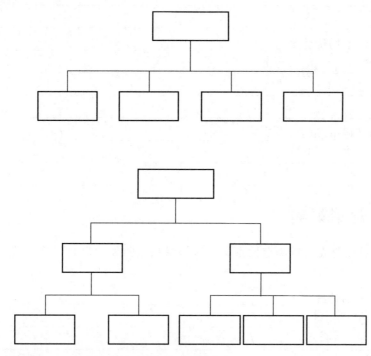

2. 对画出的企业组织结构图进行说明

（1）每个岗位的具体职责＿＿＿＿＿＿＿＿＿＿＿＿＿＿＿＿＿＿＿＿＿＿＿＿＿
＿＿＿＿＿＿＿＿＿＿＿＿＿＿＿＿＿＿＿＿＿＿＿＿＿＿＿＿＿＿＿＿＿＿＿＿＿＿
（2）每个岗位需要的人数＿＿＿＿＿＿＿＿＿＿＿＿＿＿＿＿＿＿＿＿＿＿＿＿＿
＿＿＿＿＿＿＿＿＿＿＿＿＿＿＿＿＿＿＿＿＿＿＿＿＿＿＿＿＿＿＿＿＿＿＿＿＿＿
（3）部门之间的层级、隶属关系＿＿＿＿＿＿＿＿＿＿＿＿＿＿＿＿＿＿＿＿＿
＿＿＿＿＿＿＿＿＿＿＿＿＿＿＿＿＿＿＿＿＿＿＿＿＿＿＿＿＿＿＿＿＿＿＿＿＿＿

十六、市场预测

市场预测对企业是否需要投资或扩大都是非常重要的，市场预测要对市场需求进行预测，并预测市场需求大小，市场未来发展趋势，还要对市场竞争以及本企业的市场占有率进行预测。

市场预测应包括以下内容。

1. 市场现状综述＿＿＿＿＿＿＿＿＿＿＿＿＿＿＿＿＿＿＿＿＿＿＿＿＿＿＿＿＿
＿＿＿＿＿＿＿＿＿＿＿＿＿＿＿＿＿＿＿＿＿＿＿＿＿＿＿＿＿＿＿＿＿＿＿＿＿＿
＿＿＿＿＿＿＿＿＿＿＿＿＿＿＿＿＿＿＿＿＿＿＿＿＿＿＿＿＿＿＿＿＿＿＿＿＿＿
2. 竞争企业概述＿＿＿＿＿＿＿＿＿＿＿＿＿＿＿＿＿＿＿＿＿＿＿＿＿＿＿＿＿
＿＿＿＿＿＿＿＿＿＿＿＿＿＿＿＿＿＿＿＿＿＿＿＿＿＿＿＿＿＿＿＿＿＿＿＿＿＿

3. 目标客户、目标市场_____
_____
_____
_____

4. 本企业的市场优势劣势_____
_____
_____
_____

5. 产品的区域市场特征_____
_____
_____

十七、营销策略

市场营销对企业成败有决定性意义，营销策略的重要性毋庸置疑，营销策略包含如下内容。

1. 营销渠道的选择_____
_____
_____

2. 营销队伍的组织、人员_____
_____
_____

3. 营销队伍的管理_____
_____
_____

4. 促销计划_____
_____
_____

5. 广告策略_____
_____
_____

6. 价格策略_____
_____
_____

十八、产品或服务计划

商业计划书的产品或服务计划应包括以下内容。

1. 产品或服务的现状_____
_____
_____

2. 设备情况_____
_____
_____

3. 新产品或新服务的升级计划_____
_____
_____

4. 技术和设备的升级计划_____
_____
_____

5. 质量控制_____
_____
_____

6. 改良计划_____
_____
_____

7. 应急预案_____
_____

十九、财务计划

财务计划需认真对待，流动资金是企业的生命线，损益表反映企业盈亏状况，资产负债表反映企业某一刻的财务状况。企业在未投产、开办之初如何撰写财务计划呢？

商业计划书的财务计划应包含以下内容。

1. 商业计划书的假设条件_____
2. 预计的资产负债表_____
3. 预计的损益表_____
4. 预计的资金来源情况_____
5. 预计的资金使用情况
（1）产品的生产费用_____
（2）人员工资_____
（3）办公费用_____
6. 预计的现金收支
（1）定价多少_____
（2）预计的成本和利润_____

二十、创业者的"创造力测量表"

在计划和决定投身创业之前，以下各项得分及总得分应该比较高才好，至少要达到平均值。如果存在较大差距，就有必要进行针对性的训练，提升自我的创造力素质。

项　目	非常低	很低	有些低	平均	有些高	很高	非常高
分值/分	1	2	3	4	5	6	7
自我表达能力							
适应性							
观察能力							
好奇心							
热情							
对数字敏感							
思考的灵活性							
有主见							
心胸开阔							
积极的态度							
注意力							
创作力							
想象力							
自信							
自负							
幽默感							
坚持不懈							
口才							
兴趣广泛							
愿意冒险							
对解决疑难问题有兴趣							
创造力特性总分							

资料来源：姜曙光．大学生创业基础教程．

二十一、创业者的"领导力测量表"

为了提高作为创业团队领导人的威望和能力，以下各项得分及总得分应该比较高才好，至少要达到平均值。如果存在较大差距，就有必要进行针对性的训练，提升自我的领导力素质。

项　目	非常低	很低	有些低	平均	有些高	很高	非常高
分值/分	1	2	3	4	5	6	7
向他人阐述自己见解的能力							
谋求他人支持的能力							
对人的判断能力							
审视全局的能力							
决策能力							

续表

项　　目	非常低	很低	有些低	平均	有些高	很高	非常高
评价能力							
判断力							
处理人际关系的技巧							
计划能力							
乐于改变							
自控力							
激励他人的技巧							
分析形势的才能							
对工作的技术知识							
乐于聆听下属的意见							
领导力特征总分							

资料来源：姜曙光．大学生创业基础教程．

附录　国家促进大学生创业政策选编

国务院办公厅关于深化高等学校创新创业教育改革的实施意见

国办发〔2015〕36号

各省、自治区、直辖市人民政府，国务院各部委、各直属机构：

深化高等学校创新创业教育改革，是国家实施创新驱动发展战略、促进经济提质增效升级的迫切需要，是推进高等教育综合改革、促进高校毕业生更高质量创业就业的重要举措。党的十八大对创新创业人才培养作出重要部署，国务院对加强创新创业教育提出明确要求。近年来，高校创新创业教育不断加强，取得了积极进展，对提高高等教育质量、促进学生全面发展、推动毕业生创业就业、服务国家现代化建设发挥了重要作用。但也存在一些不容忽视的突出问题，主要是一些地方和高校重视不够，创新创业教育理念滞后，与专业教育结合不紧，与实践脱节；教师开展创新创业教育的意识和能力欠缺，教学方式方法单一，针对性实效性不强；实践平台短缺，指导帮扶不到位，创新创业教育体系亟待健全。为了进一步推动大众创业、万众创新，经国务院同意，现就深化高校创新创业教育改革提出如下实施意见。

一、总体要求

（一）指导思想。

全面贯彻党的教育方针，落实立德树人根本任务，坚持创新引领创业、创业带动就业，主动适应经济发展新常态，以推进素质教育为主题，以提高人才培养质量为核心，以创新人才培养机制为重点，以完善条件和政策保障为支撑，促进高等教育与科技、经济、社会紧密结合，加快培养规模宏大、富有创新精神、勇于投身实践的创新创业人才队伍，不断提高高等教育对稳增长促改革调结构惠民生的贡献度，为建设创新型国家、实现"两个一百年"奋斗目标和中华民族伟大复兴的中国梦提供强大的人才智力支撑。

（二）基本原则。

坚持育人为本，提高培养质量。把深化高校创新创业教育改革作为推进高等教育综合改革的突破口，树立先进的创新创业教育理念，面向全体、分类施教、结合专业、强化实践，促进学生全面发展，提升人力资本素质，努力造就大众创业、万众创新的生力军。

坚持问题导向，补齐培养短板。把解决高校创新创业教育存在的突出问题作为深化高校创新创业教育改革的着力点，融入人才培养体系，丰富课程、创新教法、强化师资、改进帮扶，推进教学、科研、实践紧密结合，突破人才培养薄弱环节，增强学生的创新精神、创业意识和创新创业能力。

坚持协同推进，汇聚培养合力。把完善高校创新创业教育体制机制作为深化高校创新创业教育改革的支撑点，集聚创新创业教育要素与资源，统一领导、齐抓共管、开放合作、全员参与，形成全社会关心支持创新创业教育和学生创新创业的良好生态环境。

（三）总体目标。

2015年起全面深化高校创新创业教育改革。2017年取得重要进展，形成科学先进、广泛认同、具有中国特色的创新创业教育理念，形成一批可复制可推广的制度成果，普及创新创业教育，实现新一轮大学生创业引领计划预期目标。到2020年建立健全课堂教学、自主学习、结合实践、指导帮扶、文化引领融为一体的高校创新创业教育体系，人才培养质量显著提升，学生的创新精神、创业意识和创新创业能力明显增强，投身创业实践的学生显著增加。

二、主要任务和措施

（一）完善人才培养质量标准。

制订实施本科专业类教学质量国家标准，修订实施高职高专专业教学标准和博士、硕士学位基本要求，明确本科、高职高专、研究生创新创业教育目标要求，使创新精神、创业意识和创新创业能力成为评价人才培养质量的重要指标。相关部门、科研院所、行业企业要制修订专业人才评价标准，细化创新创业素质能力要求。不同层次、类型、区域高校要结合办学定位、服务面向和创新创业教育目标要求，制订专业教学质量标准，修订人才培养方案。

（二）创新人才培养机制。

实施高校毕业生就业和重点产业人才供需年度报告制度，完善学科专业预警、退出管理办法，探索建立需求导向的学科专业结构和创业就业导向的人才培养类型结构调整新机制，促进人才培养与经济社会发展、创业就业需求紧密对接。深入实施系列"卓越计划"、科教结合协同育人行动计划等，多形式举办创新创业教育实验班，探索建立校校、校企、校地、校所以及国际合作的协同育人新机制，积极吸引社会资源和国外优质教育资源投入创新创业人才培养。高校要打通一级学科或专业类下相近学科专业的基础课程，开设跨学科专业的交叉课程，探索建立跨院系、跨学科、跨专业交叉培养创新创业人才的新机制，促进人才培养由学科专业单一型向多学科融合型转变。

（三）健全创新创业教育课程体系。

各高校要根据人才培养定位和创新创业教育目标要求，促进专业教育与创新创业教育有机融合，调整专业课程设置，挖掘和充实各类专业课程的创新创业教育资源，在传授专业知识过程中加强创新创业教育。面向全体学生开发开设研究方法、学科前沿、创业基础、就业创业指导等方面的必修课和选修课，纳入学分管理，建设依次递进、有机衔接、科学合理的创新创业教育专门课程群。各地区、各高校要加快创新创业教育优质课程信息化建设，推出一批资源共享的慕课、视频公开课等在线开放课程。建立在线开放课程学习认证和学分认定制度。组织学科带头人、行业企业优秀人才，联合编写具有科学性、先进性、适用性的创新创业教育重点教材。

（四）改革教学方法和考核方式。

各高校要广泛开展启发式、讨论式、参与式教学，扩大小班化教学覆盖面，推动教师把国际前沿学术发展、最新研究成果和实践经验融入课堂教学，注重培养学生的批判性和创造性思维，激发创新创业灵感。运用大数据技术，掌握不同学生学习需求和规律，为学生自主学习提供更加丰富多样的教育资源。改革考试考核内容和方式，注重考查学生运用知识分析、解决问题的能力，探索非标准答案考试，破除"高分低能"积弊。

（五）强化创新创业实践。

各高校要加强专业实验室、虚拟仿真实验室、创业实验室和训练中心建设，促进实验教学平台共享。各地区、各高校科技创新资源原则上向全体在校学生开放，开放情况纳入各类研究基地、重点实验室、科技园评估标准。鼓励各地区、各高校充分利用各种资源建设大学科技园、大学生创业园、创业孵化基地和小微企业创业基地，作为创业教育实践平台，建好一批大学生校外实践教育基地、创业示范基地、科技创业实习基地和职业院校实训基地。完善国家、地方、高校三级创新创业实训教学体系，深入实施大学生创新创业训练计划，扩大覆盖面，促进项目落地转化。举办全国大学生创新创业大赛，办好全国职业院校技能大赛，支持举办各类科技创新、创意设计、创业计划等专题竞赛。支持高校学生成立创新创业协会、创业俱乐部等社团，举办创新创业讲座论坛，开展创新创业实践。

（六）改革教学和学籍管理制度。

各高校要设置合理的创新创业学分，建立创新创业学分积累与转换制度，探索将学生开展创新实验、发表论文、获得专利和自主创业等情况折算为学分，将学生参与课题研究、项目实验等活动认定为课堂学习。为有意愿有潜质的学生制定创新创业能力培养计划，建立创新创业档案和成绩单，客观记录并量化评价学生开展创新创业活动情况。优先支持参与创新创业的学生转入相关专业学习。实施弹性学制，放宽学生修业年限，允许调整学业进程、保留学籍休学创新创业。设立创新创业奖学金，并在现有相关评优评先项目中拿出一定比例用于表彰优秀创新创业的学生。

（七）加强教师创新创业教育教学能力建设。

各地区、各高校要明确全体教师创新创业教育责任，完善专业技术职务评聘和绩效考核标准，加强创新创业教育的考核评价。配齐配强创新创业教育与创业就业指导专职教师队伍，并建立定期考核、淘汰制度。聘请知名科学家、创业成功者、企业家、风险投资人等各行各业优秀人才，担任专业课、创新创业课授课或指导教师，并制定兼职教师管理规范，形成全国万名优秀创新创业导师人才库。将提高高校教师创新创业教育的意识和能力作为岗前培训、课程轮训、骨干研修的重要内容，建立相关专业教师、创新创业教育专职教师到行业企业挂职锻炼制度。加快完善高校科技成果处置和收益分配机制，支持教师以对外转让、合作转化、作价入股、自主创业等形式将科技成果产业化，并鼓励带领学生创新创业。

（八）改进学生创业指导服务。

各地区、各高校要建立健全学生创业指导服务专门机构，做到"机构、人员、场地、经费"四到位，对自主创业学生实行持续帮扶、全程指导、一站式服务。健全持续化信息服务制度，完善全国大学生创业服务网功能，建立地方、高校两级信息服务平台，为学生实时提供国家政策、市场动向等信息，并做好创业项目对接、知识产权交易等服务。各地区、各有关部门要积极落实高校学生创业培训政策，研发适合学生特点的创业培训课程，建设网络培训平台。鼓励高校自主编制专项培训计划，或与有条件的教育培训机构、行业协会、群团组织、企业联合开发创业培训项目。各地区和具备条件的行业协会要针对区域需求、行业发展，发布创业项目指南，引导高校学生识别创业机会、捕捉创业商机。

（九）完善创新创业资金支持和政策保障体系。

各地区、各有关部门要整合发展财政和社会资金，支持高校学生创新创业活动。各高校要优化经费支出结构，多渠道统筹安排资金，支持创新创业教育教学，资助学生创新创业项目。部委属高校应按规定使用中央高校基本科研业务费，积极支持品学兼优且具有较强科研潜质的在校学生开展创新科研工作。中国教育发展基金会设立大学生创新创业教育奖励基金，用于奖励对创新创业教育作出贡献的单位。鼓励社会组织、公益团体、企事业单位和个人设立大学生创业风险基金，以多种形式向自主创业大学生提供资金支持，提高扶持资金使用效益。深入实施新一轮大学生创业引领计划，落实各项扶持政策和服务措施，重点支持大学生到新兴产业创业。有关部门要加快制定有利于互联网创业的扶持政策。

三、加强组织领导

（一）健全体制机制。

各地区、各高校要把深化高校创新创业教育改革作为"培养什么人，怎样培养人"的重要任务摆在突出位置，加强指导管理与监督评价，统筹推进本地本校创新创业教育工作。各地区要成立创新创业教育专家指导委员会，开展高校创新创业教育的研究、咨询、指导和服务。各高校要落实创新创业教育主体责任，把创新创业教育纳入改革发展重要议事日程，成立由校长任组长、分管校领导任副组长、有关部门负责人参加的创新创业教育工作领导小组，建立教务部门牵头，学生工作、团委等部门齐抓共管的创新创业教育工作机制。

（二）细化实施方案。

各地区、各高校要结合实际制定深化本地本校创新创业教育改革的实施方案，明确责任分工。教育部属高校需将实施方案报教育部备案,其他高校需报学校所在地省级教育部门和主管部门备案,备案后向社会公布。

(三)强化督导落实。

教育部门要把创新创业教育质量作为衡量办学水平、考核领导班子的重要指标,纳入高校教育教学评估指标体系和学科评估指标体系,引入第三方评估。把创新创业教育相关情况列入本科、高职高专、研究生教学质量年度报告和毕业生就业质量年度报告重点内容,接受社会监督。

(四)加强宣传引导。

各地区、各有关部门以及各高校要大力宣传加强高校创新创业教育的必要性、紧迫性、重要性,使创新创业成为管理者办学、教师教学、学生求学的理性认知与行动自觉。及时总结推广各地各高校的好经验好做法,选树学生创新创业成功典型,丰富宣传形式,培育创客文化,努力营造敢为人先、敢冒风险、宽容失败的氛围环境。

国务院办公厅

2015 年 5 月 4 日

人力资源社会保障部等九部门关于实施大学生创业引领计划的通知

人社部发〔2014〕38 号

各省、自治区、直辖市人力资源社会保障厅(局)、发展改革委、教育厅(教委)、科技厅(科委)、中小企业主管部门、财政厅(局)、工商行政管理局、团委,中国人民银行上海总部、各分行、营业管理部、省会(首府)城市中心支行,部属各高等学校,新疆生产建设兵团有关部门:

为了贯彻落实党中央、国务院关于全面深化改革战略部署和促进高校毕业生就业创业工作要求,引导和支持更多的大学生创业,人力资源社会保障部、国家发展改革委、教育部、科技部、工业和信息化部、财政部、人民银行、工商总局、共青团中央决定,2014—2017 年实施新一轮"大学生创业引领计划"。现就有关问题通知如下:

一、指导思想和目标任务

(一)指导思想

深入贯彻落实党的十八届三中全会对促进高校毕业生就业创业工作的新要求,坚持政府政策支持与创业者努力相结合,合理运用政府公共资源,充分动员社会其他资源,激发大学生(含国内各类高校的在校生、毕业生、出国(境)留学回国人员)创新活力,为大学生创业提供有力支持,以创新引领创业,以创业带动就业。

(二)目标任务

通过各方共同努力,使大学生的创业意识和创业能力进一步增强,支持大学生创业的政策制度和服务体系更加完善,政府激励创业、社会支持创业、大学生勇于创业的机制基本形成,大学生创业的规模、比例继续得到扩大和提高,力争实现 2014—2017 年引领80万大学生创业的预期目标。

二、政策措施

（一）普及创业教育

各级教育部门要加强对高校创业教育工作的指导和管理，推动高校普及创业教育，实现创业教育科学化、制度化、规范化。各高校要将创业教育融入人才培养体系，贯穿人才培养全过程，面向全体学生广泛、系统开展；积极开发开设创新创业类课程，并纳入学分管理；不断丰富创业教育形式，开展灵活多样的创业实践活动；切实加强师资队伍建设，为普及创业教育提供有力支持。

（二）加强创业培训

各级人社部门要加强与教育部门和高校的衔接，以有创业愿望的大学生为重点，编制专项培训计划，优先安排培训资源，切实抓好组织实施，使每一个有创业愿望和培训需求的大学生都有机会获得创业培训。要鼓励支持有条件的高校、教育培训机构、创业服务企业、行业协会、群团组织等开发适合大学生的创业培训项目，经过评审认定后，纳入创业培训计划，提高创业培训的针对性和有效性。要切实加强创业培训师资队伍建设，创新培训方式，积极推行创业模块培训、创业案例教学和创业实务训练，抓好质量监督，不断提升大学生创业能力。要会同相关部门进一步完善和落实创业培训补贴政策，健全并加强培训补贴资金管理，对符合条件的参训大学生按规定给予培训补贴。

（三）提供工商登记和银行开户便利

各级工商部门要按照工商登记制度改革总体部署完善管理制度，落实注册资本认缴登记制，依照有关法律法规规定拓宽企业出资方式，放宽住所（经营场所）登记条件，推行电子营业执照和全程电子化登记管理。要进一步完善工商登记"绿色通道"，简化登记手续，优化业务流程，为创业大学生办理营业执照提供便利。要落实减免行政事业性收费政策，对符合条件的创业大学生，按规定减免登记类和证照类等有关行政事业性收费。人民银行各分支机构要积极会同有关部门指导银行业金融机构进一步改进金融服务，为创业大学生办理企业开户手续提供便利和优惠。

（四）提供多渠道资金支持

各地要认真落实小额担保贷款政策，在符合规定前提下，加大对创业大学生的支持力度，简化反担保手续，强化担保基金的独立担保功能，适当延长担保基金的担保责任期限，落实银行贷款和财政贴息，重点支持吸纳大学生较多的初创企业。要充分发挥中小企业发展专项资金的作用，更多支持大学生创业实体。要鼓励企业、行业协会、群团组织、天使投资人等以多种方式向创业大学生提供资金支持，设立重点支持创业大学生的天使投资和创业投资基金。对支持创业早期企业的投资，符合规定条件的，按规定给予所得税优惠或其他政策鼓励。有条件的地区要对现有各类高校毕业生就业创业基金进行整合，完善管理体制和运营机制，向大学生创业实体提供支持。

（五）提供创业经营场所支持

各地要充分利用大学科技园、科技企业孵化器、高新技术开发区、经济技术开发区、工业园、农业产业园、城市配套商业设施、闲置厂房等现有资源，建设大学生创业园、留学人员创业园和创业孵化基地，为创业大学生提供创业经营场所。对建设大学生创业园、留学人员创业园和创业孵化基地的地方和高校，有关部门要积极给予对口支持和业务指导。要将创业实训、创业孵化、创业辅导相结合，创新孵化方式，完善孵化功能，提高创业孵化成功率。要制定并完善创业经营场所租金补贴办法，对符合条件的创业大学生按规定给予经营场所租金补贴。

（六）加强创业公共服务

各级人社部门要会同协调有关方面针对创业大学生普遍遇到的问题开展创业公共服务，建立健全创业公共服务政府采购机制并加强绩效管理，构建覆盖院校、园区、社会的创业公共服务体系。要对各方面相关优惠政策进行归集梳理，以年轻人喜闻乐见的形式加强宣传解读并提供咨询，帮助符合条件的创业大学生获得相应的税费减免、资金补贴等政策扶持。要建立健全青年创业辅导制度，从拥有丰富行业经验和行业资源的企业家、职业经理人、天使投资人当中选拔一批青年创业导师，为创业大学生提供创业辅导。要采取多种方式搭建青年创业者交流平台，经常举办交流活动，为创业大学生及时了解政策和行业信息、学习积累行业经验、寻找合作伙伴和创业投资人创造条件。要积极引导大学生参加创业竞赛活动，有条件的地区可定期举办青年创业大赛，使之成为凝聚青年创业者、展示创业方案和创业项目的舞台，同时为创业投资机构、天使投资人等选择投资对象提供机会。要拓宽人事和劳动保障事务代理服务范围，将创业大学生作为重要服务对象，提供档案保管、人事代理、职称评定、社保代理等服务。要加强服务创新，积极探索将促进就业创业政策措施向网络创业就业领域延伸拓展的有效方式，为在电子商务网络平台上注册"网店"的创业大学生提供政策支持和服务。要充分发挥留学人员回国服务工作体系的作用，对留学回国创业人员开展针对性服务，帮助他们了解国内信息、熟悉创业环境、交流创业经验、获得政策扶持。

三、工作要求

（一）加强组织领导

各地各高校要充分认识促进大学生创业的重要意义，切实加强领导，加大人力、财力投入，为本计划实施提供有力保障。要结合实际制订贯彻落实方案，明确目标和进度指标、任务和政策措施、责任分工和完成期限，对本计划的实施做出具体安排。各有关部门和单位要牢固树立全局意识，认真履行职责，加强协调配合，确保本计划顺利实施。

（二）加强绩效考核

要把本计划落实与执行情况作为高校毕业生就业工作考核的重要内容，以既定目标、进度、任务是否完成，政策措施是否落实到位，创业大学生是否得到支持帮助为考核重点，定期对相关部门、单位进行绩效考核。考核结果要及时向党委、政府汇报，并通报有关方面，接受监督质询，不断推进工作取得实效。

（三）加强舆论宣传

对党和政府鼓励支持大学生创业的政策措施，本计划执行过程中取得的进展、成效、经验和工作创新，以及创业大学生自强不息、勇于创业的典型事迹，各地要通过大众传媒予以广泛宣传，以加强对社会舆论的正面引导，努力营造鼓励创新、崇尚创业、褒奖成功、宽容失败的社会氛围。

各地贯彻落实情况请及时告人力资源社会保障部、教育部。

人力资源社会保障部

国家发展改革委员会

教育部

科学技术部

工业和信息化部

财政部

中国人民银行

国家工商行政管理总局

共青团中央

2014 年 5 月 22 日

参 考 文 献

[1] 姜彦福,张帏.创业管理学.北京:清华大学出版社,2005.
[2] 罗美萍.我国高校大学生创业教育的现状及对策.浙江工商大学学报,2006,(2):74-78.
[3] 张婷.蒂蒙斯创业教育思想初探.当代教育论坛,2007,(6):51-53.
[4] 向东春,肖云龙.美国百森创业教育的特点及其启示.现代大学教育,2003,(2):79-82.
[5] 刘沁玲.美国高校的创业教育.世界教育信息,2004,(10):18-20.
[6] 卢丽华.美国大学实施创业教育的特点及启示.外国教育研究,2007,(5):59-63.
[7] 刘征.美国创业教育的发展及借鉴意义.就业与创业,2008,(6).
[8] 李志永.日本大学创业教育述评.外国教育研究,2009,(8):65-70.
[9] 李志永.日本高校创业教育.杭州:浙江教育出版社,2010.
[10] 王玉帅.创业者:定义的演化和重新界定.科技进步与对策,2009,26(10).
[11] 王卫东.大学生创业基础.北京:中国水利水电出版社,2013.
[12] 梅强.创业基础.北京:清华大学出版社,2012.
[13] 葛建新.创业管理实务.北京:化学工业出版社,2011.
[14] 王杜春.大学生创业基础.北京:化学工业出版社,2013.
[15] 姜曙光.大学生创业基础教程.北京:化学工业出版社,2013.
[16] 李文忠.创业管理.北京:化学工业出版社,2011.
[17] 苏瑜著.创业不可不防的法律风险.北京:化学工业出版社,2011.
[18] 宁红.大学生就业与创业指导.北京:清华大学出版社,2012.